KB161811

임동석중국사상100

천공개물

天工開物

宋應星 著 / 林東錫 譯註

象犀珠玉怪珍之物　有悦於人之耳目　而不適於用　金石草木絲麻五穀六材　有適於用　而用之則弊　取之則竭　求夫可以悦人之耳目而適於用　用之而不弊　取之而不竭　賢不肖之所得　各因其才　仁智之所見　各隨其分　才分不同　而求無不獲者　惟書乎

丁亥菊秋錄東坡李氏山房藏書記　丘堂呂元九

"상아, 물소 뿔, 진주, 옥, 진괴한 이런 물건들은 사람의 이목은 즐겁게 하지만 쓰임에는 적절하지 않다. 그런가 하면 금석이나 초목, 실, 삼베, 오곡, 육재는 쓰임에는 적절하나 이를 사용하면 닳아지고 취하면 고갈된다. 그렇다면 사람의 이목을 즐겁게 하면서 이를 사용하기에도 적절하며, 써도 닳지 아니하고 취하여도 고갈되지 않고, 똑똑한 자나 불초한 자라도 그를 통해 얻는 바가 각기 그 자신의 재능에 따라주고, 어진 사람이나 지혜로운 사람이나 그를 통해 보는 바가 각기 그 자신의 분수에 따라주되 무엇이든지 구하여 얻지 못할 것이 없는 것은 오직 책뿐이로다!"

《소동파전집》(34) 〈이씨산방장서기〉에서 구당(丘堂) 여원구(呂元九) 선생의 글씨

책머리에

중국을 여행할 때면 궁궐, 건축물, 공예품은 물론이고 각종 일상생활 고대 물건에 대해 신기한 느낌을 갖곤 하였다. 그토록 정교하고 나름대로 과학적 근거를 바탕으로 해야만 되는 제작 과정과 기술의 축적이 있어야만 가능한 야금, 합금이며, 제작 공구가 갖추어져야 해낼 수 있을 결과물에 대해 동양의 과학이나 기술, 산업시설 등에 대해 내심 열등감을 벗어날 수 있었을 뿐만 아니라 일부 발명품은 서양의 고대에 비해 훨씬 앞서 있고, 나아가 더욱 인간적이었다는 생각까지 들기도 하였다. 더구나 옥공예나 도자기 공예의 경우, "사람의 손재주로 이것이 가능한가?"라는 "의문과 어떤 도구로 이렇게 만들어낼 수 있었을까?"하는 경이로움에 혀를 내두르기도 하였다.

이러한 의문이 풀리기 시작한 것은 바로 이 《천공개물》이라는 책 때문이었다. 물론 다 풀린 것은 아니지만 그래도 어느 정도 '심중으로 느끼는 과학'은 사실 '눈으로 확인하는 과학'이나 '계기計器로 수치화하는 과학' 못지않게 긴 세월 동안 동양의 제작을 담당해 왔고, 그것이 결코 낮은 수준이 아니었음을 알게 된 것이다.

동양이 물질보다 정신세계를 앞세워 공맹孔孟이나 제자백가의 철학, 그리고 화려한 문인 등은 높이 여기면서, 정작 생활에 필요한 물건을 생산하는 장인匠人은 사농공상士農工商의 세 번째 지위에 넣어 천시하였음에도 '사람은 살아왔고 물건은 만들어졌으며 일상생활 필수의 도구들은 발달하였다'는 사실은 지금 남아 있는 고물古物들을 통해 그 대단함을 인정하지 않을 수 없는 것이다.

이들의 제작 과정의 정밀한 내용을 일일이 기록하는 것은 실로 붓을 자신의 전유물로 여긴 문인으로서는 선뜻 나서지 못하였고, 또한 그들이 할 일도 아니어서 제대로 문자화하지 못하였지만 그래도 꾸준히 이어진 과학사科學史는 적은 양이나마 기록으로 전수되기도 하였다. 이에 이를 총정리하여 여러 방면에 걸쳐 설명한 것이 바로 이 《천공개물》이다. 명대 말기의 과거 낙방자가 남들 다 가는 사로仕路를 포기하고 자신의 평소 취향에 관심을 가졌던 과학과 제작 기술을 기록으로 남기겠다는 의지가 없었다면 아마 제대로 이루지 못했을 분야이다.

이에 이러한 기록의 내용과 그 속에 담고 있는 과학, 화학, 공학, 제조기술, 물리학, 생물학, 식물학, 광물학, 농학 등에 대해 일자一字 지식도 없는 역자로서 이를 번역(역주)하겠다고 대들었던 것이 도리어 후회도 되고 힘도 들었다. 나아가서 화학 기호도 식물학 학명도, 나아가 전문 용어조차 생소하게 느끼는 문외한인 자가 작업에 덤빈 것은 우리나라 조선시대 실학자 박지원朴趾源, 이규경李圭景, 서유구徐有榘 등이 이를 탐독하였고 칭송을 아끼지 않았다는 말에 현혹된 때문이었다. 그러나 작업에 나서보니 전혀 뜻밖이었다. 진행해 나갈 수가 없을 정도로 내 전공과는 거리가 멀었고, 단지 한자로 기록되었다는 것 외에는 내가 알고 있는 지식이나 상식으로는 전혀 설명조차 할 수 없는 것들 이었다. 이에 몇 번이고 포기할까 접어두었다가 그래도 무식한 번역기飜譯機가 내용은 알지 못한 채 '문자 뒤집기'만 하듯이 하는 수밖에 없었다. 따라서 솔직히 알지도 못하면서 문자적 번역에 그치고 말았음을 자인한다. 그러나 한편으로는 이를 깊이 아는 전문학자가 보면 알겠지 하는 책임전가와 그래도 혹 디딤돌은 되겠지 하는 효용성에 대한 가치를 내세우고 마치기는 하였다.

독자 제현이나 이를 이용하는 전문학자에 많은 양해를 구하며 혹 잘못된 설명이나 오류에 대해서는 너그러운 이해와 함께 편달이 있기를 기대한다.

줄포茁浦 임동석이 취벽헌醉碧軒에서 적음.

일러두기

1. 이 책은 〈續修四庫全書〉(1115) 子部 譜錄類(上海古籍出版社印本)를 저본으로 하여 문자도 이체자 등을 모두 그 판본에 따랐다.

2. 현대 백화어 역주본도 수집하여 참고하였으며 큰 도움을 받았다. 특히 반길성(역주)의 《天工開物》(上海古籍出版社 2008)와 《天工開物導讀》(巴蜀書社 1988)는 모든 작업에 가장 많은 참고서 역할을 하였다.

3. 그 외 《天工開物》(上下. 中國社會出版社 2004)와 鍾廣言(注釋, 中華書局香港分局 1988) 및 劉君燦(導讀, 金楓出版社 1987 臺北), 臺灣商務印書館(1967년 활자본)도 귀중한 자료가 되었으며, 국내 역주본 《天工開物》(崔炷 注譯. 전통문화사 1997)과 《天工開物》(최병규 옮김, 범우 2009)도 큰 도움이 되었다.

4. 총 369장으로 분장하였으나 이는 절대적인 것이 아니며 필자가 임의로 나누기도 하고 반길성潘吉星의 역주본을 참고한 것이다. 아울러 매 장마다 일련 번호를 부여하고 괄호 안에 해당 편별 번호도 제시하여 찾아보기 쉽도록 하였다.

5. 각 장마다 제목을 달았으나 이는 그 장의 전체를 아우를 수 있는 것은 아니며 필자가 임의로 작성하여 읽기에 편하도록 한 것일 뿐이다.

6. 해석은 가능한 한 직역을 위주로 하였으나 일부 의역한 곳도 있으며, 문자는 일체 〈續修本〉(涂伯聚本)을 근거로 하였다.

7. 이체자異體字는 모두 〈속수본〉을 따라 표기하였다. 예로 果(菓), 窄(搾, 榨), 妙(紗), 礶(罐), 觔(斤), 輾(碾), 捌(八), 厘(釐), 炉(爐, 鑪), 礦(鑛), 煉(鍊), 湏(汞), 舡(船), 鈆(鉛), 蠹(蠧), 畵(畫, 劃), 雕(鵰), 灶(竈) 등이다.

8. 그림(삽화)은 〈속수본〉을 근거로 실었으나 원본의 그림은 두 페이지에 걸쳐 있는 것이 많고, 매 편 뒤에 몰려 있어 명료하지 않아 반길성의 〈수정본〉 그림을 매 장 해당 부분에 실었다.

9. 18편의 제목도 원문 그대로 싣고 간단한 해설을 붙였으며, 반길성

〈역주본〉에는 순서를 여러 곳 바꾸었으나 본 책은 속수본의 순서를 근거로 그대로 지켜 차례를 삼았다.

10. 이 책의 역주에 참고한 문헌은 대략 다음과 같다.

❋ 참고문헌

1. 《天工開物》續修四庫全書(1115)子部 譜錄類 上海古籍出版社 印本 上海

2. 《天工開物》(上下) 明 宋應星(著) 中國社會出版社 2004 北京

3. 《天工開物》鍾廣言(注釋) 中華書局香港分局 1988 홍콩

4. 《天工開物》(上下) 劉君燦(導讀) 金楓出版社 1987 臺灣 臺北

5. 《天工開物》臺灣商務印書館 1967 臺灣 臺北

6. 《天工開物導讀》潘吉星(著) 巴蜀書社 1988 四川 成都

7. 《天工開物》潘吉星(譯註) 上海古籍出版社 2008 上海

8. 《天工開物》傳世藏書本 子庫(35) 技術 傳世藏書工作委員會 海南國際新聞 出版中心 1995 海南

9. 《天工開物》中國傳統版畫藝術特展 行政院文化建設委員會 1985 臺灣 臺北

10. 《天工開物》崔炷(注譯) 전통문화사 1997 서울

11. 《天工開物》최병규(옮김) 범우 2009 서울

12. 《紀效新書》明 戚繼光 華聯出版社 1971 臺北

13. 《齊民要術》百子全書(農家類) 岳麓書社(활자본) 1993 湖南 長沙

14. 《本草綱目》明 李時珍 中國書店(활자본) 1988 北京

15. 《三才圖會》明 王圻, 王思義 上海古蹟出版社(印本) 1988 上海

16. 《博物志》林東錫(譯註) 東西文化社, 2011 서울

기타 〈諸子百家書〉 및 〈十三經注疏〉, 〈二十五史〉 등과 工具書의 기재는 생략함.

해제

1. 《天工開物》

책 제목의 '天工'은 《상서尙書》 고요모皐陶謨편의 "無敎逸欲有邦, 兢兢業業,
一日二日萬幾, 無曠庶官, 天工人其代之"에서 취한 말이며, '開物'은 《주역
周易》 계사전繫辭傳(上)의 "天一, 地二, 天三, 地四, 天五, 地六, 天七, 地八
天九, 地十. 子曰: 「夫易何爲者也? 夫易開物成務, 冒天下之道, 如斯以已者也.」
是故聖人以通天下之志, 以定天下之業, 以斷天下之疑"에서 취한 말이다.
즉 '천공'은 "하늘의 공교한 원리를 사람이 대신하다"이며, '開物'은 "만물을
개발하여 임무를 성취하다"의 뜻으로 "자연의 원리를 이용하여 이를 인공과
배합, 사람의 일상생활에 필요한 많은 물건을 개발하고 제조해 내다"의
뜻이다. 따라서 자연과학이며 제조, 생산, 운용 등의 산업을 뜻하는 말로
저자는 사용하고 있다.

이에 저자는 서문에서 "천하를 덮고 있는 수많은 물건들이 어찌 인력으로
되는 것이겠으며, 사람이 눈으로 보아 알 수 있는 것이 그 몇이나 되겠는가?
나아가 생활에 필요한 물건을 만들어냄으로써 시간과 공간의 장애를 극복
하고 있으니 사람의 힘이 얼마나 대단한가?"라 하여 인간의 지혜로 만들어
내는 많은 물건에 대하여 감탄과 함께 그 필요성을 강조하고 있다.

이 책은 모두 상중하 3권으로 구성하고 18가지의 큰 항목으로 이루어져
있다. 즉 1. 乃粒(곡물 재배, 농업), 2. 乃服(양잠과 의복), 3. 彰施(염색), 4. 粹精(곡물
낟알 가공), 5. 作鹹(소금 제조), 6. 甘嗜(설탕, 꿀, 엿 등 감미료), 7. 陶埏(흙으로 빚어

열을 가하여 만드는 건축자재 및 도자기, 토기류 등), 8. 冶鑄(주물), 9. 舟車(배와 수레), 10. 錘鍛(쇠붙이 도구 제조), 11. 燔石(燒石, 광물의 가열), 12. 膏液(기름), 13. 殺靑(製紙), 14. 오금(금속 제련과 가공), 15. 佳兵(무기와 화약), 16. 丹靑(안료), 17. 麴蘗(누룩과 발효), 18. 珠玉(진주와 보석류) 등이다.

중국의 명말청초明末淸初, 즉 16~17세기는 자연과학의 저술에 눈을 뜨기 시작한 시기로 송명을 거쳐 오면서 관념에 치우쳤던 성리학에 대한 한계를 극복하기 위해 몸부림을 치던 때였다. 이에 따라 사회 경제와 산업생산을 위한 기술에 대한 정리와 저술이 쏟아져 나오기 시작하였다.

이를테면 이시진(李時珍: 1518~1592)의 《본초강목本草綱目》과 서광계(徐光啓: 1562~1633)의 《농정전서農政全書》가 대표적이며 이의 뒤를 따른 것이 바로 송응성의 이 《천공개물》이다. 특히 앞의 두 책이 한 분야의 기술과 이론에 집중된 것이라면 송씨의 이 책은 당시 농업과 여러 수공업을 총망라한 박물서博物書이며 모든 산업의 각 분야를 고르게 기록하고 있다는 점에서 더욱 가치를 발휘하고 있다. 즉 농, 공, 수산은 물론 제조, 광업, 제지, 염색, 문방, 주물, 야금, 화학, 식재료 등 다루지 않은 부분이 없을 정도이다. 그의 과학에 대한 직식은 실로 충분한 경험과 현지답사를 요구하는 분야임에도 자료와 정보를 모아 세밀하게 기록한 점은, 당시 교통과 통신이 오늘날 같지 않던 상황을 감안한다면 실로 경탄스러움을 금할 수 없다.

이 책은 약 5만 3천 자의 분량이며 123장의 삽화가 곁들여 있어 시각적 확인까지 돕고 있다. 그러나 이 저술은 급하게 출간한 것이어서 오자와 탈자 등이 있고 오류가 심하며, 원본 자체가 일부 문자의 혼효, 비과학적 억측,

잘못 전해들은 전설 등을 함께 싣고 있음에도 후일의 판본은 이에 교정을 거치지 않은 것이 많으며 이에 따라 문자의 차이도 있고 삽화 역시 일부 차이가 있다.

이 《천공개물》이 숭정崇禎 10년(1637) 세상에 나온 뒤 비록 당시 시대가 매우 혼란스러웠음에도 널리 퍼지기 시작하였다. 숭정 말 이미 안휘의 과학자 방이지(方以智: 1611~1671)는 《물리소식物理小識》을 지으면서 이를 참고할 정도였다.

명말 복건福建의 상인商人 양소경楊素卿은 숭정 10년본의 이 책을 즉시 재판하였으나 명나라가 곧 망하고 청나라 때 간행되어 청대 널리 퍼지는 판본으로 자리를 잡기도 하였다. 청초 강희康熙 연간으로부터 청말 광서光緖에 이르도록 200여 년간 이 책은 여러 출판 사업에 채택되었다. 즉 강희 연간에 진몽뢰(陳夢雷: ?~1741)이 편찬한 《고금도서집성古今圖書集成》에 고공편考工篇, 식화편食貨篇에는 대량으로 이 《천공개물》 각자의 내용과 삽화를 싣고 있으며, 건륭乾隆 2년 장정옥(張廷玉: 1672~1755) 등이 편찬한 《수시통고授時通考》에도 역시 이 책을 인용하고 있다. 그러나 18세기 후반 이 책은 도리어 폄하의 대상으로 전락하고 말았다. 즉 건륭 때 〈사고전서四庫全書〉를 수찬하면서 각지의 문헌을 바치도록 하여 대대적인 점검 작업을 벌일 때 이 책에 '반청사상反淸思想'이 들어 있음을 발견하고 그의 형 송응승宋應昇의 《방옥당전집方玉堂全集》과 함께 '금서禁書'로 낙인을 찍어버린 것이다. 이리하여 이 책은 〈사고전서〉에 수록되지 못한 채 뒷날 〈속수사고전서續修四庫全書〉에만 채록되었던 것이다.

한편 지금까지 출간된 《천공개물》 원본은 무려 13종이나 되며, 다만 명나라 때 도백취涂伯聚 판본이 조본祖本이며 그림도 고박하고 진실하여 가장 믿을만한 것으로 알려져 있으나 이에 교정을 거치지 않은 채 지금 「속수사고전서」에 수록되어 있으며, 이는 다시 1959년 중화서국中華書局에서 영인 출간하였다. 한편 1929년 도본陶本은 문자의 교감은 거쳤으나 삽화를 다시 그려 원모를 잃고 있으며 게다가 화사첨족畫蛇添足의 부연 그림이 있어 원의에 신빙성이 떨어지고 있다. 특히 70년대 이전까지 이 책에 대한 연구와 출판은 주로 도본의 영향을 받아 주로 그 그림을 사용하고 있는데 이는 원본보다 선명하기 때문일 뿐이었다. 그 뒤 1976년 종광언(鍾廣言, 이 책은 1988년 中華書局 香港分局에서 재출간됨)이 도본涂本을 근거로 다시 세밀하게 그림을 수정하고 문자도 교정하여 주석본을 내어 비교적 믿을 만한 판본으로 격상 시켰으나 이 역시 자신의 잘못된 관점을 대량으로 삽입시켜 일부 혼란을 가중시키고 있다. 다시 1986년 반길성潘吉星이 도백취 본을 저본으로 하고 문자를 교감하였으며 이를 주석하고 연구논문까지 곁들여 《천공개물도독 天工開物導讀》이라는 제목으로 파촉서사巴蜀書社에서 출간하였으나 완역이 아니었으며, 이에 반길성은 다시 2008년 상해고적출판사上海古籍出版社에서 「중국고대과기명저역주총서中國古代科技名著譯註叢書」의 하나로 완역본을 냄 으로써 어느 정도 완정한 단계에 이르게 되었다. 그러나 이 책 역시 순서를 바꾸어 원본을 그대로 적용하지 않고 있다. 그 외에도 중국과 대만臺灣의 현대 역주본으로는 《天工開物》(上下. 中國社會出版社 2004 北京)과 《天工開物》 (上下. 劉君燦導讀 金楓出版社 1987 臺灣), 그리고 도본涂本을 활자화한 《天工開物》 (臺灣商務印書館 人人文庫, 1967 臺灣)이 있다.

해외 판본 및 주석서로는 일본 교토대학京都大學의 야부우치 기요시(藪內淸)가 1953년 《天工開物の硏究》를 항성사恒星社에서 출간하였고, 그 뒤 1969년 평범사平凡社에서 문고판 일어역주본日語譯註本 《天工開物》을 출간하였다. 그리고 국내 한국어판으로는 《天工開物》(崔炷 注譯, 전통문화사 1997)과 《天工開物》(최병규 옮김, 범우 2009)이 출간되어 큰 참고가 되고 있다.

2. 저자 송응성(宋應星: 1587~1666?)

송응성은 자는 장경長庚이며 명대 남창부南昌府 봉신현奉新縣 북향北鄕 사람이다. 그의 고향은 지금의 강서성江西省 봉신현 동남쪽 송부향宋埠鄕의 패루송촌牌樓宋村 송씨 집성촌으로 지금도 남아 있다.

그곳은 도작농업稻作農業의 중심지로 명성이 높은 곳이며 요수(潦水, 潦河)가 부근을 경유하여 파양호鄱陽湖로 흘러들어 장강長江과 합류하고 있다. 특히 그곳 명승고적으로는 수백 년 역사를 가진 덕수교德水橋가 있고 마을에는 명대 세워진 石牌坊이 있으며, 송씨의 집성촌이어서 '패루송촌'이라 불리고 있다.

그의 집안 내력에 대해서는 송응성의 동모同母 형 송응승(宋應昇: 1578~1646)의 숭정 10년(1637) 기록인 《방옥당전집方玉堂全集》과 후손 송립권宋立權과 송육덕宋育德이 1934년 펴낸 《팔수신오아계송씨종보八修新吳雅溪宋氏宗譜》(新吳는 奉新의 고지명이며 雅溪는 潦水의 옛이름)가 있어 비교적 상세하게 알 수 있다.

이들 기록에 의하면 송응성의 선조는 원대 이전에는 웅씨熊氏였으나 원명元明 교체기에 웅덕보熊德甫가 남창부 풍성豊城의 역리驛吏가 되어 송씨를 아내로 맞았으며 당시 전화를 피해 아내의 성을 대신 쓰면서 봉신현 아계雅溪로 이주하여 그대로 송씨로 굳어졌다는 것이다. 그 뒤 가계는 그곳에 정착하여 농사에 전념하게 되었고, 마침 명초 황무지 개간 장려 정책에 힘입어 부농으로 성장하게 되었다는 것이다. 그로부터 8대의 송경(宋景: 1476~1547)에 이르러 비로소 과거에 뜻을 두어 벼슬길에 나서기 시작하였다. 송경은 송적가宋迪嘉의 아들이며 송응성의 증조부로서 《명사明史》(20)에 전기와 묘지명이 실려 있다.

송경은 자는 이현以賢, 호는 남당南塘으로 홍치弘治 연간에 진사에 올라 여러 벼슬을 거쳐 남이부상서南吏部尙書, 남병부상서南兵部尙書를 역임하였으며 죽은 뒤 이부상서를 추증받았고 시호는 장정莊靖이다. 그는 당시 조정의 실권자이며 내각수보內閣首輔였던, 《제감도설帝鑑圖說》로 유명한 장거정(張居正: 1528~1582)의 '일조편법一條便法'을 충실히 완수하였다. 그 공로를 인정받아 집안이 음서제도蔭敍制度의 혜택까지 받아 가문이 흥성하기 시작하였으며, 그로 인해 고향 집안은 관료지주의 대가로 봉신현의 명문망족으로 발돋움하였다. 그 때문에 패루송촌에는 송경宋景, 송우앙宋宇昻, 송적가宋迪嘉 삼대를 기린 "삼대상서제三代尙書第"라는 패방牌坊이 세워지기까지 하였다.

송경에게는 다섯 아들이 있었으며 그 중 둘은 진사에 올라 지방 관리의 길에 들어섰으며, 셋째 송승경(宋承慶: 자는 道徵, 호는 思南) 역시 학술과 문장에 박통하였으나 20여 세의 젊은 나이에 아들 송국림(宋國霖: 1547~1630)을 남겨 둔 채 세상을 뜨고 말았다. 이 송국림이 바로 송응성의 부친이며 자는 여윤汝潤, 호는 거천巨川이다. 그는 2살도 되기 전에 조부 송경과 부친 송승경이 차례로 세상을 등지자 어머니 고씨顧氏가 길렀으며, 얼마 지나지 않아 다시 숙부 송화경宋和慶에게 보내져 양육되었다. 숙부 송화경은 송승경의 아우로 벼슬을 버리고 낙향하여 교육에 즐거움을 찾고 있던 터라 자연스럽게 조카 송국림을 맡아 기르게 되었으며 송국림은 고아로서 그 집에서 40여 년 간 밖으로 나서지 않은 채 칩거하여 집안이 펴보지 못하였다. 송국림은 후사도 얻지 못하다가 31세에 비로소 첫째 송응승(宋應昇: 자는 元孔)을 얻게 되었고 이어서 송응정(宋應鼎, 1582~1629)과 셋째 송응성宋應星, 막내 송응정宋應晶을 낳게 되었다. 이들 중 둘째 응정應鼎은 자는 차구次九, 호는 현옥鉉玉이며 감씨甘氏 소생으로 벼슬길에 오르지 않았고, 막내 응정應晶은 자는 유함幼舍으로 왕씨王氏 소생이며 역시 과거에는 뜻이 없었다.

그런데 첫째 응승과 셋째 응성은 함께 위씨魏氏 소생으로 둘 모두 과거에 뜻을 두고 학업에 매진하였다.

《방옥당전집》(8)에 의하면 생모 위씨는 농민의 딸로 송국림에게 출가하여 2년이 되지 않은 해에 집이 화재를 만나 전소되는 아픔을 맛보았으며 그로 인해 송응성 집안의 쇠락해 가는 가정을 힘들게 꾸려 나간 것으로 되어 있다. 그러한 환경 속에서도 송응성의 형 응승은 아우 응성을 보살피며 함께 공부에 열중하였다. 두 사람은 고향에서 숙조부 송화경宋和慶으로부터 몽학기蒙學期를 마치고 다시 족숙 송국조宋國祚에게 배웠으며 어른이 되어서는 신건현新建縣의 학자 정량지(鄭良知: 1558~1635?) 및 남창의 학자 서왈경(徐曰敬: 1558~1636)을 스승으로 모시고 학문을 익혔다. 이들 두 스승은 모두 진사 출신이며 지현知縣 이상의 관직을 역임한 인물들이었다. 그들은 명말 부패한 정치에 불만을 품고 항거하다가 폄직된 자들로서 서원에서 학생을 가르치고 있었으며 그 명성을 듣고 당시 도소규(涂紹煃, 伯聚) 만시화萬時華, 서세부徐世溥, 료방영廖邦英 등이 찾아와 배울 정도였다. 이들 둘은 이러한 분위기 속에 경사자집經史子集을 두루 섭렵하였고, 특히 송응성은 이것 외에도 음악, 바둑, 천문, 의약, 관측, 지리, 산물 등에도 남다른 관심과 흥미를 보였다.

송응성은 18세 되던 해(1604), 형 응승과 함께 분가하여 독립된 생활을 시작하면서 증조부 송경의 업적을 이어받겠노라 벼슬길을 꿈꾸게 되었다.

그리하여 만력萬曆 43년(1615), 두 사람은 함께 향시鄕試에 응시하여 응성은 3등, 응승은 6위로 거인擧人에 합격하였다. 이 해 강서江西의 응시생이 1만 명 이상이었고, 합격자는 109명이었는데 봉신현에서는 오로지 이 두 사람밖에 없어 '봉신이송奉新二宋'이라는 별칭이 생겨날 정도였다. 이에 고무된 두 사람은 그해 가을 내친김에 고향을 떠나 먼 경사京師의 병진회시(丙辰會試, 1616)에 응시하였다. 그러나 결국 실패하였으나 이들은 실망하지 아니하고 계속하여 만력 47년(1619), 천계天啓 3년(1623), 천계 7년(1627), 숭정 4년(1631) 등 다섯 차례나 도전하였으나 모두 실패하고 말았다. 마지막 응시하였을 때 송응성은 이미 45세였고 형 응승은 54세였다. 이들은 당시 엄당(閹黨, 환관 무리)의 우두머리 위충현魏忠賢의 전횡을 직접 체험하고는 더 이상 과거에는 뜻을 두지 않게 되었다.

그러나 그 동안의 고초와 생활은 경제적 어려움으로 다가왔고 가족의 생계까지 현실로 닥치자 송응성은 살길을 찾고자 1634년 강서성 원주부 袁州府 분의현分宜縣 교유敎諭라는 말단 교육 담당자가 되어 20여 명의 생원을 가르치는 일을 맡게 되었다. 그 기간도 겨우 4년(1634~1638)에 그치고 말았다.

한편 그의 형 응승도 숭정 4년(1631) 마지막 응시에 낙방하자 곧바로 절강浙江 동향현桐鄕縣 현령縣令에 올랐다. 그러나 어머니의 상을 당하여 일시 귀향하였다가 그 뒤로 다시 광동廣東 조경부肇慶府 은평현恩平縣 현령, 고량부高凉府 동지同知, 광주부廣州府 지부知府 등의 지방 관원의 길을 두루 돌아다녔다. 그러나 갑신(1644)년 명明이 망했다는 소식을 듣자 곧바로 낙향하여 순치順治 2년(1646)에 생을 마치고 말았다. 이에 그와 교류하였던 친지들이 숭정 11년(1638)《방옥당전집》을 발간하여 고인을 기렸다. 이보다 1년

전에는 집안에서 《송씨종보宋氏宗譜》를 발간하였으며, 그 뒤 증손 송근宋瑾이 건륭乾隆 24년(1759) 《방옥당전집》증보판을 출간하였으나, 1772년 「사고 전서」를 편찬할 때 이 책에는 반청사상이 들어 있다 하여 수록되지 못한 채 금서로 낙인찍히고 말았다.

한편 송응성은 회시會試 응시로 1616~1631년간 경사를 오가는 길에 북경과 강서, 호북, 안휘, 강소, 산동, 하북, 하남, 절강 등 각지의 도시와 농촌을 직접 살펴볼 수 있었고, 평소 관심을 가졌던 각종 수공업과 농업, 잠업 등을 구체적으로 관찰할 기회를 갖게 된 것이 도리어 뒷날 여러 저술에 절대적인 도움이 되었다. 이에 그는 분의현 교유를 지내던 4년간 시간이 날 때마다 틈틈이 이를 정리하여 드디어 숭정 9년(1636), 50세의 나이에 《화음 귀정畫音歸正》, 《원모原耗》, 《야의野議》, 《사련시思憐詩》 등을 정리하여 마무리 짓고, 이듬해(1637), 《천공개물》을 마쳤으며, 아울러 《치언십종卮言十種》까지 내놓게 된 것이다.

이에 그의 오랜 친구 도소규(涂紹煃: 1587?~1645, 자는 伯聚, 호는 映薇, 江西 新建人)의 도움으로 출간할 수 있었다.

송응성은 이듬해(崇禎 11년, 1638) 복건福建 정주부汀州府 추관推官이 되었 으나 2년 뒤 사직하고 귀향하는 길에 공남贛南을 경유하다가 친구 류동승 (劉同升: 1687~1646)을 만났다. 류동승은 자는 효칙孝則이며 강서 길수吉水 사람으로 한림원翰林院 수찬修撰에 올랐으나 탐관 양사창楊嗣昌을 탄핵하다가 도리어 반격을 받아 복건안찰사지사福建按察使知事로 폄직되자 그만 병을 얻어 고향에 돌아와 있었다. 송응성은 일찍부터 그와 교류가 있었으며 30년 만에 만났던 것이다. 당시 명말 조정은 쇠락하였고 천하는 시끄러웠으며 청병淸兵은 이미 북경을 위협하였고 이자성李自成의 반군은 빠른 속도로 세력을 넓혀가고 있었다. 이에 강서 지역도 안정이 무너져 숭정말 1642~ 1643년 송응성의 고향 봉신현에서도 이숙십李肅十, 이숙칠李肅七 형제의 홍건 농민군紅巾農民軍의 봉기가 폭발하였다. 송응성은 이에 병비도兵備道 진기룡 陳起龍에게 협조하여 이들 진압에 계책을 바쳐 해결에 나서기도 하였다. 그리 하여 송응성은 숭정 16년(1643) 가을 남직예南直隸 박주(亳州: 지금의 安徽 阜陽) 지주知州로 부임하였으나 이미 명나라는 멸망의 길에 들어서 1년 뒤 망하고 (1644 갑신) 말아 소위 '괘관귀리掛官歸里'의 사직을 당하고 말았다. 명이 망하고 청병이 남하하자 송응성은 10여 년의 은거생활로 일관하였으나 순치 12년 (1655) 다시 《남창군숭南昌郡乘》의 편집에 주필로 고향의 군지郡誌를 펴내는 일에 참가하였다. 그리고 친구 진홍서(陳弘緖: 1597~1655)의 요청으로 형 송응승의 전기 〈송응승전宋應昇傳〉을 지었다.

그는 강희康熙 초 대략 80세인 1666년 세상을 떠난 것으로 알려져 있다. 그에게는 두 아들이 있었으며 맏아들은 士慧(자는 靜生), 둘째는 士意(誠生) 이었다. 이들과 그 후손은 모두 조부의 유훈을 받들어 "恪守祖父遺訓, 功名 淡如"를 삶의 지표로 삼아 누구도 과거에 뜻을 두지 않았다고 한다.

한편 송응성의 저작은 지금 전하는 《천공개물》 외에 《야의野議》, 《사련시 思憐詩》, 《담천淡天》, 《기론論氣》, 《화음귀정畫音歸正》, 《원모原耗》, 《춘추융적해 春秋戎狄解》, 《치언십종卮言十種》, 《미리전美利箋》 등이 있었다고 하나 지금은 모두 실전되고 말았다.

3. 중국 과학기술사科學技術史에 있어서의 《천공개물》

중국의 과학, 기술, 산업 등에 관한 기록은 고대부터 당연히 있어왔다.

우선 가장 기본이었던 농업에 대해서는 《관자管子》 지원편地員篇, 《여씨
춘추呂氏春秋》의 상농上農, 임지任地, 변토辨土, 심시審時편, 그리고 《상군서
商君書》의 간령墾令, 산지算地 등에 일부가 언급되어 있었으며 한대漢代 《범승
지서氾勝之書》가 있었으나 본격적인 저술은 남북조南北朝 시기 가사협賈思勰의
《제민요술齊民要術》(533~544), 송대宋代 진부(陳旉: 1076~1156)의 《농서農書》
(1149), 원대元代 《농상집요農桑輯要》(1273)와 왕정王楨의 《농서農書》(1313) 및
명대 광번鄺璠의 《편민도찬便民圖纂》(1502), 마일룡馬一龍의 《농설農說》(1547)
등이 대표적이다.

《제민요술》은 현존 가장 오래된 농업 전문서로서 모두 10권 92편, 11만
자의 방대한 저술로 농림어업이 망라되어 있으나 지역적으로는 황하黃河
중하류의 산서, 하남, 산동에 치우쳐 있다. 그리고 진부의 《농서》는 3권
1만여 자의 비교적 적은 양이기는 하나 강남 일대의 도작농업을 중심으로
잠상蠶桑까지 함께 다루고 있으며, 왕정의 《농서》는 역시 11만 자의 방대한
저술로 삽화까지 곁들이고 있으며, 황하 유역의 밭농사와 강남 일대의
벼농사는 물론 원예와 잠상까지도 함께 설명하고 있다. 한편 명대 서광계
徐光啓의 《농정전서農政全書》는 농업에 관한 대표적 저술이기는 하나 그가
죽은 뒤인 숭정 12년(1639) 출간되어 《천공개물》보다는 2년 뒤에 나온 것이다.

한편 공예와 제작 등에 관한 저술로는 이미 전국시대 《고공기考工記》
(《周禮》의 冬官을 대체한 것)를 필두로 남북조 시기 도굉경陶宏景의 《고금도검록
古今刀劍錄》, 송대 이계(李誡: 약 1060~1100)의 《영조법식營造法式》, 증공량(曾公亮:

998~1078)의 《무경총요武經總要》(1044), 소송(蘇頌: 1020~1101)의 《신의상법요新儀象法要》(1090), 왕작王灼의 《당상보糖霜譜》(1154이전), 주익중朱翼中의 《주경酒經》, 조보지晁補之의 《묵보墨譜》, 원대 진춘陳椿의 《오파도熬波圖》(1330), 비저費著의 《전지보箋紙譜》, 그리고 명대 황성(黃成, 著), 양명(楊明, 注)의 《휴식록髹飾錄》(1625, 漆工藝), 왕징(王徵: 1571~1644)의 《신제제기도설新制諸器圖說》(1627), 모원의茅元儀의 《무비지武備志》(1621) 등이 있다. 그 이전 당대唐代의 《공예육법工藝六法》과 오대五代 주준도朱遵度의 《첨경添經》, 송대 유호喩皓의 《목경木經》, 설경석薛景石의 《재인유제梓人遺制》 등이 있었으나 이들은 모두 실전되고 없으며 송대 심괄(沈括: 1031~1095)의 《몽계필담夢溪筆談》과 이시진李時珍의 《본초강목本草綱目》 등도 기술과 의약 등에 대한 과학사에 있어서 중요한 저술이라 할 수 있다.

그리고 명대 과학 기술에 관한 저술 중에 주숙(朱橚: ?~1425)의 《구황본초救荒本草》(1406), 이시진의 《본초강목》, 모원의의 《무비지》, 서광계의 《농정전서》 등을 대표적으로 거론하고 있지만 이들을 총결산한 것이 바로 《천공개물》이라 할 수 있다.

4. 《천공개물》의 영향

《천공개물》은 중국 과학기술의 역사에 있어서 아주 중요한 기록으로 널리 인용되고 있다.

이는 비록 〈사고전서〉에는 수록되지 못하였지만 이를 필요로 하는 자는 여전히 《고금도서집성》과 《수시통고授時通考》를 통해 그 내용을 찾아볼 수 있었다. 이에 가경嘉慶, 도광道光 연간 이후에는 점차 금서에서 해금되는 분위기로 바뀌어 학자들은 자신의 글 속에 이를 공공연하게 인용할 수 있었다. 이를테면 청대 학자 오기준(吳其濬: 1789~1847)은 그의 《전남광창도략滇南廣廠圖略》(1840)과 《식물명실도고植物名實圖考》(1848)에서 여러 차례 이 책을 언급하였고 도광 연간 부야산방付野山房에서 간각刊刻한 병서兵書《축융좌치진전祝融佐治眞詮》에도 이 책의 내용을 옮겨 적고 있다.

동치 9년(1870) 류악운(劉嶽雲:1849~1919)은 《격물중법格物中法》이라는 저술에서 본격적으로 《천공개물》을 연구하기 시작하였다. 그는 서양 과학에 능통하여 이 책의 주요 내용을 과학적으로 분류하고 증명하여 주석을 덧붙였다. 그 외에 잠육영(岑毓英: 1829~1889)의 《운남통지雲南通志》 〈광정편廣政篇〉과 위걸衛杰의 《잠상췌편蠶桑萃編》은 이 책의 근대적 연구에 큰 공을 세운 저작들이다. 위걸은 하북河北 보정保定에 농장을 설립하고 양잠과 날염 등을 직접 실현해 보기도 하였다.

20세기 현대에 이르러서도 이 책은 계속 중시를 받아 중국 과학사, 문화사, 경제사, 사상사를 연구하는 학자에게는 필독서의 참고 자료로 각광을 받았다. 특히 일본의 경우 이미 에도(江戶) 시대 중반의 식물학자 패원

독신(貝原篤信: 1630~1714)의 경우, 자신의 《화보花譜》(1694)라는 책에 이 책의 내용을 거론하였고, 1771년에는 오사카大坂 관생당菅生堂 출판사에서 《천공개물》을 판각하였으며, 1952년에는 수내청藪內淸이 이를 일어로 번역하여 출판하기에 이르렀다.

한편 우리나라에서도 18세기 실학의 대두와 함께 이 책을 중시하여 박지원(朴趾源: 1737~1805)은 중국에 사신으로 왔다가 이 책을 구해본 다음 귀국하여 《열하일기熱河日記》(1780)의 「거제車制」를 쓰면서 이 책과 《농정전서》 등을 아주 높이 평가한 내용이 들어 있고, 이규경李圭景의 《오주연문장전산고五洲衍文長箋散稿》 및 《오주서종박물고변五洲書種博物考辯》(1834)에도 쇠와 구리의 합금에 대한 내용을 소개하면서 아주 높이 평가하고 있다. 그런가 하면 서유구(徐有榘: 1764~1845)는 《임원경제십륙지林園經濟十六志》에서 이 책의 내용을 널리 인용하여 실학자들의 필독서가 될 정도였다.

서구에도 이 책은 일찍 알려졌다. 프랑스 파리의 한학교수漢學教授 율리앙(Stanislas julien: 1797~1873)은 이 책의 「丹靑」, 「五金」, 「乃服」, 「彰施」, 「殺靑」 등 5편을 불어로 번역하여 프랑스 과학원 원보院報와 《화학연감化學年鑑》에 발표하였다. 그 외에 영국, 독일, 이탈리아 등지에서도 이를 일부 번역하여 알려지자 동양의 과학에 대하여 대단히 큰 흥취와 반향을 일으켰다.

1869년 율리앙은 과학자 폴 상피앙(Paul Champion)과 파리에서 《천공개물》의 「作鹹」, 「陶埏」, 「冶鑄」, 「錘鍛」, 「燔石」, 「殺靑」, 「五金」, 「丹靑」편에서 각 장의 일부를 번역하고 주석하여, 《中華帝國 功業의 어제와 오늘》

(Industries anciennes et modernes de l'Empire Chinois)이라는 책으로 출간 하였고 영국의 생물학자 다윈은 《천공개물》과 《수시통고》에서 추려낸 잠상蠶桑 부분을 읽은 후 이를 "권위 있는 저작"이라고 칭송을 아끼지 않았다. 한편 1964년 독일 학자 틸로(Thomas Thilo)는 《천공개물》의 「乃粒」, 「乃服」, 「彰施」, 「粹精」을 독일어로 번역과 주석을 가하였으며, 1966년 미국 펜실 베니아 주립대학에서는 이 책 전문을 완역하여 출간하기도 하였다. 그 외에 영국 학자 조셉 니드햄(Joseph Needham)은 《중국과학기술사中國科學技術史》 에서 이 《천공개물》을 널리 인용하고 있으며 일본 학자 삼지박음(三枝博音, 사에구사 히로토)은 이를 "중국의 대표적 기술서"라고 극찬을 아끼지 않는 등 그 가치는 아주 광범위하게 인정받고 있다.

(이상 해제는 潘吉星의 두 책 《天工開物導讀》(1988, 巴蜀書社)과 《天工開物》(譯註, 2008, 上海古籍出版社) 및 崔炷(주역)의 《天工開物》 해제 부분을 정리한 것임.)

天覆地載物數號萬而事亦因之

曲成而不遺豈人力也哉事物而

既萬矣必待口授目成而後識之

其與幾何萬事萬物之中其無益

生人與有益者各載其半世有聰

明博物者稠人椎焉乃棗梨之花

未賞而臆度楚萍釜鬵之範鮮經

而後談苣鼎畫工好圖鬼魅而惡

犬馬卽鄭僑晉華豈足爲烈哉幸

生聖明極盛之世滇南車馬縱貫

遼陽嶺徼宦商衡遊薊北爲方萬

里中何事何物不可見見聞聞若

爲士而生東晉之初南宋之季其

視燕秦晉豫方物巳成夷產從互

市而得裘帽何殊肅愼之矢也且

夫王孫帝子生長深宮御厨玉粒

正香而欲觀未耜尚宮錦衣方剪

而想像機絲當斯時也披圖一觀

如獲重寶矣年來著書一種名曰

天工開物卷傷哉貧也欲購奇攷

證而之洛下之資欲招致同人商

略贗真而缺陳思之舘隨其孤陋

見聞藏諸方寸而寫之豈有當哉

乃粒第一卷

分宜敬耡宋應星著

宋子曰上古神農氏若存若亡然味其徽號兩言至今
存矣生人不能久生而五穀生之五穀不能自生而生
人生之土脈歷時代而異種性隨水土而分不然神農
去陶唐粒食已千年矣而耒耜之利以教天下豈有隱焉
而紛紛嘉種必待后稷詳明其故何也紈袴之子以赭
而忘其源者衆矣夫先農而繫之以神竟人力之所為
哉

總名

凡穀無定名百穀指成數言五穀則麻菽麥稷黍獨遺
稻者以著書聖賢起自西北也今天下育民人者稻居
什七而來牟黍稷居什三麻菽二者功用已全入蔬餌
膏饌之中而猶繫之穀者從其朔也

稻

凡稻種最多不粘者禾曰秔米曰粳粘者禾曰稌米曰

糯南方無粘黍稷酒皆糯米所為質本粳而晚收帶粘
俗名發源光之類不可為酒只可為粥者又一種性也凡稻穀形有長芒短芒
江南名長芒者曰劉陽早短芒者曰吉安早長粒尖粒圓頂扁面不一其中
米色有雪白牙黃大赤半紫雜黑不一濕種之期最早
者春分以前名為社種遇天寒有凍死不生者最遲者後於清明

凡播種先以稻麥稿包浸數日俟其生芽撒於田中生
出寸許其名曰秧秧生三十日即拔起分栽若田畝逢
旱乾水溢不可插秧秧過期老而長節即栽於畝中生
穀數粒結果而已凡秧田一畝所生秧供移栽二十五

畝凡秧既分栽後早者七十日即收穫粳有救公饑喉下急糯有金包
銀之類方語百千不可殫述遲者歷夏及冬二百日方收穫其冬
季播種仲夏即收者則廣南之稻地無霜雪故也凡稻
旬日失水即愁旱乾夏種冬收之穀必山間源水不絕
之畝其穀種亦耐久其土脈亦寒不催苗也湖濱之田
待夏潦已過六月方栽者其秧立夏播種撒藏高畝之
上以待時也南方平原田多一歲兩栽兩穫者其再栽
秧俗名晚糯非粳類也六月刈初禾耕治老膏田插再
生秧其秧清明時已偕早秧撒布早秧一日無水即死

차례

《천공개물》세부목차

天工開物 上

卷上

1. 내립乃粒

2. 내복乃服

4. 수정粹精

(1) 前言

(2) 攻稻(擊禾·軋禾·風車·水碓·石碾·臼·碓·篩. 皆具圖)

(3) 밀과 보리의 탈곡: 攻麥(揚·磨·羅)

(4) 기장·조·참깨·콩의 탈곡攻黍·稷·粟·粱·麻·菽(小碾·枷, 具圖)

5. 작함作鹹

(1) 전언前言

(2) 鹽産: 소금생산

(3) 해수염海水鹽

(4) 지염池鹽

6. 감기 甘嗜

卷中

7. 도선陶埏

天工開物 를

9. 주거舟車

(1) 전언前言

(2) 舟

(3) 漕舫

(4) 해주海舟

(5) 雜舟: (기타 여러 종류의 배)

10. 추단錘鍛

(1) 전언前言

(2) 치철治鐵

(3) 도끼류(斤·斧)

(4) 호미(괭이), 종, 鋤·鎛·鎈·錐

(2) 黃金

(3) 銀 附: 朱砂銀

(4) 銅

(5) 附: 倭鉛

(2) 朱

(3) 墨

(4) 附

17. 국얼麴蘖

(1) 전언前言

(2) 주모酒母

(3) 신국神麴

(4) 단국丹麴

18. 주옥珠玉

(1) 전언前言

(2) 珠

(3) 寶

(4) 玉

⊛ 〈天工開物序〉

하늘이 덮고 있고 땅이 싣고 있는 그 많은 물건은 만 가지로 이름을 불러야 할 정도로 많고 사건 역시 이에 따라 그토록 많다. 이들은 완벽하게 이루어져 누락된 것이 없으니 이것이 어찌 인력으로 되는 것이겠는가! 사물이 이미 이토록 수만 가지이니 반드시 남의 설명을 듣고 눈으로 본 다음에야 인식하게 되지만 그렇게 해서 알 수 있는 것이 몇 가지나 되겠는가? 수만 가지 사건과 물건 중에는 사람의 일상생활에 아무런 이익이 되지 않는 것과 이익이 되는 것이 각기 반반씩일 것이다. 세상에 총명하고 박식한 자는 많은 사람들이 추앙하고 있다. 그러나 대추나무나 배나무의 꽃도 제대로 감상해본 적이 없으면서 '초평楚萍'을 억측으로 설명하기도 하고, 솥을 만드는 틀을 거의 본 적이 없으면서도 '거정筥鼎'을 신나게 화제로 삼기도 하며 화공은 귀신은 그리기를 좋아하면서 개나 말을 그리는 것은 꺼리고 있으니 그렇다면 정鄭나라 자산子産이나 진晉나라 장화張華가 어찌 족히 대단한 인물이라 하겠는가?

다행히 지금 성명聖明하고 극성의 세상에 태어나 전남滇南 당의 수레와 말이 먼 요양遼陽까지 마구 꿰뚫고 다닐 수 있고 영남嶺南을 돌아다니며 벼슬하거나 장사하는 자도 먼 계북薊北까지 휘젓고 다닐 수 있다. 그러니 만 리 먼 곳이라 해도 그 어떤 사건이나 물건인들 가히 직접 보고 듣고 할 수 없는 것이 있겠는가! 그러나 만약 선비로서 동진東晉 초기나 남송南宋 말에 태어나 연燕, 진秦, 진晉, 예豫 땅의 지방 특산물을 보았다면 이미 먼 이민족 지역에서 난 물건으로 여길 것이요, 호시互市를 거쳐 온 갖옷이나 모자를 보았다면 그것이 어찌 숙신肅愼의 화살을 두고 신기하게 여겼던 고사와 다르겠는가?

게다가 무릇 왕손이나 제왕의 아들로서 깊은 궁궐에서 태어나고 자라 궁중 주방에서 옥 같은 곡식으로 짓는 밥 냄새의 향기에 가래나 보습을 보고자 하거나, 상궁尙宮이 비단옷을 만들며 바야흐로 가위질을 하는 것을 보고 베틀이나 비단실이 어떤 것일까 보고 싶어할 때 이러한 그림을 펴서 한 번 보여준다면 마치 중한 보물을 얻은 듯이 여길 것이다.

근년에 책 한 권을 저술하여 이름을 《천공개물天工開物》이라 하였다. 그러나 안타깝게도 가난하여 진기한 것들을 구입하여 고증을 하고자 하였으나, 낙하洛下의 자금이 부족하였다. 그리고 같은 뜻을 가진 동료를 불러 진위를 토론하고자 하였으나 역시 진사왕陳思王의 객관客館 학자 들도 없었다. 그리하여 고루한 견문을 그대로 따라 소장하고 있던 몇 가지 안 되는 자료를 가지고 쓴 것이니 어찌 타당함을 갖춘 것이겠는가? 그런데 내 친구 도백취涂伯聚 선생은 성의가 하늘을 감동시키고 심령이 만물에 맞아떨어지는 자로서 무릇 고금의 일언이라도 훌륭한 것으로써 한 치의 길이만이라도 취할 만한 것이라면 반드시 부지런히, 간절히 거기에 뜻을 맞추는 사람이었다. 지난 해 《화음귀정畵音歸正》이라는 책은 바로 그 선생을 통해 출판의 기회를 얻게 되었던 것이다. 이에 그 다음 명령이 있어 다시 이 책을 취하여 그 뒤를 이어 이 책을 출간해주겠다고 하니 그 역시 일찍 맺어진 인연이 불러준 것이리라!

책의 분책 전후는 "오곡은 귀히 여기고 금옥은 천히 여겨야 한다"는 뜻을 따라 순서를 삼은 것이다. 그러나 〈관상觀象〉과 〈악률樂律〉 두 권은 그 원리가 너무 정밀하여 스스로 생각건대 내가 해낼 수 있는 것이 아니라 여겨 그 때문에 출판에 임하여 제거할 수밖에 없었다. 빌건대 큰 학업을 가진 문인은 이 책을 그저 책상머리에 던져 버리기를 바란다. 이 책은 공명이나 세상에서의 진달과 이익을 취하는 것과는 터럭만큼도 관계가 없는 것이기 때문이다.

때는 숭정崇禎 정축(丁丑, 1637) 맹하孟夏의 달에 봉신奉新 사람 송응성宋應星 이 가식지문당家食之問堂에서 쓰다.

天覆地載, 物數號萬, 而事亦因之, 曲成而不遺, 豈人力也哉! 事物而旣萬矣, 必待口授目成而後識之, 其與幾何? 萬事萬物之中, 其無益生人與有益者, 各載其半. 世有聰明博物者, 稠人推焉. 乃棗梨之花未嘗, 而臆度「楚萍」. 釜鬵之範鮮經, 而侈談「莒鼎」;畫工好圖鬼魅而惡犬馬, 卽鄭僑·晉華, 豈足爲烈哉?

幸生聖明極盛之世, 滇南車馬縱貫遼陽, 嶺徼宦商橫遊薊北. 爲方萬里中, 何事何物不可見見聞聞! 若爲士而生東晉之初, 南宋之季, 其視燕秦晉豫方物已成夷産, 從互市而得裘帽, 何殊肅愼之矢也? 且夫王孫帝子生長深宮, 御廚玉粒正香而欲觀耒耜, 尚宮錦衣方剪而想像機絲. 當斯時也, 披圖一觀, 如獲重寶矣.

年來著書一種, 名曰《天工開物》卷, 傷哉貧也, 欲購奇考證, 而乏洛下之資;欲招致同人商略賡眞, 而缺陳思之館. 隨其孤陋見聞, 藏諸方寸而寫之, 豈有當哉? 吾友涂伯聚先生, 誠意動天, 心靈格物, 凡古今一言之嘉, 寸長可取, 必勤勤懇懇而契合焉. 昨歲《畫音歸正》, 繇先生而授梓. 茲有後命, 復取此卷而繼起爲之, 其亦夙緣之所召哉!

卷分前後, 乃「貴五穀而賤金玉」之義.《觀象》·《樂律》二卷, 其道太精, 自揣非吾事, 故臨梓刪去. 丐大業文人棄擲案頭, 此書于功名進取毫不相關也.

時崇禎丁丑孟夏月, 奉新宋應星書于家食之問堂.

【曲成而不遺】《周易》繫辭傳(上)에 "範圍天地之化而不過, 曲成萬物而不遺, 通乎晝夜之道而知, 故神无方而易无體"라 함. '曲成'은 "곡진히 이루다, 완벽하게 이루다"의 뜻.

【口授目成】입으로 가르쳐 줌을 받거나 자신이 눈으로 보아 익숙해짐.

【稠人】빽빽할 정도로 많은 사람.

【棗梨之花】흔한 대추나 배의 꽃이 어떻게 생겼는지 제대로 살펴보지 않음.

【臆度】'억탁'으로 읽으며 臆測과 같음.

【楚萍】萍實이라는 과일. 실제는 존재하지 않음. 楚 昭王이 강을 건널 때 떠내려 오는 물건을 이상히 여겨 孔子에게 물었더니 '萍實'이라고 대답한 것.《說苑》辨物篇과《孔子家語》致思篇에 실려 있는 고사.《說苑》에 "楚昭王渡江, 有物大如斗, 直觸王舟, 止於舟中; 昭王大怪之, 使聘問孔子. 孔子曰: 「此名萍實.」令剖而食之:「惟霸者, 能獲之, 此吉祥也.」其後齊有飛鳥一足來下, 止于殿前, 舒翅而跳, 齊侯大怪之, 又使聘問孔子. 孔子曰:「此名商羊, 急告民趣治溝渠, 天將大雨」於是如之, 天果大雨, 諸國皆水, 齊獨以安. 孔子歸, 弟子請問, 孔子曰:「異哉小兒謠曰:"楚王渡江, 得萍實, 大如拳, 赤如日, 剖而食之, 美如蜜」此楚之應也. 兒又有兩兩相率, 屈一足而跳者, 曰:『天將大雨, 商羊起舞』今齊獲之, 亦其應也. 夫謠之後, 未嘗不有應隨者也.」故聖人非獨守道而已也, 睹物記也, 卽得其應矣"라 하였으며,《孔子家語》에도 "楚王渡江, 江中有物, 大如斗, 圓而赤, 直觸王舟, 舟人取之, 王大怪之, 遍問群臣, 莫之能識. 王使使聘于魯, 問於孔子, 子曰:「此所謂萍實者也, 可剖而食之, 吉祥也. 唯霸者爲能獲焉.」使者反, 王遂食之, 大美. 久之, 使來以告魯大夫, 大夫因子游問曰:「夫子何以知其然乎?」曰:「吾昔之鄭, 過乎陳之野, 聞童謠曰:『楚王渡江得萍實, 大如斗, 赤如日, 剖而食之甛如蜜』此是楚王之應也, 吾是以知之.」라 함.

【釜鬻之範鮮經】'釜鬻'은 '부심'으로 읽으며 흔한 솥. '範'은 '틀', 鮮은 '드물다'의 뜻. '經'은 경험해 봄.

【莒鼎】晉나라 군주가 鄭나라 子産에게 하사한 方鼎. 원래 莒나라에서 주조된 것이었음.《左傳》昭公 7년에 "鄭子産聘于晉. 晉侯有疾, 韓宣子逆客, 私焉, 曰:「寡君寢疾, 於今三月矣, 並走羣望, 有加而無瘳. 今夢黃熊入于寢門, 其何厲鬼也?」對曰:「以君之明, 子爲大政, 其何厲之有? 昔堯殛鯀于羽山, 其神化爲黃熊, 以入于羽淵, 實爲夏郊, 三代祀之. 晉爲盟主, 其或者未之祀也乎!」韓子祀夏郊. 晉侯有間, 賜子産莒之二方鼎"이라 함. 이 고사는《國語》晉語(8)와《說苑》辨物篇에도 전재되어 있으나 '公孫成子'가 晉나라에 간 것으로 되어 있음. 子産의 시호가 '成子'였는지는《左傳》에 전혀 나타나지 않아 별개의 다른 인물로 보임.

【侈談】 과장하여 말함. 흔하게 거론함.

【畫工】 귀신이나 도깨비는 실체를 모르기 때문에 화공으로서 그리기가 가장 쉽지만 말이나 개는 누구나 다 아는 물건이라 그리기 어렵다는 비유.《韓非子》外儲說左上에 "客有爲齊王畫者, 齊王問曰:「畫孰最難者?」曰:「犬馬最難.」「孰易者?」曰:「鬼魅最易.」夫犬馬, 人所知也, 旦暮罄於前, 不可類之, 故難; 鬼魅, 無形者, 不罄於前, 故易之也"라 하였고,《淮南子》氾論訓에도 "今夫圖工而好畫鬼魅, 而憎圖狗馬者, 何也? 鬼魅不世出, 而狗馬可日見也"라 함.

【鄭僑】 鄭나라 公孫僑(B.C.598~B.C.522). 子産을 가리킴. 子國(公孫成)의 아들. 子美. 鄭나라의 훌륭한 宰相이 되어 孔子가 자주 칭찬한 인물.

【晉華】 晉나라 때의 張華(232~300). 자는 茂先. 점술, 물명, 사물, 문학 등에 모두 박학다식하였으며 유명한《博物志》를 저술함.《晉書》(36)에 전이 있음.

【滇南】 '滇'은 雲南의 다른 이름. 남쪽 먼 곳을 뜻함.

【遼陽】 '遼'는 지금의 遼寧 지역. 북쪽 먼 곳을 뜻함.

【嶺徼】 '嶺'은 華南과 華中을 구분하는 五嶺을 가리킴. '徼'는 그곳을 떠돌며 벼슬하거나 장사를 함.

【薊北】 '薊'는 지금의 北京 일대. 薊縣을 가리킴. 고대 燕나라 때 도읍이었음.

【燕秦晉豫】 燕은 北京과 河北 일대. 秦은 陝西 일대. 晉은 山西 일대. 豫는 河南 일대. 자신이 사는 곳과 먼 지역을 말함.

【互市】 고대 이민족과의 물자 교류를 위한 국경 무역을 가리킴.

【肅愼之矢】 肅愼에서 나던 화살. 이 화살을 맞고 날아와 죽은 매가 陳나라 궁궐에 떨어져 죽자 이를 몰라 공자가 먼 숙신씨의 화살이라 풀이해준 고사.《國語》魯語(下)에 "仲尼在陳, 有隼集於陳侯之庭而死, 楛矢貫之, 石砮其長尺有咫. 陳惠公使人以隼如仲尼之館問之. 仲尼曰:「隼之來也遠矣! 此肅愼氏之矢也. 昔武王克商, 通道於九夷 百蠻, 使各以其方賄來貢, 使無忘職業. 於是肅愼氏貢楛矢 石砮, 其長尺有咫. 先王欲昭其令德之致遠也, 以示後人, 使永監焉, 故銘其栝曰『肅愼氏之貢矢』, 以分大姬, 配虞胡公而封諸陳. 古者, 分同姓以珍玉, 展親也; 分異姓以遠方之職貢, 使無忘服也. 故分陳以肅愼氏之貢. 君若使有司求諸故府, 其可得也.」使求, 得之金櫝, 如之"라 하였고,《說苑》辨物篇에도 "仲尼在陳, 有隼集于陳侯之廷而死. 楛矢貫之, 石弩矢長尺有咫. 陳侯使問孔子, 孔子曰:「隼之來也遠矣, 此肅愼氏之矢也. 昔武王克商, 通道九夷百蠻, 使各以其方賄來貢, 思無忘職業. 於是肅愼氏貢楛矢石弩, 長尺而咫. 先王欲昭其令德之致, 故銘其栝曰:『肅愼氏貢楛矢.』以勞大姬, 配虞胡公而封諸陳. 分同姓以珍玉, 展親也; 分別姓以遠方職貢, 使無忘服也. 故分陳以肅愼氏之矢.」試求之故府, 果得焉"

라 하였으며, 《史記》孔子世家에도 "有隼集於陳廷而死, 楛矢貫之, 石砮, 矢長
尺有咫. 陳湣公使使問仲尼. 仲尼曰「隼來遠矣, 此肅愼之矢也. 昔武王克商, 通道
九夷百蠻, 使各以其方賄來貢, 使無忘職業. 於是肅愼貢楛矢石砮, 長尺有咫. 先王
欲昭其令德, 以肅愼矢分大姬, 配虞胡公而封諸陳. 分同姓以珍玉, 展親; 分異
姓以遠方職, 使無忘服. 故分陳以肅愼矢.」試求之故府, 果得"이라 하였으며,
《漢書》五行志(下之上)에도 "《史記》魯哀公時, 有隼集于陳廷而死, 楛矢貫之,
石砮, 長矢有咫. 陳閔公使使問仲尼. 仲尼曰「隼之來遠矣. 昔武王克商, 通道百蠻,
使各以方物來貢, 肅愼貢楛矢, 石砮, 長尺有咫. 先王分異姓以遠方職, 使毋忘服.
故分陳以肅愼矢.」試求之故府, 果得之. 劉向以爲隼近黑祥, 貪暴類也; 矢貫之,
近射妖也. 死於廷, 國亡表也. 象陳眊亂, 不服事周, 而行貪暴, 將致遠夷之禍, 爲所
滅也. 是時中國齊晉, 南夷吳楚爲彊, 陳交晉不親, 附楚不固, 數被二國之禍. 後楚
有白公之亂, 陳乘而侵之, 終爲楚所滅"이라 하였으며, 《孔子家語》辨物篇에도
"孔子在陳, 陳惠公賓之於上館. 時有隼集陳侯之庭而死, 楛矢貫之, 石砮其長尺
有咫. 惠公使人如孔子館而問焉. 孔子曰「隼之來遠矣, 此肅愼氏之矢, 昔武王
克商, 通道於九夷百蠻, 使各以其方賄來貢, 而無忘職業, 於是肅愼氏貢楛矢石砮,
其長尺有咫, 先王欲昭其令德之致遠物也, 以示後人, 使永鑒焉, 故銘其栝曰:
『肅愼氏貢楛矢』以分大姬配胡公而封諸陳. 古者, 分同姓, 以珍玉, 所以展親親也,
分異姓以遠方之職貢, 所以無忘服也. 故分陳以肅愼氏貢焉. 君若使有司求諸故府,
其可得也.」公使人求, 得之金櫝, 如之"라 하는 등 널리 실려 있음.

【耒耕】 쟁기와 보습. 자신이 먹는 음식이 이러한 농기구로 작업하여 이루어진
것임을 안다 해도 직접 보지를 못하였음을 말함.

【尙宮】 궁궐 안에서 황제와 황족의 의복을 담당하는 직책

【天工開物】 '天工'은 《尙書》皐陶謨의 "天工人其代之"(하늘의 공교한 원리를 사람이
대신하다)에서, '開物'은 《周易》繫辭傳(上)의 '開物成務'(만물을 열어 임무를 성취
하다)에서 취한 것임. 즉 "자연의 원리와 힘을 이용하여 이를 인공과 배합, 사람
에게 필요한 물건을 개발해 내다"의 뜻.

【洛下之資】 洛陽에서는 물건을 살 때 일전만 부족해도 물건을 살 수 없음.
《三國志》魏志 夏侯玄傳 注의 《魏略》에 인용된 "蔣濟曰「洛中市買, 一錢不
足則不行.」"이라 하였고, 《世說新語》儉嗇篇에는 "司徒王戎旣貴且富, 凶宅,
僮牧, 膏田, 水碓之屬, 洛下無比"라 함. '洛下'는 洛陽을 가리킴.

【商略贋眞】 商略은 토론함. 贋眞은 眞僞. 사실 내용의 適否나 내용의 정확성,
오류 여부 등을 따짐.

【陳思之館】 陳思는 陳思王 曹植(192~232). 字는 子建. 曹操의 셋째 아들이며

曹丕의 아우. 문학과 시문에 뛰어났으며 형으로부터 심한 질투와 미움을 받음. 東阿王에 봉해졌었음. 시문 80여 수를 남겼으며 죽은 뒤 陳王에 봉해졌고 시호를 思라 하여 흔히 陳思王으로도 불림. 〈七步詩〉로 유명하며 客館을 마련해 놓고 많은 문인들을 불러모아 문학과 학문을 토론하였음.《曹子建集》 10권이 전하며《三國志》(19)에 전이 있음.

【藏諸方寸】 자신이 가지고 있는 하찮은 자료를 가리킴.

【涂伯聚】 涂紹煃(1587?~1645). 江西 新建人으로 송응성과 同榜 擧人. 자는 伯聚, 호는 英薇. 萬曆 47년(1619) 進士에 올라 都察院觀政과 四川督學, 河南 新陽兵備道를 거쳐 廣西布政使 등을 역임함. 宋應星의 친구이며 후원자였음. 당시 河南信陽兵備道의 직책이었음.

【畫音歸正】 宋應星의 그림과 음악에 대한 저술. 지금은 전하지 않음.

【䌛】 '由'와 같음.

【梓】 고대 가래나무로 판목을 만들었으며 뒤에 인쇄를 대신하는 말로 널리 쓰임. 上梓함.

【貴五穀而賤金玉】《漢書》食貨志에 실려 있는 晁錯의 〈論貴粟疏〉의 구절. "民者, 在上所以牧之, 趨利如水走下, 四方忘擇也. 夫珠玉金銀, 饑不可食, 寒不可衣, 然而衆貴之者, 以上用之故也. 其爲物輕微易藏, 在於把握, 可以周海內而亡饑 寒之患. 此令臣輕背其主, 而民易去其鄕, 盜賊有所勸, 亡逃者得輕資也. 粟米布 帛生於地, 長於時, 聚於力, 非可一日成也; 數石之重, 中人弗勝, 不爲奸邪所利, 一日弗得而饑寒至. 是故明君貴五穀而賤金玉"이라 함. 後魏의 農學者 賈思勰의 《齊民要術》의 序에도 이를 인용하고 있음.

【觀象, 樂律】 본래《天工開物》에 들어 있던 내용이었으나 그 내용이 너무 정밀 하여 자신이 해낼 수 없다고 여겨 제거한 분야. 이에 따라 원래 이 책은 20편 으로 저술되었을 것으로 보임.

【功名進取】 세상에 공명을 얻거나 벼슬자리를 얻어 승진하고 진달함.

【崇禎丁丑】 崇禎은 마지막 황제 明 思宗(朱由檢)의 연호. 1628~1644년까지 17년간이며 丁丑은 崇禎 10년 즉 1637년이었음.

【孟夏月】 음력 4월.

【奉新】 江西省 지명. 지금의 新建縣.

【家食之問堂】 宋應星의 書齋 이름. 堂號《周易》大畜卦의 "不家食, 吉, 養賢也"에서 취한 것으로 원래는 "능력 있는 현인에게는 관록을 주어 집에서 스스로 밥을 해먹 도록 해서는 안 된다"는 뜻이며, 저자는 도리어 이를 발전시켜 "집에서 밥을 먹는 문제, 즉 농공산업 생산에 관한 학문을 연구하다"의 의미로 이러한 당호를 지은 것.

卷上

1. 내립乃粒

　　내립乃粒은 곡물을 가리킴. 이는 《尙書》益稷篇의 "烝民乃粒,
萬邦作乂"에서 취한 말로 만민의 생명을 이어주는 곡식, 양식,
곡물, 농작물을 뜻함.

(1) 전언前言

001(1-1)
전언

내 생각으로는 이렇다.

"먼 옛날에 신농씨神農氏는 있었던 듯도 하고 없었던 듯도 하지만, 그러나 그 휘호徽號를 음미해보면 두 글자는 지금도 그 뜻이 그대로 있다. 태어난 사람은 그 몸만 가지고는 오래도록 살아갈 수 없으며 오곡이 살려주고 있는 것이다. 오곡 또한 제 스스로는 살 수 없으니 살아 있는 사람이 살려 주고 있는 것이다. 흙의 맥은 많은 시대를 거쳐 오면서 달라졌으며 곡물 종種의 본성도 물과 흙에 따라 달라져왔다. 그렇지 않고서야 신농씨 시대가 가고 도당씨陶唐氏 시대가 될 때까지 이미 천여 년이 흘렀는데 농기구의 편리함을 가지고 백성을 가르친 일이 묻혀진 채 분분하여, 그 좋은 곡물의 종류가 기어이 후직后稷이 나타나기를 기다린 이후에야 자세히 밝혀진 것 이라면 어찌 그럴 수가 있겠는가?

귀족의 자제들은 죄수를 농민 보듯 하고, 학자의 집안에서는 '농부'라는 말을 꾸짖는 말로 쓰고 있다. 아침에 밥 짓고 저녁의 끼니를 먹음으로써 그 맛을 알고 있음에도 그 근원을 잊고 사는 자가 많다.

무릇 농사를 우선으로 여겼기에 그의 이름에 신성하다는 뜻을 연결시킨 것이니 어찌 사람이 억지로 그렇게 붙인 것이겠는가!"

宋子曰:「上古神農氏, 若存子亡, 然味其徽號, 兩言至今
存矣. 生人不能久生, 而五穀生之. 五穀不能自生, 而生

人生之. 土脉歷時代而異, 種性隨水土而分. 不然, 神農
去陶唐粒食已千年矣, 耒耜之利, 以敎天下, 豈有隱焉,
而紛紛嘉種必待后稷詳明, 其故何也? 紈袴之子以赭衣
視笠蓑, 經生之家以「農夫」爲詬詈. 晨炊晚饟, 知其味而
忘其源者衆矣. 夫先農而繫之以神, 豈人力之所爲哉!」

【宋子曰】宋應星 자신을 말하며 매편 引言의 시작에 자신의 의견을 제시한 것임.
【神農氏】고대 성왕. 炎帝, 烈山氏. 산과 들을 태워 농사법을 처음 제정하여
　神農氏(烈山氏)라 부름.《呂氏春秋》愛類篇에 "《神農之敎》曰:「士有當年而不
　耕者, 則天下或受其饑矣; 女有當年而不績者, 則天下或受其寒矣.」"라 하였고,
　《文子》上義篇에는 "《神農之法》曰:「丈夫丁壯不耕, 天下有受其飢者; 婦人當年
　不織, 天下有受其寒者」故身親耕, 妻親織, 以爲天下先. 其導民也, 不貴難得之貨,
　不重無用之物, 是故耕者不强, 無以養生; 織者不力, 無以衣形. 有餘不足, 各歸
　其身, 衣食饒裕, 奸邪不生, 安樂無事, 天下和平, 智者無所施其策, 勇者無所錯
　其威"라 함.
【陶唐】帝堯. 전설상 上古시대 五帝의 하나. 陶唐氏. 唐堯로도 부름. 祁姓이며
　이름은 放勳. 帝嚳의 아들. 陶땅을 근거로 하여 陶唐이라 부름.《十八史略》(1)에
　"帝堯陶唐氏: 伊祁姓, 或曰名放勳, 帝嚳子也. 其仁如天, 其知如神, 就之如日,
　望之如雲, 都平陽. 茆茨不剪, 土階三等. 有草生庭, 十五日以前, 日生一葉, 以後
　日落一葉, 月小盡, 則一葉厭而不落, 名曰蓂莢, 觀之以知旬朔"라 함.《史記》
　五帝本紀를 볼 것.
【耒耜之利, 以敎天下】농기구의 편리함을 가지고 백성들을 가르침.《周易》
　繫辭傳(下)에는 "包犧氏沒, 神農氏作, 斲木爲耜, 揉木爲耒, 耒耨之利, 以敎天下,
　蓋取諸益"이라 하여 '耒耨之利'로 되어 있음.
【后稷】周民族의 시조이며 이름은 姬棄. 唐堯 때 后稷이라는 農官을 지냄.《史記》
　周本紀에 "周后稷, 名棄. 其母有邰氏女, 曰姜原. 姜原爲帝嚳元妃. 姜原出野,
　見巨人迹, 心忻然說, 欲踐之, 踐之而身動如孕者. 居期而生子, 以爲不祥, 棄之
　隘巷, 馬牛過者皆辟不踐; 徙置之林中, 適會山林多人, 遷之; 而棄渠中冰上,
　飛鳥以其翼覆薦之. 姜原以爲神, 遂收養長之. 初欲棄之, 因名曰棄. 棄爲兒時,

屹如巨人之志. 其游戲, 好種樹麻·菽, 麻·菽美. 及爲成人, 遂好耕農, 相地之宜, 宜穀者稼穡焉, 民皆法則之. 帝堯聞之, 擧棄爲農師, 天下得其利, 有功. 帝舜曰: 「棄, 黎民始飢, 爾后稷播時百穀.」封棄於邰, 號曰后稷, 別姓姬氏. 后稷之興, 在陶唐·虞·夏之際, 皆有令德"이라 함.《尙書》益稷篇을 볼 것.

【紈袴】흰 비단으로 해 입은 바지. 귀족을 상징하는 말로 쓰임.

【赭衣】붉은 색의 옷. 옛날 죄수들에게 입혔던 복장.

【笠簑】삿갓과 도롱이. 농사지을 때 입는 작업복과 복장. 농민을 가리킴.

【詬詈】꾸짖고 욕함. 나무람.

【人力之所爲】사람이 인위적으로 그렇게 억지로 한 것이 아니며 아주 자연스러움을 뜻함.

(2) 총명總名

002(1-2)

오곡五穀

무릇 곡穀은 정해진 한 가지 이름이 아니며 백곡百穀은 그 수가 많음을 가리켜 한 말이다.

오곡五穀은 마麻, 숙菽, 보리, 피, 기장을 말하며 유독 벼가 빠져 있는 것은 책을 쓴 성현이 서북 지방으로부터 온 이들이었기 때문이다.

지금은 천하 백성을 기르는 것으로써 벼가 10분의 7을 차지하고, 보리, 밀, 피가 10분의 3을 차지한다.

마와 숙 두 가지는 용도와 기능은 채소류, 이餌, 고膏로 분류되어 부식품에 들어가지만 그럼에도 곡물에 연결시키는 이유는 그 근원에 따른 것이다.

凡穀無定名, 百穀指成數言.

五穀卽麻·菽·麥·稷·黍, 獨遺稻者, 以著書聖賢起自西北也.

今天下育民人者, 稻居什七, 而來·牟·黍·稷居什三.

麻·菽二者, 功用已全入蔬·餌·膏饌之中, 而猶繫之穀者, 從其朔也.

【五穀】고래로 五穀에 대한 설은 매우 많았음.《周禮》天官 疾醫 鄭玄 注에는
"麻, 菽, 麥, 稷, 黍"라 하였고,《孟子》滕文公(上)의 趙岐 注에는 "稻, 黍, 稷, 麥,
菽"을 들고 있음.

【麻·菽·麥·稷·黍】麻는 삼베로 그 씨를 기름으로 짜는 것으로 여겼으나 도리
어 참깨(芝麻, 胡麻)를 일컫는 것으로 보임. 菽은 豆(콩) 콩. 맥은 大麥(보리)과
小麥(밀)으로 구분하며, 稷은 흔히 '피'로 알고 있으나 조(粟, 小米)로 여겨지며,
黍는 기장 혹은 수수, 고량, 차조가 아닌가 함.

【西北】周나라 민족처럼 서북쪽 건조한 지역 출신들로서 그곳은 벼가 주된
곡물이 아니었기 때문에 처음 오곡을 거론할 때 벼는 들어가지 않았음.

【來·牟】'來'는 麥(보리, 밀)의 본자. '牟'는 '麰'로 역시 보리를 가리킴.

【餌】떡(餅)의 일종. 찰기가 있는 곡물로 쪄서 얇게 피를 만든 것.

【膏】기름. 굳기름 등 음식 조리에 사용하는 것.

(3) 벼稻

003(1-3)
벼의 종류

무릇 벼는 종류가 가장 많아 찰기가 없는 것은 벼일 때는 갱(秔, 메벼)이라 하며 쌀알로는 갱(粳, 멥쌀)이라 부른다.

찰기가 있는 것으로 벼일 때는 도(稌, 찰벼)라 하고 쌀알일 때는 나(糯, 찹쌀)라 부른다(남방에서는 찰기가 있는 기장이 없으며 술은 모두 찹쌀로 빚음).

본질이 갱미粳米이면서 늦게 수확하고 찰기를 띠고 있는 것(속칭 '무원광'이라 하는 것들)은 술을 담글 수 없으며 다만 죽을 쑤는데 사용하며 또 다른 한 품종이다.

무릇 벼라는 곡물은 깔그러기 가시가 긴 것, 짧은 것(강남에서는 가시가 긴 것을 유양조라 하고 짧은 것은 길안조라 부름), 낟알이 긴 것, 낟알이 뾰족한 것, 머리가 둥근 것, 면이 납작한 것 등 한결같지 않다.

그 중 낟알의 색도 눈처럼 흰 것, 옅은 황색, 크게 붉은 것, 반은 보랏빛인 것, 검은 색이 뒤섞인 것 등 한결같지 않다.

凡稻種最多, 不粘者禾曰秔, 米曰粳.

黏者禾曰稌, 米曰糯(南方無粘黍, 酒皆糯米所爲).

質本粳而晚收帶粘(俗名婆源光之類), 不可爲酒, 只可爲粥者, 又一種性也.

凡稻穀形有長芒·短芒(江南長芒者曰瀏陽早, 短芒者曰吉安早)·長粒·尖粒·圓頂·扁面不一.

其中米色有雪白·牙黃·大赤·半紫·雜黑不一.

【秔】秔稻. 메벼.
【粳】粳米. 멥쌀.
【糯】참쌀.
【婺源光】婺源은 江西省 지명이며 이러한 벼의 주산지임.
【瀏陽早】瀏陽은 지명으로 湖南省에 있으며 그곳에서 나는 조생종 벼.
【吉安早】吉安 역시 지명. 江西省 吉安 지역의 조생종 벼.
【牙黃】누런 빛이면서 象牙와 같은 아이보리 색을 띰.

004(1-4)
볍씨

볍씨를 물에 불리는 시기는 가장 이른 것은 춘분春分 이전이며, 이런 볍씨를 사종社種이라 하며(추위를 만나면 얼어 죽어 살지 못하는 경우도 있음), 가장 늦은 것은 청명清明이 지나고 한다.

무릇 씨를 뿌릴 때는 먼저 볏짚이나 밀, 보릿짚에 싸서 며칠 동안 물에 담가두었다가 싹이 나기를 기다린 다음 모판에 뿌리고, 싹이 한 치쯤 자라도록 하며 이를 일러 모(秧)라 한다.

모가 자라 30일이 지나면 이를 뽑아 나누어 심는다.

만약 논이 마르거나 물이 넘치는 경우에는 모를 심을 수 없다.

모가 시기를 넘겨 묵어 마디까지 자란 것을 논에 심으면 낟알이 생겨도 몇 알의 열매를 맺을 뿐이다.

무릇 모판 1무畝에 자라난 모로는 25무의 논에 모내기를 할 수 있다.

濕種之期, 最早者春分以前, 名爲社種(遇天寒有凍死不生者), 最遲者後于清明.

凡播種先以稻·麥藁包浸數日, 俟其生芽, 撒于田中, 生出寸許, 其名曰秧.

秧生三十日卽拔起分栽.

若田畝逢旱乾·水溢, 不可插秧.

秧過期老而長節, 卽栽于畝中, 生穀數粒結果而已.
凡秧田一畝所生秧, 供移栽二十五畝.

【春分】24절기의 하나로 양력으로 3월 20일 앞뒤임.

【社】社日. 고대 春社와 秋社로 구분하였으며 立春과 立秋 후 다섯 번째 戊日에 잔치를 벌여 土地神에게 감사를 드리는 행사. 이 날은 닭과 돼지를 잡아 잔치를 벌임. 韓愈의 〈南溪始泛〉詩에 "願爲同社人, 鷄豚宴春秋"라 함. 여기서는 춘사, 즉 춘분 전후 10일 내의 술일을 가리킴.

【淸明】역시 24절기의 하나로 양력으로 4월 5일 전후쯤.

【田】중국 한자에는 우리의 논에 해당하는 '畓'이라는 글자가 없으며 논과 밭을 함께 전이라 함. 논일 경우 구분하여 水田이라 함.

【分栽】모를 몇 가닥씩 나누어 移秧함.

005(1-5)
논 관리

무릇 이미 모내기를 한 뒤 빠른 것은 70일 만에 수확한다(멥쌀로는 救公饑, 喉下急이 있고, 찹쌀로는 金包銀 등이 있음. 지방마다 호칭이 있어 모두 다 설명할 수는 없음), 가장 늦은 것은 여름을 지나 겨울이 되도록 2백 일이 지나야 수확하는 것도 있다.

겨울에 씨를 뿌려 중하仲夏면 수확하는 것은 광남廣南의 벼이며 그 땅에는 서리와 눈이 없기 때문이다.

무릇 벼는 열흘만 물이 없어도 가뭄과 건조함이 우려된다.

여름에 씨를 뿌려 겨울에 거둬들이는 곡물은 반드시 산간의 수원이 마르지 않는 논이어야 하며, 그러한 곡물은 역시 오랜 시간이 걸리며 그 토질 또한 차기 때문에 싹을 서둘러 키워내지 못한다.

그러나 호숫가의 논이라면 여름철의 장마가 지나기를 기다렸다가 6월에야 모를 낼 수 있으며, 그러한 모는 입하立夏 때 씨를 뿌리되 높은 곳의 못자리에 해두고 때를 기다려야 한다.

凡秧旣分栽後, 早者七十日卽收穫(粳有救公饑·喉下急, 糯有金包銀之類. 方語百千, 不可殫述), 最遲者歷夏及冬二百日方收穫.

其冬季播種·仲夏卽收者, 則廣南之稻, 地無霜雪故也.

凡稻旬日失水, 卽愁旱乾.

夏種秋收之穀, 必山間源水不絶之畝, 其穀種亦耐久,其土脈亦寒, 不催苗也.

　湖濱之田待夏潦已過, 六月方栽者, 其秧立夏播種, 撒藏高畝之上, 以待時也.

【救公饑・喉下急】조생종 벼에 대해 속칭으로 부르는 이름. '救公饑'는 '할아버지 배고픔을 구제한다'는 의미이며, '喉下急'은 '목구멍 아래가 급하다'의 뜻.
【金包銀】'황금(벼껍질)이 은(속쌀)을 품고 있다'의 뜻으로 역시 속칭임.
【仲夏】음력 5월. 즉 양력 6월 중하순이면 수확할 수 있음.
【廣南】지금의 廣東省과 廣西長族自治區 등 중국 최남단 지역.
【夏潦】여름 장마나 태풍 등 큰 물이 남.

006(1-6)
모내기

남방 평원은 논에 한 해에 두 번 모를 내고, 두 번 수확하는 일이 흔하다.

두 번째 모를 내는 벼를 만나晚糯라 하며 이는 메벼가 아니다.

6월에 이른벼를 베고, 묵은 볏짚이 있는 논을 갈아 살아 있는 모를 꽂아 심는다.

그 모는 청명淸明 때 이미 모두 이른벼의 모와 함께 씨를 뿌려두어야 하며 이른모는 하루라도 물이 없으면 곧 말라죽는다.

이 모는 4~5월 두 달을 지나는 동안 뜨거운 햇볕에 마르고 건조하더라도 걱정하지 않아도 되니 이상한 일이다.

무릇 두 번째 내는 벼는 가을철 맑은 날을 만나면 물대기를 시작부터 끝까지 해 주어야 한다.

농가에서는 힘들고 고통스럽지만 봄에 마실 술을 위해 힘써야 한다.

무릇 벼는 열흘 동안 물이 없으면 말라죽는다. 어린 벼를 심었는데 메벼인데도 찰기가 없는 것이 나타날 때가 있는데 이러한 벼는 높은 산지에도 심을 수가 있으니 역시 이상한 일이다.

향도香稻라는 한 종류는 좋은 향기가 있어 귀인에게 공급하기 위해 재배하지만 수확량이 아주 적고 양분도 거의 없어 높이 여길 만한 것이 되지 못한다.

南方平原, 田多一歲兩栽兩穫者.

其再栽秧俗名晚糯, 非粳類也.

六月刈初禾, 耕治老薑田, 插栽生秧.

其秧清明時已偕早秧撒布, 早秧一日無水卽死.

此秧歷四・五兩月, 任從烈日暵乾無憂, 此一異也.

凡再植稻遇秋多晴, 則汲灌與稻相終始.

農家勤苦, 爲春酒之需也.

凡稻旬日失水則死期之, 幼出旱稻一種, 粳而不粘者, 卽高山可插, 又一異也.

香稻一種, 取其芳氣, 以供貴人, 收實甚少, 滋益全無, 不足尚也.

【香稻】쌀에서 특이한 향내가 나서 귀인에게 공급하기 위해 특별재배를 함.

(4) 거름주기와 가다루기(稻宜)

007(1-7)
거름주기

　무릇 벼는 토질이 건조하고 마르면 이삭과 열매가 모두 엉성하게 되기 때문에 부지런히 거름을 주고 여러 방법으로 벼를 도와주어야 한다.

　사람과 가축의 배설물이나 기름을 짜고 난 찌꺼기 고병枯餠(枯란 기름을 짜낸 것 이기에 그렇게 이름을 부른 것임. 참깨와 무씨가 가장 좋고, 芸薹가 그 다음이며, 大眼桐이 다시 그 다음이며, 장수, 구수, 면화로 기름을 짜고 난 찌꺼기가 다시 그 다음임)이나 풀이나 껍질, 나뭇잎으로 생기 生機를 도와주어야 하는 것이니 이는 하늘 아래 어디나 모두가 같다(남방에서는 녹 두를 갈아 가 루로 만들어 뜨물에 개어 논에 넣기도 하며 이는 아주 좋은 비료가 됨. 콩값이 쌀 때는 黃 豆를 논에 뿌리기도 하는데 한 볼당 가로세로 3치 정도의 넓이에 뿌리며 수확이 배로 불어남).

　토질이 냉한 기운을 띠고 있고, 물기가 많을 경우에는 마땅히 뼈를 태운 가루를 모뿌리에 묻어주며(새나 짐 승의 뼈), 석회를 묘의 발뿌리에 덮어준다. 다만 남향의 따뜻한 토질이라면 그렇게 하지 않는다.

　흙이 단단히 굳어 있는 경우 의당 갈아서 둔덕을 만들고 땔나무를 깔고 흙덩이를 겹쳐 쌓아 눌러 이를 불로 태운다. 다만 찰흙 덩어리로써 부드러운 흙이라면 이렇게 하지 않는다.

　凡稻, 土脉焦枯則穗·實蕭索, 勤農糞田, 多方以助之.

　人畜穢遺·榨油枯餠(枯者, 以去膏而得名也. 胡麻·菜菔子爲上, 芸薹次之, 大眼桐又次之, 樟·柏·棉花又次之)·草皮·木葉以佐生機, 普天之所同也(南方磨綠豆粉者, 取溲漿灌田肥甚. 豆賤之時, 撒黃豆于田, 一粒爛土方三寸, 得穀之息倍焉).

　土性帶冷漿者, 宜骨灰蘸秧根(凡禽獸骨), 石灰淹苗足, 向陽暖土不宜也.

　土脉堅緊者, 宜耕隴, 疊塊壓薪而燒之, 埴墳鬆土不宜也.

【稻宜】'벼에게 마땅한 환경을 마련해주다'의 뜻으로 토질개선을 뜻함.

【穢遺】사람의 대소변이나 가축의 분뇨.

【榨油枯餅】기름을 짜고 난 찌꺼기. 깻묵 등.

【胡麻】참깨.

【菜菔子】무씨로 기름을 짬.

【芸薹】油菜씨. 유채기름을 짬.

【大眼桐】기름오동나무. 油桐, 桐油樹, 罌子桐이라 하며 버들옷과에 딸린 갈잎 큰키나무. 열매로는 기름을 짜며 원산지는 동양. 우리나라 호남지방과 제주도에도 분포되어 있음.

【樟】녹나무. 역시 기름을 채취함.

【桕】烏桕木, 오구나무. 역시 기름을 채취함.

【棉花】목화씨. 이로써 棉實油를 얻음.

【生機】생명의 기본 환경이나 機.

【溲漿】뜨물이나 일차 사용한 유기물이 들어 있는 물.

【黃豆】大豆. 누런 콩.

【骨灰】燐肥의 역할을 함.

【蘸】물속에 넣어 줌.

【石灰】산성 토질을 중화시킴.

【埴墳】찰흙이어서 뭉쳐진 것.

(5) 논일구기와 논매기稻工(耕耙·磨耙·耘·籽)

008(1-8)
논갈기

무릇 벼를 수확하고 다시 심지 않을 때는 흙은 그해 가을에 갈아엎어 묵은 볏짚을 썩히면 분뇨를 쓸 때보다 곱절의 효과가 있다.

혹 가을에 가뭄이 들어 물이 없거나 농부가 게을러 다음해 봄에 갈면 수확이 그만큼 손실이 있고 줄어든다.

대체로 논에다 거름을 줄 때 만약 고병이나 요분수를 뿌려줄 경우, 장마철이 와서 물이 많으면 비료 거름이 물에 휩쓸려 가버릴 수도 있음에 유의해야 한다.

삼가 날씨를 잘 살피는 일은 노련한 농부로서 마음에 새겨두어야 한다.

무릇 한 번 갈고 난 뒤에도 부지런한 사람은 두 번, 세 번 갈고,(그림1) 그런 연후에 써레질을 하면(그림2) 흙이 균일하게 부서질 것이며 그 속의 비료도 고르게 섞일 것이다.

凡稻田刈穫不再種者, 土宜本秋耕墾, 使宿藁化爛, 敵糞力一倍.

或秋旱無水及怠農春耕, 則收穫損薄也.

凡糞田若撒枯澆澤, 恐霖雨至, 過水來, 肥質隨漂而去.

謹視天時, 在老農心計也.

凡一耕之後, 勤者再耕・三耕, 然後施耙, 則土質勻碎, 而其中膏脉釋化也.

【宿藁】 앞서 경작하고 그대로 남은 묵은 볏짚과 벼그루터기 등.
【化爛】 썩혀 문드러지게 함.
【敵】 상대함. 비교함. 맞먹음. 그 정도에 해당함.
【損薄】 손실이 오거나 그만큼 줄어듦.
【膏澆】 '膏'는 枯餠, 즉 기름을 짜고 남은 찌꺼기. '澆'는 溲漿 등을 가리킴.
【霖雨】 장마철이나 폭우 등 많은 비가 내림.
【耙】 써레. 흙을 부수어 고르게 하는 기구.
【釋化】 고르게 널리 섞이고 분산됨.

耕

耕

〈그림1〉 농토 갈기

〈그림2〉 써레질(흙부수기)

009(1-9)
우경牛耕

무릇 소의 힘을 빌리기에 궁한 경우라면 두 사람이 쟁기에 나무막대기를 매어 목과 등에 매고 서로 마주보며 당기고 밀어 흙을 갈아야 하며, 이 때 두 사람이 하루 종일 하는 성과는 겨우 소 한 마리가 할 수 있는 정도일 뿐이다.

만약 이렇게 간 다음 부릴 소가 없으면 마파磨耙를 만들어 두 사람이 어깨와 손으로 이를 끌면서 흙을 고르면 하루에 세 마리의 소가 해낸 작업량과 맞먹는다.

무릇 소는 중국에는 단지 물소와 황소 두 종류뿐으로 물소의 힘은 황소의 곱절이 되지만, 다만 물소를 키우는 경우 겨울에는 흙집을 지어 추위를 막아주어야 하고, 여름에는 못을 만들어 목욕을 시켜주어야 하므로 이를 키우는 데는 마음과 계책이 역시 황소의 곱절이 된다.

무릇 소는 봄이 오기 전에 논갈이에 땀을 흘린 소는 비를 맞지 않도록 주의를 기울여야 한다. 장차 비가 오려 하면 곧바로 집 안으로 몰고 들어가야 한다.

절후가 곡우穀雨를 지나면 비나 바람을 맞아도 걱정할 것이 없다.

凡牛力窮者, 兩人以杠懸耙, 項背相望而起土, 兩人竟日僅敵一牛之力.

若耕後牛窮, 製成磨耙, 兩人肩手磨軋, 則一日敵三牛之力也.

凡牛, 中國惟水·黃兩種, 水牛力培于黃; 但畜水牛者, 冬與土室禦寒, 夏與池塘浴水, 畜養心計亦倍于黃牛也.

凡牛春前力耕汗出, 切忌雨點; 將雨, 則疾驅入室.

候過穀雨, 則任從風雨不懼也.

【扛】 이는 杠의 오류임. 가로막대의 나무를 가리킴.
【磨耙】 무게를 더한 써레. 흙을 잘게 부수기 위한 농기구.
【穀雨】 24절기의 하나로 양력으로 4월 21일 전후.

010(1-10)
다른 작물의 이모작

오군吳郡 일대의 농사에는 서鋤로써 쟁기를 대신하며 소의 힘을 빌리지 않는다.

내 생각으로는 가난한 농가에서는 소 값과 사료의 비용, 그리고 도적이나 소의 병사에 대한 변고 등을 따져보아 인력의 편리함만 못하다고 여기기 때문일 것으로 여겨진다.

만약 소를 가지고 있는 자가 10무를 해결할 수 있다면 소가 없는 자가 호미로써 하는 작업량이란 그 반밖에 되지 않을 것이다.

이미 소가 없다면 가을 수확 뒤에도 논에 소에게 먹일 사료용 작물을 심거나 소를 방목해야 하는 번거로움이 없고 콩, 보리(밀), 참깨, 채소 등 다른 종류를 마음대로 심을 수 있어 이모작으로 지력이 떨어지는 농토 수확의 반 무 정도는 보상받을 수 있는 셈이니 역시 그에 상당하다고 여기는 듯하다.

吳郡力田者以鋤代耕, 不藉牛力.

愚見貧農之家, 會計牛値與水草之資·竊盜死病之變, 不若人力亦便.

假如有牛者供辦十畝, 無牛用鋤而勤者半之.

旣已無牛, 則秋穫之後田中無復芻牧之患, 而菽·麥·麻·蔬諸種紛紛可種, 以再穫償半荒之畝, 似亦相當也.

【吳郡】 지금의 江蘇省 蘇州, 吳興 일대.
【鋤】 '鋤'는 원래 호미로 번역되나 이는 그보다 큰 농기구이며 자루가 긴 괭이나
   호미, 혹은 쇠스랑 정도에 해당할 것으로 봄.
【竊盜】 소를 도둑에게 잃어 큰 손실을 봄.

011(1-11)
북돋우기

　무릇 모를 낸 뒤 며칠이 지나면 오래된 잎은 누렇게 시들고 새잎이 다시 돋아난다.

　푸른 새잎이 이윽고 자라면 북을 돋우는 일을 시작할 수 있다(^{속칭 耤禾}_{라함}).

　손에 막대기를 짚고(그림3) 발로는 진흙을 뿌리에다 북을 돋우어 막아 주며, 아울러 논의 수초를 밟아 이들이 자라나지 못하도록 한다.

　무릇 논에 있던 망초莔草들은 북을 돋우는 작업을 하여 꺾고 분질러 주면 되지만 제稊, 패稗와 도茶, 요蓼 등은 발의 힘으로 제거할 수 없을 경우에는 김을 매는 일로 계속 작업을 이어가야 한다.(그림4)

　김을 맬 때에는 허리와 손의 고통이 있게 마련이며 두 눈으로는 모와 잡초를 구별하여 모가 아니면 제거하여 벼가 무성하게 자라도록 해 주어야 한다.

　이로부터 물을 빼내어 물에 지나치게 잠기는 것을 방지하기도 하고 물을 대어 가뭄을 방지하기도 하는 등 작업을 거쳐 열흘씩 한 달씩 시간이 지나면 결국 '엄관질예奄觀銍刈'의 기쁨을 맛보게 될 것이다.

凡稻分秧之後數日, 舊葉萎黃而更生新葉.

青葉旣長, 則籽可施焉(俗名耤禾).

植杖于手, 以足扶泥壅根, 併屈宿田水草, 使不生也.

凡宿田萵草之類, 遇耔而屈折, 而稊·稗與荼·蓼非足力
所可除者, 則耘以繼之.

耘者苦在腰·手, 辯在兩眸, 非類旣去, 而嘉穀茂焉.

從此洩以防潦, 漑以防旱, 旬月而「奄觀銍刈」矣.

【撻禾】모의 북을 돋위주는 작업을 일컫는 속어.

【屈宿】'밟아서 비틀거나 뭉개다'의 白話語. '踈彎'과 같음. 疊韻連綿語.

【萵草】논에 나는 풀의 일종으로 禾本科萵草屬(Beckmannia erucaeformis).
水稗子라고도 함.

【稊】흔히 '돌피'라고도 하며 피의 일종.

【稗】피. 禾本科稗草(Echinochloa crusgalli). 논에 자라는 흔한 잡초.

【荼】씀바귀의 일종. 菊花科苦草(Sonchus olenaceus). 역시 논 가운데에 자라
기도 함. 방가지똥으로도 풀이함.

【蓼】여뀌. 蓼科(Polygonum)의 잡초.

【辯】'辨'이어야 함. 변별함. 구별함.

【奄觀銍刈】《詩經》周頌 臣工의 구절. "嗟嗟臣工, 敬爾在公. 王釐爾成, 來咨來茹.
嗟嗟保介, 維莫之春, 亦又何求, 如何新畬. 於皇來牟, 將受厥明. 明昭上帝, 迄用
康年. 命我衆人, 庤乃錢鎛, 奄觀銍艾"라 하여 '刈'는 '艾'로 되어 있음. 낫으로
벼를 베어 수확하는 기쁨을 맛봄.

〈그림3〉 북돋우기

〈그림4〉 김매기

(6) 벼의 재해: 稻災

012(1-12) 볍씨 관리

무릇 조생종의 볍씨는 초가을에 수확하여 한낮 햇볕이 뜨거워 화기가 심한 속에 말려 이를 너무 서둘러 창고에 넣게 되면 그 낟알이 더운 기운을 띠게 되어(부지런을 떠는 농가가 도 리어 이러한 재앙을 입음), 이듬해 논에 분뇨 비료를 주었을 때 발효하여 토맥이 열을 발산하고 동남풍이 그 열기를 돕게 되면, 모두가 불타듯 말라버려 싹과 이삭을 크게 망치게 된다. 이것이 첫 번째 재앙이다.

그렇다고 만약 씨앗을 쓸 낟알을 늦게, 또는 서늘하게 식은 다음 창고에 넣거나 혹 동지冬至가 지나 81일 사이 눈 녹인 물이나 얼음물을 항아리(입춘 지난 후의 물은 효험이 없음)로 준비해 넣어두었다가, 청명淸明에 볍씨를 불릴 때 매 섬石마다 이 물 몇 공기씩 뿌려 더운 기운을 곧바로 해소시켜 주면 동남풍이 불어 따뜻한 기운이 분다 해도, 이렇게 해서 기른 모는 맑고 빼어나게 자라 보통 모와는 아주 다르게 된다(볕미는 씨앗 안에 있음에도 도리어 귀신을 원망함).

凡早稻種, 秋初收藏, 當午晒時烈日火氣在內, 入倉廩中關閉太急, 則其穀粘帶暑氣(勤農之家, 偏受此患), 明年田有糞肥, 土脉發燒, 東南風助煖, 則盡發炎火, 大壞苗穗, 此一災也.

若種穀晚凉入廩, 或冬至數九天收貯雪水·氷水一甕(交春卽不驗).

清明濕種時, 每石以數碗激洒, 立解暑氣, 則任從東南風煖, 而此苗清秀異常矣(祟在種內, 反怨鬼神).

【土脉發燒】인분 등 비료가 발효하여 열을 발산함.

【炎火】稻熱病으로 인해 벼가 말라죽으면서 불꽃처럼 보임.

【冬至】양력으로 12월 22일경에 해당함.

【數九天】수구는 구의 곱수. 즉 81. 천은 일과 같음. 한겨울 두 달 반 정도의 기간을 말함.

【清明】양력으로 4월 5일경. 볍씨를 물에 불리기 시작하는 시기.

【激洒】물에 흔들어 씻음. 洒는 灑와 같음. 이러한 방법은 고대 과학이 발전하기 전 도열병을 없애기 위한 민간 속설에 의해 행하였던 것으로 보임.

013(1-13)
모판 관리

무릇 볍씨를 뿌릴 때에 혹 논물의 깊이가 몇 치나 되도록 깊으면 볍씨가 즉시 가라앉지 못하고 있을 때 갑자기 광풍이라도 불면 안 구석으로 몰려 쌓이게 되니 이것이 두 번째 재해이다.

잘 살펴보았다가 바람이 멎은 뒤에 뿌리면 고르게 가라앉아 모로 자라게 된다.

무릇 볍씨에서 모가 난 다음에는 참새가 모여들어 볍씨를 먹어치우는 방해가 생길 수 있으니 이것이 세 번째 재해이다.

모판에 막대기를 세우고 가짜 매를 허수아비로 세워 바람에 펄럭이게 하면 참새를 쫓을 수 있다.

대체로 모가 잠긴 채 뿌리가 아직 자리를 잡기도 전에 흐린 날씨에 비가 잦으면 과반은 손실을 입게 되니 이것이 네 번째의 재해이다.

비가 개어 맑은 날씨가 사흘간 이어지도록 하면 볍씨는 낟알마다 살아나게 된다.

무릇 모가 이윽고 잎이 난 다음이라 하여 거름을 연달아 주고 게다가 남풍이 불어 훈기와 열기를 더하게 되면 자라던 모에 벌레(^{모양은 누에고}_{치와 비슷함})가 생기게 되니 이것이 다섯 번째의 재해이다.

서풍이 불고 비가 한바탕 오고나면 벌레는 사라지고 벼는 자라게 된다.

凡稻撒種時, 或水浮數寸, 其穀未卽沉下, 驟發狂風,
堆積一隅, 此二災也.

謹視風定而後撒, 則沉勻成秧矣.

凡穀種生秧之後, 妨雀鳥聚食, 此三災也.

入標飄揚鷹俑, 則雀可敺矣.

凡秧沉脚未定, 陰雨連綿, 則損折過半, 此四災也.

邀天晴霽三日, 則粒粒皆生矣.

凡苗旣函之後, 畝土肥澤連發, 南風薰熱, 函內生蟲(形似
蠶繭), 此五災也.

邀天遇西風雨一陣, 則蟲化而穀生矣.

【鷹俑】 가짜 새매를 꾸며 허수아비로 만들어 장대에 꽂아 세움.
【函】 잎이 나서 형태를 갖춤.
【蟲】 이를 稻包蟲(Parnara guttata)이라 하며 누에처럼 생겼다 함.

014(1-14)
도깨비불

무릇 모가 이삭을 토해낸 뒤에 저녁이면 도깨비불이 떠다니면서 이삭을 태우니 이것이 여섯 번째의 재해이다.

이 불은 썩은 나무 속에서 방출된 것으로서 대체로 그 나무는 어미 역할을 하고 그 불은 자식처럼 구는 것이다. 자식이 어머니 뱃속에 숨어 있다가 어미의 몸이 아직 허물지 않는 한 자식으로서의 본성은 천년만년이 흘러도 소멸되지 않는다.

그러다가 매번 많은 비가 오는 해를 만나면 외로운 들판에 있던 무덤이 흔히 여우가 굴을 파서 무너뜨리는 경우가 생긴다.

그 속에 있던 관의 널이 물에 잠기고 심하게 부패하면 이를 일러 어미의 본질이 허물어지는 것이라 할 수 있다.

불의 성질을 가진 아들은 더 이상 붙어 있을 곳이 없게 되어 어미를 벗어나 날아오르는 것이다.

그러나 음화陰火는 밝은 빛을 본 적이 없기 때문에 곧바로 해가 지고 황혼이 오기를 기다렸다가 이 불은 틈새를 비집고 나온 다음 그 힘은 능히 날아오를 수가 없기 때문에 이리저리 흩날리며 정지할 수가 없어 몇 자 높이로 올랐다가 그치게 된다.

이 불을 쫓아가다가 그 나무의 뿌리에서 빛이 나오는 것을 보고는 이를 귀신이라 여기게 된 것이다.

격분하여 몽둥이로 나무를 치면 도리어 귀신이 변하여 마른 땔나무가 된다는 속설이 있다.

이제껏 도깨비불이 밝은 등불 빛을 만나면 사라진다는 것을 잘 몰랐기 때문에 이렇게 말한 것이리라(무릇 불 중에 사람 세계에서 켠 등불이나 나무를 태워 일으킨 불이 아닌 것은 모두가 음계에 속하는 불이기 때문에 등불을 보면 곧바로 소멸되는 것임).

凡苗吐穟之後, 暮夜鬼火遊燒, 此六災也.

此火乃朽木腹中放出, 凡木母火子, 子藏母腹, 母身未壞, 子性千秋不滅.

每逢多雨之年, 孤野墓墳多被狐狸穿塌.

其中棺板爲水浸, 朽爛之極, 所謂母質壞也.

火子無附, 脫母飛揚.

然陰火不見陽光, 直待日沒黃昏, 此火衝隙而出, 其力不能上膽, 飄遊不定, 數尺而止.

凡禾穟·葉遇之立刻焦炎.

逐火之人見他處樹根放光, 以爲鬼也.

奮梃擊之, 反有鬼變枯柴之說.

不知向來鬼火見燈光而已化矣(凡火未經人間傳燈者, 總屬陰火, 故見燈卽滅).

【鬼火】도깨비불. 뼈의 燐化水素가 변하여 내는 빛을 말하며 여기서의 설명은 과학이 발달하기 전 속설을 기록한 것임.
【膽】'騰'자의 오류.

015(1-15)
논물 관리

무릇 모를 심어 잎이 나서 살아나 이삭이 패고 열매를 맺을 때까지 조생종은 세 말의 물을 먹고, 만생종은 다섯 말의 물이 필요하며 물을 잃으면 곧바로 말라버리니(장차 벨 때에 물이 한 되만 모자라도 낟알의 수는 비록 그대로 있으나 낟알이 축소되어 연자나 절구에 넣었을 때 역시 잘라지고 부서짐), 이것이 일곱 번째의 재해이다.

물을 대는 지혜는 사람이라면 온갖 기교를 다하여 더 남김이 없을 정도로 해야 한다.

무릇 벼가 한창 익어갈 때 광풍이 불어 낟알이 떨어지는 경우도 만나고 혹 궂은 비가 열흘 이상 지속되어 낟알이 물어 젖어 제 스스로 문들어지기도 하니 이것이 여덟 번째의 재해이다.

그러나 바람의 재해라 해도 30리를 넘지 못하고 궂은비의 재해라 해도 3백 리를 넘지 못하는 것이니 어느 한 지역에 치우쳐 재난을 일으킬 뿐 광범위하게 입히지는 않는다.

바람으로 떨어지는 것이야 어쩔 수 없지만 만약 빈곤한 집안이면서 갠 날이 없는 재해에 고통을 당한다 해도 장차 젖은 낟알을 솥에 넣고 그 밑에 불을 때어 태워 그 껍질을 벗겨내고 이를 볶은 쌀로 거두어 허기를 채울 수 있으니 역시 조화造化가 도와주는 보탬의 일단은 되는 셈이다.

凡苗自函活以至穎栗, 早者食水三斗, 晚者食水五斗,

失水卽枯(將刈之時, 少水一升, 穀數雖存, 米粒縮小, 入碾·白中亦多

斷碎), 此七災也.

汲灌之智, 人巧已無餘矣.

凡稻成熟之時, 遇狂風吹粒殞落; 或陰雨竟旬, 穀粒沾濕自爛, 此八災也.

然風災不越三十里, 陰雨災不越三百里, 偏方厄難亦不廣被.

風落不可爲, 若貧困之家苦于無霽, 將濕穀升于鍋內, 燃薪其下, 炸去糠膜, 收炒糗以充饑, 亦補助造化之一端矣.

【自爛】 낟알이 물에 불어 저절로 썩어 못쓰게 됨.
【升于鍋內】 '升'은 '盛'의 오기. 盛은 '담다, 넣다'의 동사.
【造化】 造化翁. 자연의 이치. 젖은 낟알을 그나마 사용할 수 있는 고마움을 뜻함.

(7) 수리水利 (筒車·牛車·踏車·拔車·桔槹(皆具圖))

016(1-16)
통차筒車, 우차牛車

　무릇 벼는 가뭄을 막기 위해 물에 의지해야 함은 오곡 가운데서도 유독 심하다. 그 토질이 모래나 진흙, 너무 거칠거나 걸기도 하여 지역에 따라 한결같지가 않다. 사흘 만에 곧바로 건조해지는 땅이 있는가 하면 반 달 뒤에야 마르는 땅도 있다.

　하늘의 혜택이 내려오지 않으면 사람의 힘으로 물을 끌어들여 구제해야 한다.

　무릇 강가라면 통차筒車(그림5)라는 것을 제작하여 제방을 쌓아 흐르는 물을 막고 그 물을 통차 밑으로 돌아 흐르도록 한 다음 바퀴를 쳐서 돌게 하여, 물을 끌어 통에 들게 하여 하나하나씩 홈통 안으로 모아 논 안으로 흘려보내는 것이며, 밤낮으로 쉬지 않고 할 수 있으니 백 무의 논이라도 걱정할 것이 없다(물을 필요로 하지 않을 때라면 栓木으로 막아 바퀴가 돌지 않도록 하면 됨).

　호수나 못은 물이 흐르지 않기 때문에 혹 소의 힘으로 수반水盤을 돌리거나(그림6) 혹은 몇 사람이 함께 발로 밟아 퍼 올린다(水車).(그림7)

　그 수차는 긴 것은 두 길 정도이며 짧은 것은 그의 반 정도이다.

　그 안에는 용골龍骨을 묶어 매고 그 안에 판자를 끼워 물을 막아 거꾸로 흐르도록 하여 퍼올린다.

　대체로 한 사람이 하루 종일 힘으로 물을 대면 논 5무를 댈 수 있고 소로 하면 그의 곱절을 할 수 있다.

凡稻防旱藉水, 獨甚五穀: 厥土沙泥·磽膩, 隨方不一, 有三日卽乾者, 有半月後乾者.

天澤不降, 則人力挽水以濟.

凡河濱有製筒車者, 堰陂障流, 遶于車下, 激輪使轉, 挽水入筒, 一一傾于梘內, 流入畝中, 晝夜不息, 百畝無憂 (不用水時, 栓木碍止, 使輪不轉動).

其湖·池不流水, 或以牛力轉盤, 或聚數人踏轉(水車).

車身長者二丈, 短者半之.

其內用龍骨拴串板, 關水逆流而上.

大抵一人竟日之力灌田五畝, 而牛則倍之.

【磽膩】'磽'는 지나치게 거친 토질, '膩'는 지나치게 기름이 져서 걸죽한 토질.
【筒車】물을 막아 물레방아 바퀴처럼 돌게 한 다음 물을 퍼올려 급수하는 방법.
【梘】'견'으로 읽으며 나무로 만든 홈통.
【栓木】나무 빗장.
【踏轉】발로 밟아 돌려 물을 긷는 방법. 뒤에 '水車' 두 글자가 누락된 것으로 보임. 飜車, 龍骨水車라고도 하며 東漢 때 畢嵐이 발명하였다 함.
【龍骨】물길 통. 마치 큰 척추 뼈처럼 생겨 이름이 붙여진 것. 그림 참조.
【拴】묶어 맴.

〈그림5〉 통차(筒車)로 물 퍼올리기

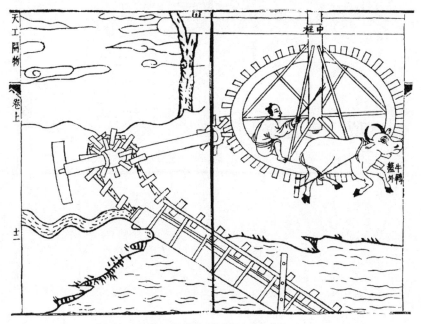

〈그림6〉 소의 힘을 빌려 물 퍼올리기

〈그림7〉 답차(踏車)

017(1-17)
두레박과 도르래

얕은 못이나 작은 봇도랑이어서 긴 수차를 둘 수 없으면 길이 몇 척尺 정도의 수차를 설치하고(그림8) 한 사람이 두 손으로 급하게 돌리는 방법을 써야 하며 이러한 방법은 종일 해도 2무 정도의 논에 물을 댈 수 있을 뿐이다.

양군揚郡 지역에서는 바람을 이용한 돛으로 몇 개의 부채를 설치하여 바람을 기다려 수차를 돌리며 바람이 멎으면 그치고 만다.

이러한 수차는 고인 물을 퍼내기 위한 것으로 못의 물을 제거하여 모를 심기에 편하게 하고자 할 때 사용한다.

대개 물을 제거하기 위한 것이지 물을 퍼 올리기 위한 것은 아니며 가뭄을 해결하는 데에는 적합하지 않다.

두레박(그림9)이나 도르래를 사용하는 것은 그 노력에 비해 또한 효과가 미세할 뿐이다.

其淺池·小澮不載長車者, 則數尺之車, 一人兩手疾轉,
竟日之功可灌二畝而已.
揚郡以風帆數扇, 俟風轉車, 風息則止.
此車爲救潦, 欲去澤水以便栽種.

蓋去水非取水也, 不適濟旱.
用桔槹・轆轤, 功勞又甚細已.

【小澮】작은 봇도랑.
【載長車者】'載長水車者'로 중간에 '水'자가 있어야 함.
【兩手疾轉】이러한 水車를 '拔車'라 함. 그림 참조.
【揚郡】지금의 江蘇省 揚州 일대.
【救潦】고인 물로 벼 재배에 방해가 될 때 이를 퍼내어 없앰.
【桔槹】두레박으로 물을 퍼올림. 그림 참조. '桔槹'는 '桔橰'로도 표기하며 두레박을 뜻하는 雙聲連綿語.
【轆轤】역시 도르래를 의미하는 雙聲連綿語. 우물에 두 기둥을 세우고 그 위에 도르래를 설치하고 그 줄에 두레박을 달아 축을 돌려 물을 퍼올리는 것.

〈그림8〉 발차(拔車)

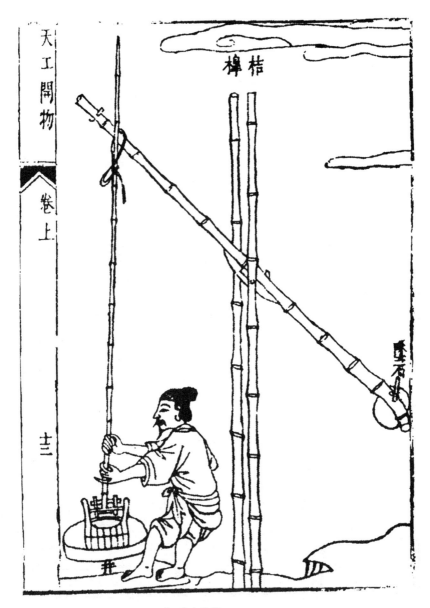

〈그림9〉桔橰(두레박)

(8) 맥류: 麥

018(1-18)
밀과 보리의 종류

맥麥에는 여러 종류가 있다. 소맥을 내來라 하여 맥류麥類 중에 으뜸이며, 대맥은 모牟, 광穬이라 부르고, 잡맥雜麥으로는 작맥雀麥, 메일蕎麥이라 하며 모두가 파종 시기가 같고 꽃모양이 비슷하며 가루로 만들어 먹는 것이 같아 맥이라는 이름을 얻게 된 것이다.

사해 안에 연燕·진秦·진晉·예豫·제로齊魯 등 여러 지방에서는 백성이 식용으로 먹는 곡물 중에 밀이 반을 차지하고 서黍·직稷·도稻·량粱을 합쳐야 겨우 그 반을 차지할 정도이다.

서쪽 끝의 사천四川과 운남雲南으로부터 동쪽의 민閩·절浙·오吳·초楚의 배에 해당하는 지역에 이르기까지 사방 둥글게 6천 리 내에서 밀을 심는 곳이 20분의 1을 차지하며 가루로 빻아 염두捻頭·환이環餌·만수饅首·국수 등에 사용하지만 이러한 것들이 정찬에 들지는 않는다.

소맥 외에 맥류를 경작하는 것은 50분의 1정도이며, 여염집에서 고생스럽게 가꾸어 아침 식사에 충당할 뿐 귀한 집에서는 먹지 않는다.

凡麥有數種: 小麥曰來, 麥之長也; 大麥曰牟·曰穬; 雜麥曰雀·曰蕎, 皆以播種同時, 花形相似, 粉食同功, 而得麥名也.

四海之內, 燕·秦·晉·豫·齊·魯諸道烝民粒食, 小麥居半而黍·稷·稻·粱僅居半.

西極川·雲, 東至閩·浙·吳·楚腹焉, 方圓六千里中, 種小麥者二十分而一, 磨麵以爲捻頭·環餌·饅首·湯料之需, 而饔飧不及焉.

種餘麥者五十分而一, 閭閻作苦以充朝膳, 而貴介不與焉.

【小麥】밀.

【來】'來'는 麥(보리, 밀)의 본자임.

【牟】'牟'는 '麰'로 역시 보리를 가리킴.

【穬】稞麥이라고도 하며 까끄라기가 없는 중보리. 혹 귀리가 아닌가 함.

【雀麥】麥자가 빠져 있음. 雀麥은 참새귀리라 함. 식용보다는 약용을 사용하였으며 혹 燕麥이라고도 함. 한국에서는 흔히 燕麥을 귀리라 함.

【蕎麥】메밀을 가리킴.

【燕·秦·晉·豫·齊·魯】고대 나라가 있던 곳을 흔히 약칭으로 부른 것. 燕은 지금의 河北, 秦은 陝西, 晉은 山西, 豫는 河南, 齊는 山東 동북부, 魯는 산동 남부.

【川·雲·閩·浙·吳·楚】川은 四川, 雲은 雲南, 閩은 福建, 浙은 浙江, 吳는 江蘇, 楚는 湖北, 湖南 지역.

【捻頭】가루를 반죽하여 누르거나 비틀거나 뽑아서 만든 밀가루 음식. 오늘날의 花卷과 같은 것.

【環餌】동그랗게 만든 중국식 떡. 餠類.

【饅首】饅頭.

【湯料】각종 湯類로 국수(麵條)를 가리킴.

【饔飧】아침, 점심, 저녁의 정찬.

【朝膳】간단한 아침 식사.

【貴介】신분이 귀한 부귀한 집안.

019(1-19)
광맥穬麥, 작맥雀麥, 교맥蕎麥

광맥穬麥은 오직 섬서陝西에서만 나며 일명 청과靑稞라고도 하며 이것이 바로 대맥이지만 토질이 달라 변종된 것으로 껍질이 청흑색을 띠고 있다.

진秦 지역 사람들은 오로지 말먹이로만 사용하며 기황에 시달릴 경우라야 사람이 먹는다(이 대맥도 찰기를 지니고 있는 것이 있으며, 河洛 지역에서는 술을 빚는 데 사용함).

작맥雀麥은 이삭이 가늘고, 이삭마다 다시 10여 개의 작은 낟알로 나누어져 있으며 간혹 야생野生도 있다.

메밀은 사실 맥류가 아니지만 가루로 만들어 허기를 채우므로 이름이 맥류로 전해온 것이며 잠시 맥류에 넣었을 뿐이다.

穬麥獨産陝西, 一名靑稞卽大麥, 隨土而變, 而皮成靑黑色者.

秦人專以飼馬, 饑荒, 人乃食之(大麥亦有粘者, 河洛用以釀酒).

雀麥細穗, 穗中又分十數細者, 間易野生.

蕎麥實非麥類, 然以其爲粉療饑, 傳名爲麥, 則麥之而已.

【河洛】河南 洛陽 일대의 中原지역.
【蕎麥】메밀은 蓼科(Fagopyrum esculentum)에 속하며 파종 시기나 식물생태, 재배방법 등이 모두 확연히 다르지만 가루를 내어 먹는 데에서 맥으로 불려온 것일 뿐임.

020(1-20)
보리의 파종과 수확

북방의 밀은 네 계절을 거치면서 가을에 파종하여 이듬해 봄 초여름에 수확하게 되며, 남방의 밀은 파종과 수확 시기 등 재배기간은 그보다 짧다.

강남 지역의 밀 꽃은 밤에 피고 강북 지역의 밀 꽃은 낮에 피니 역시 하나의 이상한 현상이다.

보리의 파종과 수확 시기는 밀과 같다.

메밀은 가을 중턱에 파종하여 미처 두 달이 되지 않아 곧바로 거둘 수 있다.

그 싹은 서리를 맞으면 죽지만 서리가 내리는 때가 늦어지면 수확할 수 있다.

凡北方小麥, 歷四時之氣, 自秋播種, 明年初夏方收;
南方者, 種與收期時日差短.

江南麥花夜發, 江北麥花畫發, 亦一異也.

大麥種·穫期與小麥相同.

蕎麥則秋半下種, 不兩月而卽收.

其苗遇霜卽殺, 邀天降霜遲遲, 則有收矣.

【麥花】밀 꽃은 강남과 강북에서 각각 피는 때가 밤낮으로 다르다고 한 것은 《本草綱目》(22)에 明 顧元慶의 《簷曝偶談》을 인용한 것인데, 실제 과학적으로 맞는 것은 아님. 그 외 唐 《酉陽雜俎》에도 실려 있음. 한편 《月令輯要》(7)에 "南北麥花: 《簷曝偶談》: 江南麥花夜發, 故發病; 江北麥花晝發, 故宜人"이라 하였고 《周易函書別集》(21)에는 "酒因米麴相反而成, 稻花晝開, 麥花夜開, 子午相反之義, 故酒能醉人"이라 함.

(9) 보리 가꾸기: 麥工(北耕種·耬)

021(1-21)
보리 파종

무릇 보리와 벼는 처음 갈고 흙을 개간하는 것은 같으나 파종한 다음 잡초를 뽑아주고 북돋우어주는 일 등 나머지 노력은 모두 벼 재배에는 필요하나 보리 경작에는 다만 김을 매는 일만 하면 된다.

대체로 북방의 토질은 흙덩어리가 쉽게 부서지며, 보리의 파종 방법과 농기구 사용법은 차이가 있어 밭을 갈면서 파종을 함께 한다.(그림10)

소를 부려 흙을 갈아엎되 쟁기에는 보습을 사용하지 않고 두 개의 철로 된 뾰죽한 부분을 횡목에 병렬로 걸치며 이러한 농구를 사투리로 강(耰, 耩)이라 한다.

그 강 가운데에 작은 말로 한 말 양의 보리 씨앗을 속에 담고 그 말 밑바닥에는 매화눈금의 구멍을 뚫어놓는다.

그렇게 되면 소가 끌고 가면서 흔들려 보리씨가 그 눈금 구멍으로 떨어져 흩뿌려지게 된다.

만약 조밀하게 많이 뿌리고자 하면 소에게 채찍질을 하여 빨리 걷도록 하면 씨의 살포가 많아지며, 널리 적게 뿌리고자 하면 소를 천천히 몰면 뿌려지는 씨가 적게 되는 것이다.

이윽고 파종을 하고 나면 나귀에 두 개의 작은 돌을 달아 뿌려진 보리 씨를 눌러 덮이도록 끌고간다.(그림11)

무릇 보리씨는 흙에 눌려야 살아난다.

남방의 땅은 북방과 달라 여러 차례 갈고 여러 차례 써레질을 한 다음 보리씨를 재에 섞어 손가락으로 집어 파종한다.

파종한 다음에는 뒤따르며 발뒤꿈치로 꼭꼭 밟아주어(그림12) 북방에서 나귀에 돌을 달아 다져주는 것을 대신한다.

凡麥與稻初耕·墾土相同, 播種以後, 則耘·籽諸勤苦皆屬稻, 麥惟施耨而已.

凡北方厥土墳壚易解釋者, 種麥之法耕具差異, 耕卽兼種.

其服牛起土者, 未不用耕(耜), 並列兩鐵(尖)于橫木之上, 其具方語曰鏹(耩).

鏹(耩)中間盛一小斗貯麥種于內, 其斗底空梅花眼.

牛行搖動, 種子卽從眼中撒下.

欲密而多, 則鞭牛疾走, 子撒必多; 欲稀而少, 則緩其牛, 撒種其少.

旣播種後, 用驢駕兩小石團壓土埋麥.

凡麥種壓緊方生.

南方地不同北(方)者, 多耕·多耙之後, 然後以灰拌種, 手指拈而種之.

種過之後, 隨以脚根(跟)壓土使緊, 以代北方驢石也.

【墳壚】흙이 덩어리진 상태이나 습기가 적어 쉽게 부서짐.
【未不用耕】'耕'은 '耜'의 오기로 보임.
【兩鐵于橫木之上】'鐵'자 다음 '尖'이 있어야 함. 그림 참조.
【鏹】원본에 따른 것이며 흔히 '耩'이라 함. 둘 모두 음은 '강'으로 같음. 북방에서 보리 파종에 흙을 갈아 골을 내고 아울러 파종도 함께 되도록 고안된 농기구. '糠'라고도 함.
【梅花眼】작은 말 크기의 통에 매화 모양으로 뚫은 구멍. '眼'은 모눈을 뜻함. 그 구멍 사이로 보리씨가 균일하게 빠져나오도록 고안된 것.
【不同北方】원본에는 '不北同'으로 되어 있으나 이는 '不同北方'의 오류임.
【脚根】'脚跟'의 오류. 발뒤꿈치.

〈그림10〉 북방의 밀 파종방법

〈그림11〉 북방의 밀 파종 후 눌러주기

〈그림12〉 남방의 穄麥 파종하기

022(1-22)
김매기

갈고 씨를 뿌린 다음에는 호미로 김을 매기에 힘써야 한다.

무릇 풀을 맬 때는 면이 넓은 큰 괭이를 사용한다.(그림13)

싹이 돋은 다음에도 김매기를 그치지 않아야 하며(세 번, 네 번을 거치기도 함), 남은 풀이 살아날 기운도 호미 아래에서 모두 사라지게 하면 마침내 그 밭의 보리들이 모두 좋은 열매를 맺게 될 것이다.

힘써 노력하며 쉽게 잡초를 제거할 수 있음은 남북이 모두 같다.

무릇 밭에 분뇨를 비료로 줄 경우 이미 파종을 하고 나서는 할 필요가 없으며 씨를 뿌리기 전에 미리 해 두었어야 한다.

섬서陝西의 낙양洛陽 지역에서는 벌레가 끼는 것을 염려하여 혹 비상砒霜을 씨에 섞기도 하며, 남방에서는 다만 불을 지피고 남은 재(속칭 地灰라 함)를 쓸 뿐이다.

남방에서는 벼를 심었던 논에 보리를 심어 비료로 사용하는 경우가 있으니, 이는 보리 열매를 거두기 위한 것이 아니라 봄이 되어 밀과 보리가 한창 푸르렀을 때 이를 갈아엎어 덮인 채 썩으면서 땅이 성질을 높이기 위한 것으로 그렇게 되면 가을 벼 수확에 알곡이 틀림없이 곱절이 된다.

耕(播)種之後, 勤議耨鋤.

凡耨草用闊面大鎛.

麥苗生後, 耨不厭勤(有三過·四過者), 餘草生機盡誅鋤下, 則竟畝精華盡聚嘉實矣.

功勤易耨, 南與北同也.

凡糞麥田, 旣種以後, 糞無可施, 爲計在先也.

陝洛之間憂蟲蝕者, 或以砒霜拌種者, 南方所用惟炊爐也(俗名地灰).

南方稻田有種肥田麥者, 不冀麥實, 當春小麥·大麥青青之時, 耕殺田中蒸罨土性, 秋收稻穀必加倍也.

【大鎛】 면이 넓고 자루가 긴 괭이.
【陝洛】 陝西와 河南(洛陽) 일대.
【砒霜】 殺蟲, 殺鼠 등에 쓰이는 독약. 氧化砷(As_2O_3)
【蒸罨】 갈아엎어 덮인 수분의 열기에 의해 썩도록 함.

〈그림13〉 김매기(논)

023(1-23)
수확 이후의 활용

밀과 보리를 수확하고 난 빈 기간에는 다른 작물을 심을 수 있다.

초여름부터 늦가을까지 반 년 동안의 기간은 토질에 맞는 것을 택하여 심을 수 있으며 이는 사람이 그에 맞게 결정하면 된다.

남방에서는 보리를 벤 다음에 만생종 메벼를 심는 경우도 있다.

부지런한 농가에서는 분명 고생한 만큼 그 보답을 받지 못할 것이 없다.

무릇 메밀은 남방에서는 반드시 벼를 벤 다음에 심고, 북방에서는 콩이나 조를 벤 다음에 심는다.

메밀의 성질은 약간 땅의 양분을 흡수하여 흙을 척박하게 할 수 있다.

그러나 그 수확을 계산하면 벼 수확량의 반 정도는 보상을 받는 것이므로 부지런한 농가에서는 다시 거름을 주면 될 것이니 어찌 방해가 되겠는가?

凡麥收空隙可再種他物.

自初夏至季秋, 時日亦半載, 擇土宜而爲之, 惟人所取也.

南方大麥有旣刈之後乃種遲生粳稻者.

勤農作苦, 明賜無不及也.

凡蕎麥, 南方必刈稻; 北方必刈菽·稷而後種.

其性稍吸肥腴, 能使土瘦.

然計其穫入, 業償半穀有餘, 勤農之家何妨再糞也?

【初夏】孟夏. 음력 4월, 즉 양력 오뉴월.
【季秋】음력 9월, 즉 10월 중하순.
【粳稻】메벼.

⑽ 보리의 재해: 麥災

024(1-24)
밀과 보리의 재해

무릇 밀과 보리의 재해를 막는 일은 벼에 비하면 3분의 1에 불과하다.

파종한 후 눈, 서리가 내리거나, 날씨가 맑거나 큰물이 지더라도 모두 걱정할 바가 아니다.

밀과 보리의 특성은 필요로 하는 물이 지극히 적어, 북방 토질에는 중춘에 한 되 정도의 비가 두 번쯤 내리면 꽃이 훌륭한 낟알이 된다.

형荊 양揚 지방 이남에서는 오직 장마만 걱정하면 될 뿐이며, 만약 성숙할 열흘간 날이 맑고 건조하면 창고에 가득 채워 다 먹어낼 수 없을 정도가 된다.

양주 속담에 "한 치의 밀과 보리는 1척尺의 물을 겁내지 않는다"라 하였으니 이는 보리가 처음 자랄 때 물이 머리까지 차더라도 상해가 없음을 말한 것이다. 그리고 "한 자(尺) 자란 밀과 보리는 한 치의 물조차 겁을 낸다"라는 말은 다 자랐을 때 한 치의 물에만 잠겨도 뿌리가 연해져 줄기가 거꾸로 쓰러져 진흙에 젖게 되면 보리알이 모두 땅에 닿아 부패하고 만다는 말이다.

강남의 참새 종류 중에는 살만 있고 뼈는 없는 것이 있는데 날아와 보리밭에 앉으면 수천 마리가 밭을 가득 메운다. 그러나 그 지역은 넓지 않아 수십 리에 피해를 입히고 그친다.

강북에 메뚜기 피해가 나타나면 그해는 큰 흉년이 들고 만다.

凡麥妨患, 抵稻三分之一.

播種以後, 雪·霜·晴·潦皆非所計.

麥性食水甚少, 北土中春再沐雨水一升, 則秀華成嘉粒矣.

荊·揚以南唯患霉雨, 倘成熟之時晴乾旬日, 則倉廩皆盈, 不可勝食.

揚州諺云: 「寸麥不怕尺水.」 謂麥初長時, 任水滅頂無傷. 「尺麥只怕寸水」, 謂成熟時寸水軟麥根, 倒莖沾泥, 則麥粒盡爛于地面也.

江南有雀一種, 有肉無骨, 飛食麥田數盈千萬, 然不廣及, 罹害者數十里而止.

江北蝗生, 則大祲之歲也.

【荊·揚】 荊은 荊州이며 湖北省을 대표함. 揚은 揚州이며 江蘇省을 대표함.

【霉雨】 梅雨로도 표기하며 장마철을 가리킴.

【雀】 肥雀, 황흉무(黃胸鵐)라고도 하며 뼈가 없는 것이 아니고 살이 많고 軟骨이 있어 廣東 등지에서는 진귀한 식재료로 사용하기도 함.

【大祲之歲】 큰 흉년이 듦. 祲은 凶年, 饑饉, 饑荒을 뜻함.

⑾ 조와 기장류: 黍·稷·粱·粟

025(1-25)
가루 식품

무릇 알곡 양식 중에 가루로 내지 않고 먹는 종류는 아주 많다.

서로 수백 리 떨어지면 빛깔, 맛, 모양, 품질이 그 지역 환경에 따라 변하지만 대동소이하며 이름만 수천 수백 가지나 된다.

북방 사람들은 단지 메벼를 대미大米라 부르며, 그 나머지는 대개 소미小米라 부른다.

무릇 서黍와 직稷은 같은 종류이며, 양粱과 속粟도 같은 종류이다.

서에는 찰기가 있는 것과 찰기가 없는 것(찰기가 있는 것은 술을 빚음)이 있으나 직은 메만 있으며 찰기가 있는 것은 없다.

찰기가 있는 서와 역시 찰기가 있는 속을 통틀어 출秫이라 하며 이 두 가지 외에는 다른 출은 없다.

서는 색이 적赤, 백白, 황黃, 흑黑 등이 고르게 있으며 혹 오직 검기만 한 것을 직이라 한다고 하나 그렇지 않다.

직미稷米는 다른 곡물보다 일찍 익어 제사에 올릴 수 있기 때문에 마땅히 일찍 익는 적을 직으로 불러야 한다는 말은 논리에 가깝다.

　凡糧食, 米而不粉者種類甚多.

　相去數百里, 則色·味·形·質隨方而變, 大同小異,

千百其名.

北人唯以大米號粳稻, 其餘粲以小米名之.

凡黍與稷同類, 粱與粟同類.

黍有粘有不粘(粘者爲酒), 稷有粳無粘.

凡粘黍·粘粟統名曰秫, 非二種外更有秫也.

黍色赤·白·黃·黑皆有, 而或專以黑色爲稷, 未是.

至以稷米爲先他穀熟, 堪供祭祀, 則當以早熟者爲稷, 則近之矣.

【黍稷同類, 粱粟同類】 이는 현대적 풀이일 뿐 黍子와 糜子는 모두 禾本科黍屬
(Panicun milaceum)이며 찰기가 있는 것을 서, 탈곡 후를 黃米, 또는 黃粘米
라 하여 술을 빚음. 같은 종류로 찰기가 없는 것은 穄라 하며 고대 이를 稷으
로 불렀음. 한편 粱은 알곡일 경우를 말하며 북방에서는 小米로 부르고 찰기
가 없음. 이는 粟의 일종으로 禾本科狗尾草屬(Setaria italica)이라 함.

【秫】 원래 차조, 찰수수, 찰기장 등 찰기가 있는 종류를 함께 일컫던 말.

026(1-26)
서黍

무릇 서黍는 《시詩》나 《서書》에서는 문虋, 기芑, 거秬, 비秠 등으로 나와 있으며 지금의 방언에는 우모牛毛, 연함燕頷, 마혁馬革, 여피驢皮, 도미稻尾 등 으로 불리고 있다.

서의 종은 3월에 파종하여 5월에 여물고, 조금 늦은 것은 4월에 파종 하여 7월에 여물며, 가장 늦은 것은 5월에 파종하여 8월에 여문다.

꽃피고 이삭이 나서 열매를 맺는 것은 밀, 보리와는 서로 만날 수 없다.

무릇 서의 낟알 크기는 토질의 비옥함과 척박함, 그리고 시령時令의 재해나 생육에 따라 다르다.

송대宋代의 학자들은 한 지역의 것만으로 표준을 삼는데 얽매었으니 이는 맞지 않다.

凡黍在《詩》·《書》有虋·芑·秬·秠等名, 在今方語有 牛毛·燕頷·馬革·驢皮·稻尾等名.

種以三月爲上時, 五月熟, 四月爲中時, 七月熟, 五月 爲下時, 八月熟.

揚花·結穗總與來·牟不相見也.

凡黍粒大小, 總視土地肥磽·時令害育.
宋儒拘定以某方黍定律, 未是也.

【詩經】《詩》大雅 生民에 "誕降嘉種, 維秬維秠, 維穈維芑. 恒之秬秠, 是獲是畝.
恒之穈芑, 是任是負. 以歸肇祀"라 함.
【穈·芑·秬·秠】《爾雅》釋草에 "穈, 赤苗也"라 하였고 郭璞 注에 "今之赤粱粟"
이라 함. 芑는《爾雅》에 역시 "芑, 白苗也"라 하였고 郭璞 注에 "今之白粱粟"
이라 함.
【宋儒】宋史 律曆志에 의하면 仁宗 때 百黍의 난알을 쌓아 표준을 정했으나
차이가 심해 폐지하고 2,460알의 무게를 1량으로 정하였으며 그 때 山西 上黨의
黍粒으로 하였음. 이를 서척(黍尺)이라 함.

027(1-27)

황미黃米

무릇 속粟과 양粱은 통틀어 황미黃米라 하며 찰기가 있는 속은 술을 빚을 수 있다.

그리고 노속蘆粟의 일종으로 고량高粱이라 부른 것이 있으며 그 키는 7척이나 되며 갈대蘆나 물억새荻와 같다.

양속粱粟은 종류와 이름이 많아 서黍나 직稷보다 오히려 심하다.

그 이름은 혹 성씨姓氏나 산수山水에 따라 생겨나기도 하고, 혹은 생김 새의 흡사함이나 시령時令에 따르기도 하여 이를 모두 일일이 거론할 수는 없다.

산동山東 지역 사람들은 단지 곡자穀子라 부를 뿐 양속의 각각 명칭을 알지 못한다.

이상의 네 가지의 곡물은 모두가 봄에 심어 가을에 수확한다.

밭 갈고 김매는 방법은 밀, 보리와 같으나 파종하고 수확하는 계절은 서로 현격하게 다르다.

凡粟與粱統名黃米, 粘粟可爲酒.

而蘆粟一種名曰高粱者, 以其身長七尺如蘆·荻也.

粱粟種類名號之多, 視黍稷猶甚.

其命名或因姓氏·山水, 或以形似·時令, 總之不可枚擧.

山東人唯以穀子號之, 幷不知粱粟之名也.

以上四米皆春種秋穫.

耕耨之法與來·牟同, 而種收之候, 則相懸絶云.

【蘆粟】 '수수'(蜀黍)라고도 부르며 禾本科의 高粱(Sorghum vulgare)을 가리킴.
【蘆·荻】 蘆는 갈대. 禾本科의 蘆葦(Phragmites communis). 荻은 물가에 나는 물억새. 禾本科의 荻草(Miscanthus sacchariflorus).

⑿ 삼과 참깨: 麻

028(1-28)
참깨

마麻 가운데서 낟알을 먹거나 기름을 짤 수 있는 것은 단지 화마火麻와 호마胡麻 두 종류뿐이며, 호마가 곧 지마(참깨)이다. 호마는 전해오기로는 서한西漢 때 비로소 대완국大宛國으로부터 전래되었다고 한다.

옛날은 마를 오곡五穀의 하나로 여겼으나 만약 화마만을 그렇게 여겼다면 이것이 맞겠는가?

내 생각으로는 옛《시詩》와《서書》에서 말한 오곡의 마는 혹 그 품종이 이미 없어졌거나 또는 콩이나 속粟의 별종으로서 점차 그 명칭이 잘못 전해진 것으로 여겨지며 이에 대한 것은 알 수 없다.

凡麻可粒·可油者, 惟火麻·胡麻二種, 胡麻卽脂麻, 相傳西漢始自大宛來.

古者, 以麻爲五穀之一, 若專以火麻當之, 義豈有當哉?

竊意《詩》·《書》五穀之麻, 或其種已滅, 或卽菽·粟之中別種, 而漸訛其名號, 皆未可知也.

【火麻】삼. 大麻라고도 하며 중국 원산의 桑科 大麻(Cannabis sativa).
【胡麻】脂麻, 芝麻, 油麻라고도 하며 참깨. 胡麻科의 脂麻(Sesamum indicum).

【大宛】 지금의 중앙아시아 우즈베키스탄의 페르간나(Ferghana)에 있던 나라. 漢 武帝 때 張騫이 西域 개척 때 胡麻를 들여와 중국에 전래되었음. 宋 沈括의 《夢溪筆談》(26)에 "胡麻直始今油麻, 張騫始自大宛得油麻之種"이라 함.

029(1-29)
참깨

지금 호마는 맛이 훌륭하고 용도도 높아 백곡百穀의 으뜸이라 해도 지나치지 않는다.

그러나 화마의 씨는 기름을 짜더라도 많지 않으며, 껍질로는 거칠고 조악한 베를 짤 수 있을 뿐이니 그 가치가 얼마나 되겠는가?

호마는 아주 작은 양만 먹더라도 시간이 흘러도 배고픔을 느끼지 않는다.

거이粔籹나 이탕飴餳의 찰기에 이 호마 알갱이를 붙이면 맛도 훌륭하고 품격도 높아진다.

그것을 기름으로 짜서 머릿기름으로 사용하면 머리카락이 윤택해지고, 배에 들어가면 기름기를 얻으며 비린내에 더하면 향기가 나고 독한 식품에 넣으면 그 독과 거친 기운이 해소가 된다.

농가에서는 널리 심을 수 있으니 그 후용과 실질을 어찌 다 말하겠는가!

今胡麻味美而功高, 卽以冠百穀不爲過.

火麻子粒壓油無多, 皮爲疏惡布, 其値幾何?

胡麻數龠充腸, 移時不餒.

粔籹 · 飴餳得粘其粒, 味高而品貴.

其爲油也, 髮得之而澤, 腹得之而膏, 腥羶得之而芳,
毒厲得之而解.

農家能廣種, 厚實可勝言哉!

【粔籹】거는 기름기가 있는 음식이나 떡의 일종. 油蜜果.
【飴餳】엿이나 조청.
【腥羶】비린내나 누린내가 나는 食材料. '腥膻'으로도 표기함.
【毒厲】독기가 있거나 심한 냄새 등이 나는 食材料.

030(1-30)
참깨 재배

참깨를 재배하는 방법은 골을 터서 포밭을 만들거나 혹 두둑을 만들고 나서, 흙을 부수고 잡초를 깨끗이 제거한 연후에 재를 약간 젖도록 하여 참깨씨를 고르게 섞어 살포하여 심는다.

이른 것은 3월에 파종하며 늦은 것은 대서大暑를 넘기기 전이면 된다.

풀을 제거하는 일은 오직 괭이로 한다.

참깨는 검은 것, 흰 것, 빨간 것 세 종류가 있으며 그 열매는 각이 지고 길이가 한 치쯤 된다.

네 마름모로 된 것은 씨방이 작고 씨도 적게 들어 있으며, 팔각 마름모 형은 씨방이 크고 씨도 많이 들어 있으며 모두가 비옥하거나 척박한 이유 때문일 뿐 품종이 그런 것은 아니다.

씨를 거두어 기름을 짜면 한 섬마다 40근의 기름을 얻을 수 있고 짜고 남은 깻묵은 논밭에 비료로 사용하며, 만약 기황이 든 해라면 남겨두었다가 식용으로 사용하기도 한다.

種胡麻法, 或治畦圃, 或壟田畝, 土碎·草淨之極, 然後以地灰微濕, 拌勻麻子而撒種之.

早者三月種, 遲者不出大暑前.

早種者, 花實亦待中秋乃結.

耨草之功唯鋤是視.

其色有黑·白·赤三者, 其結角長寸許.

有四稜者, 房小而子少; 八稜者, 房大而子多, 皆因肥
瘠所致, 非種性也.

收子榨油, 每石得四十餘斤, 其枯用以肥田.

若饑荒之年, 則留供人食.

【大暑】24절기의 하나로 대체로 양력 7월 22일 전후.
【枯】기름을 짜고 남은 찌꺼기인 깻묵을 말하며 비료로 쓰거나 식용으로도
　사용함.

⒀ 콩菽

031(1-31)
콩의 종류

무릇 콩은 종류가 많아 벼나 서黍와 비슷하다.

파종과 수확은 네 계절 계속 이어진다.

배를 부르게 하는 기능이 있으며 사람에게 있어 날마다 쓰이고 대체로 음식에 처음부터 끝까지 함께 한다.

콩의 한 종류로 대두大豆가 있으며, 검은콩과 누런콩 두 가지 색이 있는데 파종은 청명淸明 전후를 넘기면 안 된다.

누런콩은 오월황五月黃, 유월폭六月爆, 동황冬黃 등 세 품종이 있다.

오월황은 수확량이 적고, 동황이라야 그의 곱절이 된다.

검은콩은 8월에 딱 맞추어 수확해야 한다.

회북淮北 지방에서는 먼 길을 떠나는 노새에게 반드시 이 콩을 먹이며 그렇게 되면 노새의 근력이 강해진다.

凡菽, 種類之多, 與稻·黍相等.

播種·收穫之期四季相承.

果腹之功, 在人日用, 盖與飮食相終始.

一種大豆有黑·黃二色, 下種不出淸明前後.

黃者有五月黃·六月爆·冬黃三種.

五月黃收粒少, 而冬黃必倍之.

黑者刻期八月收.

淮北長征騾馬必食黑豆, 筋力乃强.

【大豆】豆科大豆屬(Gycine max)으로 누런 것은 黃豆, 冬黃은 冬豆라고도 함.
【淸明】양력 4월 4일 전후.
【淮北】淮水의 북쪽. 흔히 중국을 북방과 남방으로 나눌 때의 기준이 되는 강.
【騾】'라'로 읽으며 나귀. 당나귀나 노새.

032(1-32)
대두大豆

　무릇 대두는 토지의 비옥함과 척박함, 김매기의 부지런함과 게으름, 비와 이슬의 풍족함 여부에 따라 그 수확의 다소가 나뉜다.

　메주, 장류, 두부를 만드는 데는 모두 이 콩에서 그 재질을 얻는다.

　강남에는 또 고각황高脚黃이라는 콩이 있어 6월에 올벼를 베고 난 다음 다시 심어 9~10월에 수확한다.

　강서江西 길군吉郡에서의 재배 방법은 아주 묘하여 벼를 베고 난 다음에 갈아엎지도 않으며 벼 그루터기마다 콩 서너 알을 쥐고 손가락으로 눌러 넣는다. 그 벼 그루터기는 이슬이 맺혀 콩의 발아에 수분이 되어 콩의 본성을 충분히 발휘시키며 다시 벼 뿌리까지 물기가 스며들어 썩혀 자양분이 되도록 한다.

　이윽고 콩 싹이 난 뒤에는 비가 오지 않아 심한 건조함을 만나면 물 한 되를 부어주면 되며 일단 물을 주고 난 뒷면 다시 김을 매어주기만 하면 수확이 아주 많게 된다.

凡大豆視土地肥磽‧耨草勤怠‧雨露足慳, 分收入多少.
凡爲豉‧爲醬‧爲腐, 皆大豆中取質焉.
江南又有高脚黃, 六月刈早稻方再種, 九‧十月收穫.

江西吉郡種法甚钞, 其刈稻竟不耕墾, 每禾藁頭中拈豆三四粒, 以指扱之, 其藁凝露水以滋豆, 豆性充發, 復浸爛藁根以滋.

已生苗之後, 遇無雨亢乾, 則汲水一升以灌之, 一灌之後, 再耨之餘, 收穫甚多.

凡大豆入土出芽時, 防鳩雀害, 毆之惟人.

【豉】메주. '시'로 읽음.
【醬】醬類. 된장이나 간장 따위.
【腐】豆腐.
【高脚黃】키가 큰 황두.
【吉郡】江西省 吉安縣 일대.
【浸爛藁根】벼를 베고 남은 본래 벼 포기의 그루터기에 물이 스며들어 이를 썩힘.
　원본에는 '浸'이 '侵'으로 되어 있음.

033(1-33)
녹두

또 한 종류로 녹두綠豆는 둥글고 작아 마치 구슬과 같다.

녹두는 반드시 소서小暑 때에 파종해야 하며, 소서 이전에 파종하면 싹만 길게 몇 자나 자라며 깍지는 매우 드물게 맺는다.

만약 그 시기를 넘겨 처서處暑 때에 파종하면 수시로 꽃이 피고 깍지가 맺기는 하지만 낟알이 역시 적다.

녹두의 종류는 역시 두 가지가 있으며 하나는 적록摘錄이라 하며, 깍지가 여문 것부터 먼저 따고 그에 따라 매일 차례로 따면 된다.

또 한 종류는 발록拔錄이라 하며, 시기가 되어 충분히 익으면 밭 전체에서 한꺼번에 따내면 된다.

무릇 녹두를 갈아 위의 맑은 물을 따라 내고 말려 건조시키면 가루가 된다. 이로써 탕편盪片, 차삭搓索을 만들면 식도락가의 진귀한 먹을거리가 된다.

가루를 만들고 남은 뜨물을 밭에다 부어주면 좋은 비료가 된다.

무릇 녹두씨를 저장할 때는 혹 지회地灰, 석회石灰, 마료馬蓼, 또는 황토를 섞어 거두어두면 4, 5월 사이에 헛되이 주蚛라는 해충에게 고통을 당할 걱정을 하지 않아도 된다.

부지런한 자는 맑은 날에 자주 볕에 쐬어주면 역시 그 해충을 면할 수 있다.

一種綠豆, 圓小如珠.

綠豆必小暑方種, 未及小暑而種, 則其苗蔓延數尺, 結莢甚稀.

若過期之于處暑, 則隨時開花結莢, 顆粒亦少.

豆種亦有二, 一曰摘綠, 莢先老者先摘, 人逐日而取之.

一曰拔綠, 則至期老足, 竟畝拔取也.

凡綠豆磨‧澄‧晒乾爲粉, 盪片‧搓索, 食家珍貴.

做粉溲漿灌田甚肥.

凡畜藏綠豆種子, 或用地灰‧石灰, 或用馬蓼, 或用黃土拌收, 則四‧五月間不愁空蛀.

勤者逢晴頻晒, 亦免蛀.

【綠豆】豆科의 綠豆(Phasaeolus radiatus).
【地灰】나무나 풀을 태워 얻은 재.
【馬蓼】흰여뀌. 蓼科 馬蓼(Polygonum lapathifolium)이며 그 열매는 약으로도
   사용함.
【蛀】녹두의 잎을 갉아먹는 해충의 일종.
【搓索】중국식 꽈배기의 일종.

034(1-34)
녹두 파종

무릇 이미 벼를 베고 난 밭에 여름이나 가을에 녹두를 심을 경우, 반드시 긴 자루가 달린 도끼로 흙덩이를 잘게 부수면 싹을 틔우는 것이 많게 된다.

대체로 녹두를 심을 때 당일에 큰비가 내려 흙을 뒤엎으면 싹이 나지 못한다.

이미 싹이 난 뒤에는 빗물에 침수가 되지 않도록 도랑이나 골을 파서 물이 흘러나가도록 해주어야 한다.

무릇 녹두나 대두를 가꾸는 밭을 갈 때는 쟁기질을 얕게 해야 하며 깊이 갈아서는 안 된다.

대체로 콩이란 본질이 뿌리는 짧고 싹은 곧게 나기 때문에 흙을 갈 때 깊이 갈아 흙덩이로 인해 싹이 굽어지거나 눌려지면 제대로 자라지 못하는 것이 반을 차지한다.

'깊이 갈다'는 두 글자는 콩 종류에는 사용해서는 안 되는 것이니 이러한 원리는 옛 농사법에서는 아직 발견하지 못했던 부분이다.

凡已刈稻田, 夏秋種綠豆, 必長接斧柄, 擊碎土塊, 發生乃多.

凡種綠豆, 一日之內遇大雨扳土, 則不復生.

旣生之後, 妨雨水浸, 疏溝澮以洩之.

凡耕綠豆及大豆田地, 耒耜欲淺, 不宜深入.

盖豆質根短而苗直, 耕土旣深, 土塊曲壓, 則不生者半矣.

「深耕」二字不可施之菽類, 此先農之所未發者.

【妨雨水浸】‘妨’은 ‘防’이어야 함.

【溝澮】작은 도랑. 밭에 물이 괴지 않도록 물길을 내어 터줌.

【深耕】실제 後魏 賈思勰의《齊民要術》大豆篇(6)에 西漢 氾勝之의《氾勝之書》
에서 이미 “大豆, ……戴甲而生, 不用深耕”이라 하여 제기한 바가 있음.

035(1-35)
완두豌豆와 잠두蠶豆

또 한 종류의 콩으로 완두豌豆가 있다. 이 콩은 검은 반점이 있고 모양은 둥글어 녹두와 같으나 크기에 있어서는 그보다 크다.

그 품종은 10월에 파종하여 이듬해 5월에 수확한다.

무릇 잎이 늦게 나는 나무 아래에 심어도 된다.

그리고 또 한 종류로 잠두蠶豆가 있는데 그 꼬투리가 누에 모양을 닮았으며 콩알은 대두보다 크다.

8월에 파종하여 이듬해 4월에 수확한다.

절강絶江 서부 지역에서는 뽕나무 밑에다 널리 심는다.

대체로 이 작물은 나뭇잎이 이슬을 막을 정도로 너무 덮이면 잘 자라지 못한다.

이 콩과 완두는 나뭇잎이 무성할 때 이미 꼬투리가 맺고 열매가 맺는다.

양양襄陽과 한수漢水 상류 지역에는 이 콩이 매우 많아 값이 싸지만 배를 채우는 효용에서 서黍나 직稷에 뒤지지 않는다.

一種豌豆, 此豆有黑斑點, 形圓同綠豆, 而大則過之.

其種十月下, 來年五月收.

凡樹木葉遲者, 其下亦可種.

一種蠶豆, 其莢似蠶形, 豆粒大于大豆.

八月下種, 來年四月收.

西浙桑樹之下遍繁種之.

盖凡物樹葉遮露則不生.

此豆與豌豆, 樹葉茂時彼已結莢而成實矣.

襄·漢上流, 此豆甚多而賤, 果腹之功不啻黍稷也.

【豌豆】 완두콩. 넝쿨작물의 하나. 豆科 豌豆屬(Pisum astivum).

【蠶豆】 꼬투리가 크며 콩알이 누에처럼 생긴 콩. 양대. 豆科 野菀豆屬(Vicia jaba).

【襄漢】 長江 상류 지역의 襄陽과 漢水 일대.

【不啻】 '~에 뒤지지 않음, ~에 못지 않음'의 뜻.

036(1-36)
기타 여러 콩 종류

일종의 소두小豆로서 적소두赤小豆는 약용으로 기이한 효능이 있으며, 백소두(白小豆, 일명 飯豆라고도 함)는 의당 찬으로 먹을 수 있는 훌륭한 보조식품이다.

하지夏至에 씨를 뿌려 9월에 거두며 강수江水와 회수淮水 사이 지역에서 많이 심는다.

다른 한 종류로 여두(櫓豆 음은 려)로써 이 콩은 옛날에는 밭 사이에 야생으로 자랐으나 지금은 북쪽 지역에서 널리 심는다.

가루를 내어 사용하거나 탕피瀏皮를 만들어 사용하면 녹두에 맞먹는다.

연경燕京에서는 떠돌이 장사꾼이 아침 내내 여두피櫓頭皮를 외치는 것으로 보아 그 생산량이 틀림없이 많을 것이다.

다른 한 종류로 백편두白扁豆가 있으며 이는 울타리를 타고 뻗어 올라가 자라며 일명 아미두蛾眉豆라고도 한다.

그밖에 강두豇豆, 호반두虎斑豆, 도두刀豆 등과 대두 중에 가운데 청피靑皮나 갈색褐色이 있는 품종 등 여러 종류는 간혹 한 지역에 번성하고 있는 것으로 능히 일일이 다 설명할 수가 없다.

모두가 채소나 곡물 대신으로 일반 사람들을 먹여 살리는 것이니 사물에 박식한 자들이 가히 소홀히 여길 수 있는 것이겠는가!

一種小豆, 赤小豆入藥有奇功; 白小豆(一名飯豆), 當餐助嘉穀.

夏至下種, 九月收穫, 種盛江·淮之間.

一種穭(音呂)豆, 此豆古者野生田間, 今則北土盛種.

成粉·瀗皮可敵綠豆.

燕京負販者, 終朝號穭豆皮, 則其産必多矣.

一種白扁豆, 乃沿籬蔓生者, 一名峨眉豆.

其他豇豆·虎班豆·刀豆與大豆中分青皮·褐色之類,
間繁一方者, 猶不能盡述.

皆充蔬·大穀而粒烝民者, 博物者其可忽諸!

【赤小豆】 紅小豆라고도 하며 豆科 菜石屬(Phaseolus calcalatus). 식용과 약용
으로 함께 쓰며 《本草綱目》(24)에 의하면 消炎, 利尿 등의 효과가 있다 함.

【白小豆】 飯豆라고도 하며 豆科 菜石屬(Vigna cylindrica). 健胃補氣의 효과가
있다 함. 한국에서는 덩굴팥이라 함.

【夏至】 24절기의 하나로 양력 6월 21일 전후임.

【穭豆】 山黑豆, 黑小豆라고도 함. '穭'는 '려'로 읽음.

【瀗皮】 만두피.

【燕京】 北京, 河北. 고대 燕나라 도읍(薊)이었으므로 沿用하여 흔히 燕京이라 함.

【白扁豆】 白藊豆, 白藕豆, 扁豆로도 표기하며 까치콩이라 부름. 豆科 扁豆屬
(dolichos lablab).

【豇豆】 동부콩. 혹 광저기라고도 부름. 豆科 豇豆屬(vigna sinensis).

【虎班豆】 虎豆, 黎豆라고도 하며 豆科 虎斑豆屬(Mucuna capitata).

【刀豆】 작두콩라고도 하며, 豆科 刀豆屬(Cananvalia ensiformis).

2. 내복乃服

　　내복乃服은 양梁 주흥사周興嗣의 《千字文》에 "龍師火帝, 鳥官人皇.
始制文字, 乃服衣裳"(복희씨는 '용'자를 넣어 관직 이름을 삼았고, 염제
신농씨는 '불'의 뜻을 넣어 벼슬이름을 삼았다. 그리고 少昊氏는 '새'이름을 넣어
벼슬 이름을 삼았고, 인황씨에 이르러 사람 사는 세상이 되었다. 비로소 창힐이
문자를 지었고, 이에 웃옷과 치마를 입는 복식제도가 마련되었다)에서 취한
말로 만민의 의복에 대한 것이며 《韓詩外傳》에도 "於是黃帝乃服
黃衣"라는 구절이 있음. 여기서는 그 재료에서 공정을 거쳐 옷감,
옷이 되는 전 과정을 서술한 것임.

(1) 전언前言

037(2-1)
전언

내 생각으로는 이렇다.

"사람은 만물萬物의 영장靈長이며, 오관五官과 백체百體가 모두 갖추어져 있다. 귀한 신분은 의상을 늘어뜨리고, 옷에는 화려한 용과 산을 수놓아 천하를 다스려, 천한 사람은 수갈短褐과 시상枲裳으로나마 겨울에는 추위를 막고 여름에는 몸을 가려 스스로 금수禽獸와 구별하고 있다. 이 까닭으로 그 재질은 조물주가 모두 갖추어주고 있는 것이다.

초목에 속한 것으로는 시枲, 마麻, 경苘, 갈葛이 있고, 금수와 곤충에 속한 것으로는 구裘, 갈褐, 사絲, 면綿이 있다. 각각 그 반씩을 차지하고 있어 이로써 옷을 만들어 입기에 충분하다.

천손 직녀織女는 베 짜는 기술을 인간 세계에 전해주었다. 사람들은 원료의 재질에 따라 그 꽃을 보고 그에 맞추어 수를 놓기도 하고, 세탁하여 비단을 얻게 되었다. 이에 직기織機가 세상에 두루 퍼졌지만 화기花機의 그 교묘함을 본 사람은 능히 몇 사람이나 되겠는가? '치란경륜治亂經綸'이란 말의 뜻은 어릴 때부터 배우지만 종신토록 그 형상을 보지 못하고 있으니 어찌 유감스러운 일이 아니겠는가! 이에 먼저 양잠養蠶의 방법을 설명하여 실이 어디로부터 생겨나는지 근원부터 알아보겠다. 대체로 사람과 물건은 서로 짝이 되고, 귀천에 따라 그 복장의 무늬에 구별이 있는 하늘이 실제 그렇게 해 둔 것이다."

宋子曰:「人爲萬物之靈, 五官百體, 賅而存焉. 貴者垂衣裳; 煌煌山龍, 以治天下; 賤者裋褐·枲裳, 冬以禦寒, 夏以蔽體, 以自別于禽獸. 是故其質則造物之所具也. 屬草木者爲枲·麻·苘·葛, 屬禽獸與昆蟲者爲裘·褐·絲·綿. 各裁其半, 而裳服充焉矣.

天孫機杼, 傳巧人間. 從本質而見花, 因繡濯而得錦. 乃杼柚遍天下, 而得見花機之巧者, 能幾人哉?『治亂經綸』字義, 學者童而習之, 而終身不見其形像, 豈非缺憾也! 先列飼蠶之法, 以知絲源之所自. 蓋人物相麗, 貴賤有章, 天實爲之矣.」

【五官】五臟과 같음. 각기 기능을 발휘하는 몸의 여러 장기를 가리킴.
【百體】몸의 겉과 형체를 이루는 여러 부위.
【貴者垂衣裳】《周易》繫辭傳(下)에 "黃帝堯舜垂衣裳而天下治"라 함.
【煌煌山龍】高貴한 신분이 옷에 장식한 여러 문양과 무늬, 도안 등을 가리킴. 《尚書》益稷篇에 "帝曰:「臣作朕股肱耳目, 予欲左右有民. 汝翼, 予欲宣力四方. 汝爲, 予欲觀古人之象. 日月星辰山龍華蟲作會宗彝藻火粉米黼黻絺繡以五采彰施于五色, 作服, 汝明. 予欲聞六律, 五聲, 八音, 在治忽, 以出納五言, 汝聽.」이라 하였고, 《詩經》采芑篇 "服其命服, 朱芾斯黃"의 注에 "黃, 猶煌煌也"라 함.
【裋褐】남루한 옷, 짧은 바지. 서민의 옷을 뜻함.
【枲裳】모시풀로 짜서 만든 치마. 역시 서민의 옷을 가리킴.
【苘】苘麻. 모싯대풀. 그 줄기 껍질로 짠 거친 옷감. 苘은 식물 이름으로 錦葵科 苘麻(Abutilon theophrasti). 혹칭 青麻라 함.
【葛】칡. 칡껍질의 섬유로 짠 거친 옷. 葛布. 칡은 豆科 葛屬(Pueraia lobata)의 藤本植物.
【綿】綿羊의 털을 가리킴.

【天孫】 전설상의 織女. 원래 織女는 天帝의 孫女라 함.《史記》天官書에 "織女, 天孫也"라 하였고, 晉 干寶의《搜神記》(1)에 "漢董永, 千乘人. 少偏孤, 與父居. 肆力田畝, 鹿車載自隨. 父亡, 無以葬, 乃自賣爲奴, 以供喪事. 主人知其賢, 與錢 一萬, 遣之. 永行三年喪畢, 欲還主人, 供其奴職. 道逢一婦人, 曰:「願爲子妻.」 遂與之俱. 主人謂永曰:「以錢與君矣.」永曰:「蒙君之惠, 父喪收藏. 永雖小人, 必欲服勤致力, 以報厚德.」主人曰:「婦人何能?」永曰:「能織.」主曰:「必爾者, 但令君婦爲我織縑百疋.」於是永妻爲主人家織, 十日而畢. 女出門, 謂永曰:「我, 天之織女也. 緣君至孝, 天帝令我助君償債耳.」語畢, 凌空而去, 不知所在"라 하였 으며, 明 馮應京의《月令廣義》七月令에 梁, 殷芸의《小說》을 인용하여 "天河 之東有織女, 天帝之子也. 年年機杼勞役, 織成雲錦天衣"라 하여, 七月七夕의 故事를 남겼음.

【機杼】 베틀과 북. 織機를 뜻함.

【杼柚】 북과 바디. 織機를 가리킴. '柚'는 바디.《詩經》小雅 大東篇 "杼柚其空"의 朱熹《詩集傳》에 "杼, 持緯者; 柚受經者"라 함.

【治亂經綸】 얽히고설킨 실을 세로, 가로로 하여 옷감을 만들어냄을 뜻하는 原義를 그대로 인용한 것.

【相麗】 '麗'는 '儷'와 같음. 짝이 됨. 서로 연결되어 있음.

(2) 누에치기: 蠶種·蠶浴·種忌·種類

038(2-2)
누에씨

무릇 번데기는 누에나방으로 변하며, 번데기가 된 지 열흘이면 고치를 깨고 나오는데 그 때 암수의 수가 같다.

암컷은 엎드린 채 움직이지 않으나 수컷은 두 날개를 퍼덕거리다가 암컷을 만나면 곧 교미를 하며 하루 내내, 혹은 반나절을 교미한 후 떨어진다.

서로 떨어진 뒤 수컷은 정력이 고갈하여 죽고, 암컷은 곧 알을 낳는다.

이 알을 종이나 베에 받으며, 지역에 따라 그 사용하는 것이 다르다 (嘉興이나 湖州에서는 뽕나무 껍질로 만든 두꺼운 종이를 사용하며 이듬해에 다시 쓸 수 있음).

한 마리의 나방은 약 2백여 개의 알을 낳으며, 스스로 종이에 붙게 되고, 알이 고르게 깔려 자연스럽게 퍼져 하나의 무더기로 겹치지 않는다.

양잠하는 자는 이를 갈무리해 두었다가 다음해를 기다린다.

蠶種:

凡蛹變蠶蛾, 旬日破繭而出, 雌雄均等.

雌者伏而不動, 雄者兩翅飛撲, 遇雌卽交, 交一日·半日方解.

解脫之後, 雄者中枯而死, 雌者卽時生卵.

承藉卵生者, 或紙或布, 隨方所用(嘉·湖用桑皮厚紙, 來年
尙可再用).

一蛾計生卵二百餘粒, 自然粘于紙上, 粒粒勻鋪, 天然
無一堆積.

蠶主收貯, 以待來年.

【蠶種】 누에의 알을 가리킴.
【嘉湖】 지금의 浙江 북부의 嘉興과 湖州일대. 杭州에 가까우며 蠶業이 성했던
  지역.

039(2-3)
누에목욕

누에알은 미역을 감겨야 하는데 단지 가흥嘉興과 호주湖州 두 지역에 대해서만 설명하겠다.

호주에서는 주로 천로욕天露浴과 석회욕石灰浴의 방법을 많이 쓰고, 가흥에서는 주고 염로수鹽鹵水를 사용한다.

잠종지蠶種紙한 장마다 염창鹽倉에서 흘러나오는 간수 두 되의 물을 섞어 항아리에 담고 잠종지를 수면에 띄운다(석회욕일 때도 같음).

음력 12월 12일에 목욕을 시작하여 24일까지 모두 12일 동안 두루 물기를 배도록 하여 건조 올린 다음 약한 불에 쬐어 말린다.

이로부터 조심스럽게 상자 안에 간직하되 바람이나 습기를 조급이라도 쐬지 않도록 한 채 청명淸明날 쯤에 부화할 때까지 기다린다.

천로욕으로 할 때도 기다리는 시일은 같다.

잠종지를 대나무 소반에다 담아 이를 옥상에 펼쳐놓고 네 모퉁이를 작은 돌로 눌러놓는다.

서리나 눈, 바람과 비, 우레와 번개에도 그대로 두었다가 만 열이틀이 지난 다음 이를 거두어들인다.

조심해서 보관하여 기다리는 시일은 앞서와 같다.

대체로 저질의 잠종은 목욕을 거치면 저절로 죽어 씨누에가 나오지 않으므로 뽕잎의 낭비를 막게 되고, 얻는 실도 많게 된다.

만종晩種은 미역을 감길 필요가 없다.

蠶浴:

凡蠶用浴法, 唯嘉·湖兩郡.

湖多用天露·石灰; 嘉多用鹽鹵水.

每蠶紙一張, 用鹽倉走出鹵水二升, 參水浸于盂內, 紙浮其面(石灰倣此).

逢臘月十二卽浸浴, 至二十四日, 計十二日, 周卽漉起, 用微火炡乾.

從此珍重箱匣中, 半點風濕不受, 直待清明抱産.

其天露浴者, 時日相同.

以篾盤盛紙, 攤開屋上, 四隅小石鎮壓.

任從霜雪·風雨·雷電, 滿十二日方收.

珍重·待時如前法.

盖低種經浴, 則自死不出, 不費葉故, 且得絲亦多也.

晚種不用浴.

【蠶浴】양질의 튼튼한 누에알을 얻기 위한 과정임.
【鹽鹵水】소금에서 흘러나오는 간수를 뜻함.
【淸明】二十四節氣의 하나. 양력 4월 4,5일쯤에 해당함.
【晚種】晚蠶. 早蠶보다 5,6일 늦게 부화하는 누에의 한 종류. 044를 볼 것.

040(2-4)
누에알의 금기 사항

　무릇 잠지는 대나무 네 줄기로 네모의 테를 만들어 바람이 잘 통하되 햇볕을 피하여 들보에 높이 걸어 둔다.

　그 아래에 있는 오동 기름이나 석탄의 불과 연기를 피해야 한다.

　겨울에는 눈의 반사광을 피해야 하는데 눈 반사광을 한번 쬐게 되면 누에알은 빈 껍질만 남게 된다.

　따라서 큰 눈이 내릴 때면 서둘러 거두어 들였다가 이튿날 눈이 지나간 다음에 다시 그대로 매달아 두는데 음력 섣달을 기다렸다가 갈무리한다.

　種忌：

　凡蠶紙用竹木四條爲方架, 高懸透風避日梁枋之上.

　其下忌桐油, 烟煤火氣.

　冬月忌雪映, 一映卽空.

　遇大雪下時, 卽忙收貯, 明日雪過, 依然懸掛, 直待臘月浴藏.

【空】더운 공기를 쬐면 알이 부화되어 사라져서 빈 껍질만 남게 됨.
【臘月】음력 섣달.

041(2-5)
누에 종류

누에에는 조잠早蠶과 만잠早蠶 두 종류가 있다.

만잠은 해마다 조잠보다 5~6일 앞서 부화하며(四川의 것은
이와 다르다), 고치를 짓는 것도 역시 먼저 이루어지지만 그 고치의 무게는 만종에 비해 3분의 1이나 가볍다.

만약 조잠이 고치를 지을 때라면 만잠은 이미 나방이 되어 알을 낳기 때문에 두 번 기르는 데 편리하다(만잠의 번데기는
먹을 수 없음).

무릇 세 가지 미역감기기의 방법은 모두 앞서 말한 '잠욕'의 항목을 잘 살펴야 한다.

만약 잘못하여 천로욕天露浴을 해야 할 것을 염로수에 넣어 목욕을 시키면 누에알은 모두 빈껍데기만 남아 누에가 나오지 않는다.

무릇 고치의 빛깔로는 오직 황색黃色과 백색白繭 두 가지 뿐이며, 사천四川, 섬서陝西, 산서山西, 하남河南에는 노랑 고치는 있지만 흰 고치는 없고, 가흥嘉興과 호주湖州에는 흰 고치는 있으나 노랑고치가 없다.

만약 흰고치의 숫나방이 노랑고치의 암나방과 교미하면 갈색의 고치가 태어난다.

황사黃絲를 저이豬胰로 빨면 역시 흰색으로 바꿀 수 있으나 빨더라도 끝내 아주 흰색이나 도홍색桃紅色으로 물들일 수는 없다.

種類:

凡蠶有早·晚二種.

晚種每年先早種五·六日出(川中者不同), 結繭亦在先,
其繭較輕三分之一.

若早蠶結繭時, 彼已出蛾生卵, 以便再養矣(晚蛹戒不宜食).

凡三樣浴種, 皆謹視原記.

如一錯誤, 或將天露者投鹽浴, 則盡空不出矣.

凡繭色唯黃·白二種, 川·陝·晉·豫有黃無白, 嘉·湖有
白無黃.

若將白雄配黃雌, 則其嗣變成褐繭.

黃絲以豬胰漂洗, 亦成白色, 但終不可染縹白·桃紅
二色.

【早蠶】一化性 누에. 즉 한 해에 한 번 만 孵化하는 종자.
【晚蠶】二化性 누에.
【豬胰】돼지기름으로 만든 비누.

042(2-6)
고치의 종류와 색깔

고치의 모양에도 여러 종류가 있다.

만종의 고치는 가는 허리에 호로葫蘆박과 같으며 천로욕天露浴의 고치는 끝이 뾰족하고 길어서 비자나무의 열매 모양이거나 또는 둥글고 납작하여 복숭아씨의 형태이다.

또 한 종류로는 진흙이 묻은 잎을 싫어하지 않는 누에도 있는데 이를 천잠賤蠶이라 부르며 실은 오히려 더 많이 난다.

누에의 몸 빛깔은 순백색純白色, 호반虎班 무늬가 있는 것, 순흑색純黑色, 화문花紋이 있는 것 등 몇 종류가 있으며 실을 토해내도 역시 같은 색깔이다.

현재 가난한 인가에서는 종종 숫나방을 만종 암나방과 교배를 시켜 좋은 품종을 얻기도 하는데 이는 일종의 변이變異이다.

한편 야잠野蠶이라는 것이 있는데 이는 스스로 고치를 지으며 산동山東과 기수沂水 일대에서 나며 뽕나무 늙은 것에서 자생하고 있다.

그 실로 옷감을 짜면 능히 비나 때가 묻지 않는다.

그 누에나방은 고치에서 나오면 곧 날아올라버려 잠종지에 산란시켜 누에씨를 받을 수 없다.

다른 곳에도 역시 있으나 극히 드물 뿐이다.

凡蠶形亦有數種.

晩繭結成亞腰葫蘆樣, 天露繭尖長如榧子形, 又或圓扁如核桃形.

又一種不忌泥塗葉者, 名爲賤蠶, 得絲偏多.

凡蠶形亦有純白·虎斑·純黑·花紋數種, 吐絲則同.

今寒家有將早雄配晚雌者, 幼出嘉種, 一異也.

野蠶自爲繭, 出青州沂水等地, 樹老卽自生.

其絲爲衣, 能禦雨及垢汚.

其蛾出卽能飛, 不傳種紙上.

他處亦有, 但稀少耳.

【葫蘆】葫蘆의 오기. 호로박처럼 허리가 잘록한 형태.

【虎斑】호랑이 무늬처럼 반점이 있음.

【幼出嘉種】'幼'는 '育'과 같음. 길러냄.

【野蠶】자연산 누에. '柞蠶'이라고도 하며 鱗翅目 天蠶 蛾科 柞蠶(Antheraea pernyi). 야생의 누에.

【青州沂水】青州는 옛 山東을 일컫는 말이며 구체적으로 지금의 益都縣, 沂水는 지금의 山東 沂水縣.

(3) 抱養·養忌·葉料·食忌·病症

043(2-7)
누에치기

　무릇 청명淸明을 지나 사흘이 되면 누에알은 옷이나 이불로 덮어 따듯이 해주지 않아도 저절로 애누에가 스스로 태어난다.

　잠실蠶室은 의당 동남향을 택하여 주위에는 종이에다 풀칠하여 틈을 막아 주고, 위는 천장이 없으면 천장을 만들어 씌워주어야 한다.

　기온이 내려가면 방 안에 숯불을 피워 따뜻하게 해 주어야 한다.

　무릇 처음 태어난 어린 누에는 잎을 잘게 썰어주어야 하며 잎을 썰 때는 묶지 않은 볏짚이나 보릿짚 다발을 도마 대신 쓰면 칼날이 상하지 않는다.

　뽕잎을 따서는 독에다 넣어 잎이 바람으로 인해 수분이 사라져 말라 버리는 경우가 없도록 해 주어야 한다.

　抱養:

　凡淸明逝三日, 蠶蚵卽不偎衣·衾煖氣, 自然生出.

　蠶室宜向東南, 周圍用紙糊風隙, 上無棚板者宜頂格.

　値寒冷則用炭火于室內助煖.

　凡初幼蠶, 將桑葉切爲細條, 切葉不束稻麥藁爲之, 則不損刀.

　摘葉用甕壜盛, 不欲風吹枯悴.

【蠶蚵】갓 태어난 어린누에. 蟻蠶이라고도 함.
【甕壜】옹기나 단지. 그 안에 보관하여 수분 증발을 방지함.

044(2-8)
섶의 청소

두 잠 이전에 채반 섶을 청소하는 방법은 뾰족하고 둥근 작은 대젓가락으로 누에를 집어내고 한다.

두 잠 이후에는 젓가락을 사용하지 않고 손가락으로 집어도 된다.

청소를 얼마나 부지런히 해주는가는 모두가 사람의 노력에 달려 있다.

청소를 게을리하면 먹다 남은 두꺼운 잎과 누에똥의 습기와 증발에 누에가 짓눌려 죽기도 한다.

무릇 누에가 일제히 잠을 자는 습성이 있으며 모두 실을 토한 후에 잠든다.

만약 이 때에 누에채반을 바꾸고자 한다면 모름지기 남은 잎의 일부까지 모두 깨끗이 없애야 한다. 실이 붙어 얽혀 있는 잎을 깨끗이 없애도록 한다.

만약 실이 붙어 얽혀 있는 잎이 있으면 누에가 자다가 깨어나 한 입으로 먹어치우면 몸이 팽창하여 죽을 수도 있다.

석 잠이 지나고 났을 때 만약 날씨가 더워지면 서둘러 선선한 곳으로 옮겨 주되 역시 바람 부는 곳을 피해야 한다.

무릇 누에는 크게 잠을 잔 이후에 12차례 잎을 준 다음에 누에 채반을 바꾸고 청소하여야 하며 너무 자주 하면 실이 거칠어진다.

二眠以前, 膽筐方法皆用尖圓小竹快提過.

二眠以後則不用筯, 而手指可拈矣.

凡謄筐勤苦, 皆視人工.

怠于謄者, 厚葉與糞濕蒸, 多致壓死.

凡眠齊時, 皆吐絲而後眠.

若謄過, 須將舊葉些微揀淨.

若粘帶絲纏葉在中, 眠起之時, 恐其卽食一口則其病爲脹死.

三眠已過, 若天氣炎熱, 急宜搬出寬凉所, 亦忌風吹.

凡大眠後, 計上葉十二飡方謄, 太勤則絲糙.

【謄筐】 '謄'은 '騰'의 오기. 누에를 기르는 섶(채반, 蠶箔)을 털어내어 청소를 해 줌을 뜻함.
【竹快】 '快'는 '筷'와 같음. 대젓가락.
【大眠】 큰잠. 한잠. 네 번째 탈피하기 전의 잠을 말. 즉 사면잠(四眠蠶).

045(2-9)
피해야 할 사항

무릇 누에는 향기를 두려워하고 악취惡臭를 싫어한다.

만약 골탄骨炭을 태우든가 변소를 치울 때 냄새가 바람을 타고 날아오면 많은 누에가 그 냄새를 맡고 죽게 된다.

벽을 사이에 두고 절인 생선이나 묵은 굳기름을 지지는 냄새에도 역시 혹 죽을 수 있다.

부엌에서 석탄을 때거나 화로에서 침향沈香이나 단향목檀香木을 태워도 역시 그 냄새가 닿으면 역시 죽게 된다.

조심성이 없는 아녀자들이 변기를 흔들어 냄새를 풍기면 역시 누에에게 손상이 간다.

만약 바람이 불 때라면 서남풍을 극히 싫어한다. 서남풍이 세게 불 때면 때로는 누에채반에 있던 누에가 다 죽는 수도 있다.

무릇 이러한 냄새가 날아오면 서둘러 남아 있는 뽕잎을 태워 그 연기로 냄새를 막아야 한다.

養忌:

凡蠶畏香復畏臭.

若焚骨灰·淘毛圓者順風吹來, 多致觸死.

隔壁煎飽魚·宿脂亦或觸死.

竈燒煤炭, 爐蒸沉·檀亦觸死.
懶婦便器搖動氣侵, 亦有損傷.
若風則偏忌西南, 西南風太勁, 則有合箔皆殭者.
凡臭氣觸來, 急燒殘桑葉烟以抵之.

【毛圊】 화장실, 변소, 厕所를 뜻함.
【鮑魚】 소금에 절여 말린 생선.
【沉檀】 沉香(沈香)과 檀香. 침향은 침향나무의 진을 말려 향료로 쓰는 것이며
 단향은 자단과 백단 등 향나무를 가리킴.
【西南風】 중국 남부의 서남풍은 습도가 높아 누에의 성장에 손상을 줌.

046(2-10)
뽕잎

무릇 뽕나무는 자랄 수 없는 땅이 없다.

가흥嘉興이나 호주湖州에서는 가지를 내려 눌러 심는 휘묻이 방법이 있으며, 올해 자란 뽕나무의 옆가지를 대나무 갈고리를 이용하여 땅바닥에 눕히며 차츰 끌어내려 지면에 가까이 하도록 한 다음, 동짓달에 이를 흙으로 덮어 눌러 둔다.

그러면 다음해 봄에 마디마다 뿌리가 생기고 나면 이를 잘라 다른 곳에 옮겨 심는다.

이렇게 자란 나무는 양분이 다 잎에 모여 있어서 더 이상 오디가 맺히거나 꽃이 피지 않는다.

잎을 따기 쉽도록 하기 위해 나무가 7~8척쯤 자랐을 때 꼭지의 잎을 잘라주면 잎은 무성하여 가히 그대로 잘라 쓸 수 있으며 사다리를 놓거나 나무를 타고 오를 필요가 없다.

그밖에 씨를 심는 방법으로 입하立夏 때 자색紫色으로 잘 익은 오디를 따서 황니수黃泥水로 비벼 씻고, 물과 함께 땅에다 뿌리면 그해 가을에는 한 자 남짓 자라게 되며 이듬해 봄에 옮겨 심으면 된다.

만약 물주기와 거름주기를 부지런히 하면 역시 잘 자란다.

다만 그 가운데 꽃이 피고 오디를 맺는 것이 있으면 그러한 나무의 잎은 얇고 양도 적게 된다.

또 화상花桑이라는 것이 있는데, 잎이 너무 얇아 쓸모가 없으나 그 나무를 접붙이면 역시 두꺼운 잎이 나게 된다.

葉料:

凡桑葉無土不生.

嘉·湖用枝條垂壓, 今年視桑樹傍生條, 用竹鉤掛臥, 逐漸近地面, 至冬月則抛土壓之.

來春每節生根, 則剪開他栽.

其樹精華皆聚葉上, 不復生葚與開花矣.

欲葉便剪摘, 則樹至七·八尺即斬截當頂, 葉則婆娑可扳伐, 不必乘梯緣木也.

其他用子種者, 立夏桑葚紫熟時取來, 用黃泥水搓洗, 併水澆于地面, 本秋即長尺餘, 來春移栽.

倘灌糞勤勞, 亦易長茂.

但間有生葚與開花者, 則葉最薄少耳.

又有花桑, 葉薄不堪用者, 其樹接過, 亦生厚葉也.

【枝條垂壓】휘묻이 방법으로 묘목을 생산함을 말함.
【桑葚】桑椹. 뽕나무 열매인 오디.
【婆娑】잎이 무성하여 함께 모여 있는 상태를 뜻하는 疊韻連綿語.

047(2-11)
자엽柘葉

또한 꾸지뽕나뭇잎에는 세 종류가 있는데 뽕잎이 궁할 때 우선 급한 대로 쓸 수 있다.

꾸지뽕나뭇잎은 절강浙江에서는 그리 잘 볼 수 없으나 사천四川에는 아주 많다.

그곳의 빈한한 농가에서는 절강의 알을 가져다 누에를 치며, 뽕잎이 부족하면 꾸지뽕나뭇잎을 먹이니 이 또한 사물의 이치 중 하나라 할 수 있다.

무릇 거문고의 줄이나 활의 시위에 쓰는 실은 꾸지뽕나뭇잎으로 기른 누에실을 써야 하며 이를 극견棘繭이라 하며 가장 견고하고 질기다고 말한다.

대체로 잎을 딸 때는 반드시 가위를 사용하는데, 쇠가위 가운데 가흥嘉興의 동향현桐鄉縣에서 만든 것이 가장 단단하고 예리하며 다른 곳에서 만든 것은 그만큼 잘 들지 않는다.

뽕나무를 전지剪枝한 다음 다시 난 가지는 그 다음 달이 되면 잎이 더욱 무성하여 가장 좋고 양도 많으며, 사람의 노동력을 줄이는 데에도 가장 도움이 된다.

무릇 재생한 잎가지는 음력 5월에 만잠晚蠶을 기르는데 쓸 경우 잎만 따고 가지를 치지 않아야 한다.

두 번째 잎을 딴 후 가을이 되면 세 번째 잎이 다시 무성해진다. 절강浙江 사람들은 잎이 서리를 맞아 저절로 떨어지면 이를 낱낱이 쓸어 모았다가 면양綿羊의 사료로 쓰며, 이렇게 기른 양에서 많은 털을 얻을 수 있다.

又有柘葉三種, 以濟桑葉之窮.

柘葉浙中不經見, 川中最多.

寒家用浙種, 桑葉窮時仍啖柘葉, 則物理一也.

凡琴弦·弓弦絲, 用柘養蠶名曰棘繭, 謂最堅韌.

凡取葉必用剪, 鐵剪出嘉郡桐鄉者最犀利, 他鄉未得其利.

剪枝之法, 再生條次月葉愈茂, 取資旣多, 人工復便.

凡再生葉條, 仲夏以養晚蠶, 則止摘葉而不剪條.

二葉摘後, 秋來三葉復茂, 浙人聽其經霜自落, 片片掃拾以飼綿羊, 大獲絨毺之利.

【柘】 산뽕나무. 우리는 흔히 꾸지뽕나무라 하며 중국에서는 黃桑이라고도 함. 桑科 柘樹(Cudranie tricuspidata). 역시 누에를 칠 수 있음.

【三種】 이는 一種의 오류로 보임.

048(2-12)
피해야 할 뽕잎

무릇 누에는 한잠 이후에는 바로 젖은 잎을 먹을 수 있다.

비가 올 때 딴 잎도 그대로 바닥에 깔아서 먹이면 된다.

맑은 날에 딴 잎은 물로 적셔서 먹이면 나중에 명주실에 광택이 난다.

한잠 전에는 비가 올 때 딴 잎은 통풍이 잘되는 처마 밑에 매달아 때때로 줄을 흔들어서 바람을 쐬어 말린다.

만약 손바닥으로 살짝 비벼서 말리면 잎이 말라도 윤기가 사라지게 되어 나중에 그 고치에서 나온 실도 역시 마른 색깔이 난다.

무릇 누에에게 잎을 먹일 때는 누에가 자기 전에 실컷 먹여서 재우도록 하고, 잠에서 깨어나면 반나절 늦게 먹여도 괜찮다.

안개에 젖은 잎은 누에에게 심한 손상을 입히므로 그 새벽에 안개가 낀 날에는 절대로 잎을 따서는 안 된다.

안개가 걷히기를 기다렸다가 날씨가 맑거나 비가 올 때 가위로 잎을 따야 한다.

잎에 이슬방울이 맺혀 있을 때도 역시 해가 떠서 마르고 난 다음에 가위로 따도록 한다.

食忌:

凡蠶大眠以後, 徑食濕葉.

雨天摘來者, 任從鋪地加飧.

晴天摘來者, 以水洒濕而飼之, 則絲有光澤.

未大眠時, 雨天摘葉用繩懸掛透風簷下, 時振其繩,
待風吹乾.

若用手掌拍乾, 則葉焦而不滋潤, 他時絲亦枯色.

凡食葉, 眠前必令飽足而眠, 眠起卽遲半日上葉無妨也.

霧天濕葉甚壞蠶, 其晨有霧切勿摘葉.

待霧收時, 或晴或雨, 方剪伐也.

路珠水亦待旴乾而後剪摘.

【遲半日】누에가 바로 깨어났을 때는 턱이 단단치 않아 반나절 정도 지난 다음
주어야 함.

049(2-13)
누에의 병

무릇 누에알이 병에 걸리는 문제는 이미 앞서 자세히 설명하였다.

알이 부화한 후 습기나 열기로 짓눌리는 것을 방지하는 일은 오로지 사람 힘에 달려 있다.

첫잠 전에 청소를 하고자 할 때는 옻칠한 소반을 쓰되 수분이 증발하지 못할 염려가 있으므로 뚜껑을 덮는 일은 없어야 한다.

무릇 누에가 병이 들면 머리 부분에서 빛이 나고 온몸이 노란색이 되며 머리는 점점 커지고 꼬리는 점점 작아진다.

아울러 잠을 잘 때도 이리저리 움직여 다니며 잠을 자지 못하고, 잎을 먹는 것도 양이 적어지는 경우가 있으니 이는 모두가 병이 들었기 때문이다.

이런 경우, 서둘러 이들을 골라내어 제거하여 다른 무리에게 병이 옮겨 가지 않도록 해 주어야 한다.

무릇 건강하고 아름다운 모습의 누에는 반드시 뽕잎 위에서 자며, 그 아래 눌려 있거나 혹 힘이 약한 것, 혹 게을러 아무렇게나 자세를 취하고 자는 것은 나중에 고치를 지어도 역시 얇게 된다.

누에가 고치를 짓더라도 짓는 방법을 모른 채 마구 실을 토해내어 넓은 둥지 모양을 만드는 경우라면 이런 누에는 준잠䖸虫이며 게으른 누에는 아니다.

病症:

凡蠶卵中受病, 已詳前款.

出後濕熱·積壓, 防忌在人.

初眠膌時用漆合者, 不可盖掩逼出氣水.

凡蠶將病, 則腦上放光, 通身黃色, 頭漸大而尾漸少.

倂及眠之時, 遊走不眠, 食葉又不多者, 皆病作也.

急擇而去之, 勿使敗群.

凡蠶強美者必眠葉面, 壓在下者或力弱或性惰, 作繭亦薄.

其作繭不知收法, 妄吐絲成濶窩者, 乃蠢蠶, 非懶蠶也.

【收法】 누에가 실을 토해내어 정상적인 고치를 짓는 본성.
【濶窩】 고치의 모양을 갖추지 못한 채 넓은 窩室 모양을 만듦.
【蠢蠶】 정상적이지 않은 누에.

(4) 老足·結繭·取繭·物害·擇繭

050(2-14)

숙잠熟蠶

숙잠熟蠶

누에가 뽕잎을 충분히 먹고 성숙해지면 고치를 지을 시각을 다투게 된다.

알에서 유충으로 부화되는 시각은 아침 7시에서 11시 사이가 대부분이며, 숙잠이 고치를 짓는 것도 역시 아침 7시부터 낮 11시 사이가 대부분이다.

숙잠이 되면 목 부분 아래 양쪽 턱이 투명해진다.

숙잠을 골라내어 섶에 올릴 때 누에가 조금이라도 덜 성숙하면 실이 적게 나오고, 지나치게 성숙하면 실을 토해내어 고치를 짓더라도 틀림없이 고치의 껍질이 얇아진다.

집어내는 자가 눈에 익어 숙련되어서 한 마리라도 틀리지 않도록 해야 한다.

검은 누에는 몸 속의 투명한 색깔을 볼 수 없어서 골라내기 가장 어렵다.

老足:

凡蠶食葉足候, 只爭時刻.

自卵出蚍多在辰·巳二時, 故老足結繭亦多辰·巳二時.

老足者喉下兩嗓通明.

捉時嫩一分則絲少, 過老一分又吐去絲, 繭殼必薄.
捉者眼法高, 一隻不差方妙.
黑色蠶不見身中透光, 最難捉.

【老足】 충분히 먹고 자라 고치를 지을 수 있는 단계에 이른 누에를 뜻함.
【辰巳】 하루 중 辰時는 아침 7시부터 9시 사이이며, 巳時는 9시부터 11시 사이를
 가리킴.

051(2-15)
고치짓기

고치를 짓기에 필요한 산박山箔은 그림을 보라.

무릇 고치를 짓는 데는 반드시 가흥嘉興이나 호주湖州에서 하는 방법이 가장 좋다.

다른 지방에서는 불로 따뜻하게 해주는 방법을 알지 못하여 누에가 고치 지을 곳을 찾고 있는데도 그대로 두는 경우가 있다.

심지어는 짚이나 상자 속에 고치를 짓고 있는 데도 따뜻하게 해주지도 않고 통풍도 제대로 해주지 않는다.

이 때문에 이런 실로 짠 둔계屯溪나 장주漳州 등지의 비단이나 하남河南, 사천四川 등지의 명주는 모두가 쉽게 썩는다.

가흥이나 호주에서 생산되는 실로 옷을 지으면 물로 백여 차례나 빨래를 하더라도 그 본바탕이 그대로 유지된다.

그 방법은 대나무를 쪼개어 누에채반을 엮은 다음, 그 밑에 가로로 높이 6자의 시렁을 만들어 세우고, 땅바닥에는 숯불을 줄지어 두되(불똥이 튀는 숯은 쓰지 않아야 함), 방원方圓 4~5척의 간격으로 하나씩 화로를 둔다.(그림14)

처음 산 모양의 섶에 누에가 붙으면 불을 약하게 하여 누에가 실을 토하도록 유도하며, 이때에 누에는 따뜻한 기운을 좋아하여 곧 고치를 짓고 더 이상 움직이지 않게 된다.

結繭, 山箔具圖.

凡結繭必如嘉·湖, 方盡其法.

他國不知用火烘, 聽蠶結出.

甚至叢稈之內·箱匣之中, 火不經, 風不透.

故所爲屯·漳等絹, 豫·蜀等紬, 皆易朽爛.

若嘉·湖産絲成衣, 卽入水浣濯百餘度, 其質尚存.

其法析竹編箔, 其下橫架料木約六尺高, 地下擺列炭火 (炭忌爆炸), 方圓去四·五尺卽列火一盆.

初上山時, 火分兩略輕少, 引他成緖, 蠶戀火意, 卽時造繭, 不復緣走.

【山箔】산 모양으로 약간 융기되게 채반(섶, 蠶盤)을 만들어 사용함.
【上山】熟蠶이 올라가 고치를 짓도록 함. 上簇과 같음.

〈그림14〉 산박(山箔)

052(2-16)

잠박蠶箔

이윽고 고치 모양이 만들어지면 곧 매 화로마다 숯 반 근을 더하여 온도를 높여 주면 실을 토할 때마다 곧바로 말라서 오래 두더라도 실이 손상되지 않는다.

고치를 치는 방에는 천장을 덮지 않아야 아래에는 불의 온기가 있고 위에는 서늘한 바람을 쐴 수가 있다.

무릇 화로 바로 위에 있는 고치는 씨로 쓸 수 없으므로, 씨로 쓸 고치는 불에서 멀리 떨어진 것으로 해야 한다.

잠박 위 융기된 곳에는 보릿짚이나 볏짚으로 잘라 나란히 하여 손으로 잘 꼬아 산의 모양을 만들어 이를 잠박 위에 꽂아 세워놓는다.

이 모양을 만드는 사람은 손재주가 아주 좋아야 한다.

잠박에 쓴 대나무가 성길 때는 그 위에다 짚을 짧게 하여 깔아 주어 누에가 땅바닥이나 화로에 떨어지지 않도록 막아 주어야 한다.

繭緖旣成, 卽每盆加火半斤, 吐出絲來隨卽乾燥, 所以經久不壞也.

其繭室不宜樓板遮盖, 下欲火而上欲風凉也.

凡火頂上者, 不以爲種, 取種寧用火偏者.

其箔上山用麥稻藁斬齊, 隨手糾捩成山, 頓插箔上.

做山之人最宜手健.

箔竹稀疏用短藁畧鋪洒, 妨蠶跌墜地下與火中也.

053(2-17)
고치따기

무릇 누에가 고치를 짓고 나서 사흘이 되면 잠반을 내려 고치를 따야 한다.

고치 껍데기에 겉으로 붙어 떠 있는 실을 사광絲匡이라 하며 호주 일대에서는 늙은 아낙네는 이를 싼값에 사서(한 근에 百文), 동전을 매달아 실을 뽑아서 호주의 명주를 짜기도 한다.

떠도는 실을 제거한 다음, 그 고치는 반드시 큰 광주리에 담아 시렁 위에 펼쳐 놓고, 나중에 실을 뽑는 일과 풀솜을 만들 수 있도록 해 둔다.

만약 고치를 부엌의 궤나 상자에 넣고 덮어두면 습기와 답답한 기운 때문에 실이 얽히거나 실마리가 끊어질 수 있다.

取繭:

凡繭造三日, 則下箔而取之.

其殼外浮絲一名絲匡者, 湖郡老婦賤價買去(每斤百文), 用銅錢墜打成線, 織成湖紬.

去浮之後, 其繭必用大盤攤開架上, 以聽治絲·擴綿.

若用廚箱掩盖, 則洇鬱而絲緖斷絶矣.

【絲匡】'蠶衣'라고도 하며, 고치 밖에 가늘게 떠돌 듯이 붙어 있는 실들.

054(2-18)
방제법

고치에 해를 끼치는 것들.

누에에 해를 끼치는 것으로는 참새, 쥐, 모기 등 세 종류가 있다.

참새의 해는 고치에게는 미치지 않으며, 모기의 해는 조잠早蠶에게는 미치지 않으나 쥐는 어느 누에를 기르든 처음부터 끝까지 해를 끼친다.

이들을 방지하고 몰아내는 지혜는 한 가지만이 아니지만 오직 사람이 하기에 달려 있다(참새 똥이 묻은 잎을 누에가 먹으면 즉시 죽어 썩음).

物害:

凡害蠶者有雀·鼠·蚊三種.

雀害不及繭, 蚊害不及早蠶, 鼠害則與之相終始.

防驅之智, 是不一法, 唯人所行也(雀屎粘葉, 蠶食之立刻死爛).

055(2-19)
고치 고르기

무릇 실을 뽑을 때는 반드시 모양이 둥글고 바른 독잠견獨蠶繭을 골라 쓰면 실마리가 흐트러지지 않는다.

만약 쌍견雙繭이나 4~5마리의 누에가 함께 지은 고치는 골라내어 이는 풀솜으로 써야 한다.

혹 이러한 고치로 실을 뽑으면 실이 아주 거칠어진다.

擇繭:

凡取絲必用圓正獨蠶繭, 則緖不亂.

若雙繭倂四·五蠶共爲繭, 擇去取綿用.

或以爲絲, 則粗甚.

【獨蠶繭】누에 한 마리가 지은 하나씩의 고치.
【雙繭】두 마리가 함께 들어 있는 고치.

(5) 造綿

056(2-20)
풀솜 만들기

무릇 쌍견雙繭이나 함께 엮어 실을 자아내고 솥 밑에 남은 잔여 실 부스러기나, 또는 나방이 나와 껍질만 남은 독견 등은 모두가 실마리가 끊어지거나 얽혀 실을 켤 수가 없으므로 이는 풀솜을 만든다.

볏짚을 태운 잿물에 삶은 후(石灰는 쓸 수 없음) 맑은 물이 들어 있는 동이에 넣고, 미리 엄지손톱을 깨끗이 깎은 다음, 두 엄지로 네 개의 고치 꼭지를 열어 펼친다.

이 고치를 네 손가락을 모은 데다 하나씩 네 개를 겹쳐 끼워 주먹을 이용하여 그 꼭대기를 열어 다시 네 개씩 16개를 하나의 실로 만든 연후에 작은 대나무 활에 걸친다.

《장자莊子》에 말한 '병벽광洴澼絖'이다.

凡雙繭幷繅絲鍋底零餘, 倂出種繭殼, 皆緖斷亂不可爲絲, 用以取綿.

用稻灰水煮過(不宜石灰), 傾入淸盆內, 手大指去甲淨盡, 指頭頂開四箇.

四四數足, 用拳頂開又四四十六拳數, 然後上小竹弓.

此《莊子》所謂「洴澼絖」也.

【綿】 풀솜을 뜻함. 실을 켤 수 없는 허드레 고치나 켜고 남은 부스러기를 솜처럼 풀어 만든 것.

【洴澼絖】《莊子》逍遙遊篇에 "惠子謂莊子曰:「魏王貽我大瓠之種, 我樹之成而實五石, 以盛水漿, 其堅不能自擧也; 剖之以爲瓢, 則瓠落無所容. 非不呺然大也, 吾爲其無用而掊之.」莊子曰:「夫子固拙於用大矣. 宋人有善爲不龜手之藥者, 世世以洴澼絖爲事. 客聞之, 請買其方以百金. 聚族而謀曰:『我世世爲洴澼絖, 不過數金; 今一朝而鬻技百金, 請與之』客得之, 以說吳王. 越有難, 吳王使之將, 冬與越人水戰, 大敗越人, 裂地而封之. 能不龜手, 一也; 或以封, 或不免於洴澼絖, 則所用之異也. 今子有五石之瓠, 何不慮以爲大樽而浮乎江湖, 而憂其瓠落無所用? 則夫子猶蓬之心也夫!」라 한 고사를 가리킴.

057(2-21)
화면花綿

　호주湖州의 솜이 유독 특히 희고 깨끗하게 되는 것은 그 수법이 기묘하기 때문이다.

　활에 얹을 때는 아주 민첩해야 하며, 물기를 그대로 띤 채로 펼친다.

　만약 조금이라도 느리면 물이 빠져나가 풀솜은 맺히고 덩어리로 되어 풀어낼 수 없게 되며 색깔도 순백색이 되지 않는다.

　실을 뽑고 남은 고치로 만든 솜을 과저면鍋底綿이라 하며, 이런 솜을 옷이나 이불에 넣어 심한 추위를 막는데 이를 일러 협광挾纊이라 한다.

　무릇 풀솜을 만드는 데는 사람의 공력이 들어 실잣기에 비해 8배나 들 정도로 어려워, 종일 하더라도 단지 4냥 남짓밖에 얻지 못한다.

　이러한 솜으로 지은 실로 짠 호주湖紬는 값이 자못 비싸다.

　이 솜으로 실을 내어 화기花機에 얹어 짠 것을 화면花綿이라 하며 값이 더 비싸다.

湖綿獨白淨清化者, 總緣手法之妙.

上弓之時惟取快捷, 帶水擴開.

若稍緩水流去, 則結塊不盡解, 而色不純白矣.

其治絲餘者名鍋底綿, 裝綿衣·衾內以禦重寒, 謂之挾纊.

凡取綿人工, 難于取絲八倍, 竟日只得四兩餘.

用此綿墜打線織湖紬者, 價頗重.

以綿線登花機者名曰花綿, 價尤重.

【挾纊】솜옷이나 이불에 솜 대신 이것을 넣은 것. 비단 이불솜이나 옷을 가리킴.

(6) 실뽑기: 治絲, 繰車

058(2-22)
실잣기

무릇 실을 자아내려면 먼저 사차絲車를 만들어야 한다.

그 척촌의 크기와 갖추어야 할 구성들은 그림에 실었다.(그림15)

솥에 물을 펄펄 끓여 고치를 넣어 삶되, 실의 굵고 가늘기를 잘 살피면서 그에 맞게 고치의 양을 조절하면서 넣는다.

하루 종일 일하면 한 사람이 30냥의 실을 얻을 수 있으나, 만약 그 실이 두건을 짜는 포두사包頭絲일 경우라면 단지 20냥에 불과한데 그 실은 가늘고 길기 때문이다.

무릇 능라사綾羅絲는 한 번에 고치 20개를 넣지만 포두사일 경우에는 단지 10여 개만을 넣어 삶아야 한다.

고치를 삶아 끓어오르기 시작할 때 가는 대나무 막대로 수면을 휘저으면 실마리가 저절로 드러난다.

이 실마리를 손으로 집어 죽침안竹針眼을 통과시키되, 먼저 성정두星丁頭,
(대막대로 만들며 졸筒 모양임)에 감으며, 그런 연후에 송사간送絲竿의 고리에 걸고, 다시 대관차大關車에 올린다.

凡治絲, 先製絲車.

其尺寸·器具開載後圖.

鍋煎極沸湯, 絲粗細視投繭多寡.

窮日之力, 一人可取三十兩.

若包頭絲, 則只取二十兩, 以其苗長也.

凡綾羅絲, 一起投繭二十枚, 包頭絲只投十餘枚.

凡繭滾沸時, 以竹簽撥動水面, 絲緒自見.

提緒入手, 引入竹針眼, 先繞星丁頭(以竹棍做成, 如香筒樣),
然後由送絲竿勾掛, 以登大關車.

【絲車】마땅히 소차(繅車)여야 함. 제목이 繅車로 되어 있음. 비단 실을 잣는 기구.
【包頭絲】두건의 천을 만들 때 사용하는 비단실.
【苗長】새싹처럼 가늘고 긴 상태.
【竹針眼】集緒眼. 여러 고치의 실마리를 모으는 장치.
【星丁頭】실이 지나가도록 구르는 대롱.
【送絲竿】移絲竿. 실이 옮겨 고르게 감기도록 하는 큰 얼레의 분할 장치.

〈그림15〉 소차(繅車)로 실잣기

059(2-23)
끊어진 실 잇기

실이 끊어졌을 경우, 실마리를 찾아 던져 올리면 실이 꼬여 이어지므로 다시 이를 이을 필요가 없다.

실이 고르게 감기고 한쪽으로 쏠려 뭉쳐지지 않는 것은 모두가 송사간送絲竿과 마돈목磨□木 때문이다.

그러나 사천四川에서 쓰는 사차는 그 형식이 약간 차이가 있어 그것은 횡목을 솥 위에 설치하고 네다섯 가닥의 실마리를 끌어올려 두 사람이 마주하고 솥 속의 실마리를 찾아서 작업을 하는데 그럼에도 호주에서 하는 것만큼 훌륭하지는 못하다.

무릇 실 뽑는 데 쓰는 땔감은 잘 말린 것으로서 연기가 나지 않아야, 실의 아름다운 광택에 손상이 가지 않는다.

실의 질을 아름답게 하는 방법에는 다음 여섯 글자로 나타낼 수 있으니, 첫째는 출구건出口乾, 즉 누에가 고치를 지을 때 숯불로 쬐어 말리는 것이다.

다음으로 출수건出水乾, 즉 실을 뽑아 관차關車에 올릴 때 숯 4~5냥을 화로에 담아 불을 피우되 사차에서 5치쯤 떨어진 곳에 두는 것이다.

이렇게 하면 사차가 바람처럼 돌 때 빙글빙글 돌면서 불기운이 비쳐 가볍게 말려주는 것으로 이를 일러 출수건이라 한다(날씨가 맑고 바람이 불 때는 불을 사용하지 않음).

斷絶之時, 尋緖丟上, 不必繞接.

其絲排勻·不堆積者, 全在送絲干與磨□之上.

川蜀絲車制稍異, 其法架橫鍋上, 引四·五緒而上, 兩人對尋鍋中緒, 然終不若湖制之盡善也.

凡供治絲薪, 取極燥無烟濕者, 則寶色不損.

絲美之法有六字, 一曰出口乾, 卽結繭時用炭火烘.

一曰出水乾, 則治絲登車時, 用炭火四·五兩盆盛, 去車關五寸許.

運轉如風時, 轉轉火意照乾, 是曰出水乾也(若晴光又風色, 則不用火).

【磨□】□글자는 형체 그대로 실을 매달아 돌리는 기구로 𠂤의 글자를 잘못 이해하여 '不', 혹은 '木'자로 썼으나 이는 '敦'으로 표기해야 맞음. 이는 送絲竿(移絲竿)으로 하여금 움직이도록 발로 밟는 막대기 자루에 해당함.
【關車】본문에는 '車關'으로 되어 있으나 이는 오류임. 大關車를 가리킴.

(7) 調絲·緯絡·經具·過糊

060(2-24)
실감기

무릇 실로 직조하려면 가장 먼저 실 감는 일부터 해야 한다.

햇볕이 잘 드는 처마 끝이 있는 방 안에서 나무로 짠 틀을 땅에다 깔고, 대나무 네 개를 그 위에다 바로 세워야 하는데 이를 낙독絡篤이라 한다.(그림16)

실을 낙독에 걸고, 그 곁에 기둥을 세우고 기둥 8척 되는 곳에 비스듬히 가는 대막대를 못을 박아 고정시키되, 대나무 막대 끝에는 반달 모양의 고리를 단다.

실을 이 고리에다 걸치고 손으로 얼레를 잡고 돌려서 날실이나 씨실을 감아 짤 준비를 한다.

작은 대나무 막대에 작은 돌을 매달아 활두活頭 역할을 하게 하고 실이 끊어졌을 때 이를 잡아당기면 곧 아래로 내려올 수 있도록 장치해둔다.

調絲:

凡絲議織時, 最先用調.

透光簷端宇下以木架鋪地, 植竹四根于上, 名曰絡篤.

絲匡竹上, 其傍倚柱高八尺處, 釘具斜安小竹偃月掛鈎.

懸搭絲于鈎內, 手中執籰旋纏, 以俟牽經·織緯之用.

小竹墜石爲活頭, 接斷之時, 扳之卽下.

【絡篤】 江蘇, 浙江 등지에서는 '絲駝'라 하며, 廣東 지역에서는 '絲捕'라 칭함.

【活頭】 비스듬히 세운 대나무 막대를 아래로 끌어내리기 위해 마련해 둔 것.

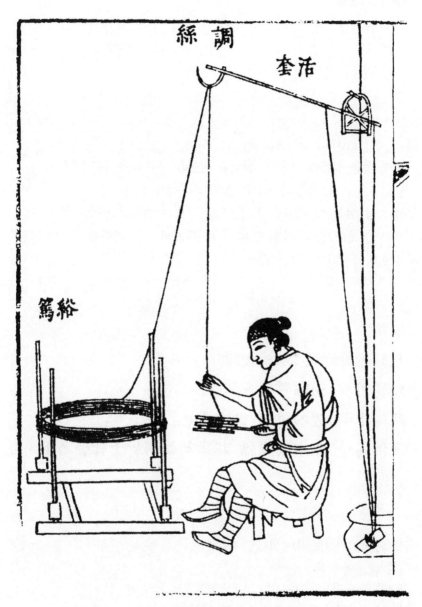

〈그림16〉 실타래에 실감기

061(2-25)
씨실

무릇 실을 얼레에 감은 후 날실과 씨실을 구분하여 준비한다.

날실은 적게 준비하고, 씨실은 많이 준비해야 한다.

실 10냥마다 날실은 4냥, 씨실은 6냥 정도가 대체적인 비율이다.

무릇 얼레에 감을 실을 물에 적셔 물레바퀴로 가락을 돌려 대나무 대롱에다 감는다.(^{대나무는 小箭}_{竹을 사용함})(그림17)

緯絡:

凡絲旣蠶之後, 以就經緯.

經質用少, 而緯質用多.

每絲十兩, 經四緯六, 此大畧也.

凡供爲蠶, 以水沃濕絲, 搖車轉鋌而紡于竹管之上(竹用

小箭竹).

【緯絡】 卷緯라고도 하며 씨실을 준비함.

【鋌】 '錠'이어야 함.

【濕絲】 물에 적시면 질겨지고 직조했을 경우 고르게 됨.

【箭竹】 대나무의 일종으로 禾本科 苦竹屬(Phyllostachys bambusoides).

緯紡

〈그림17〉 방위(紡緯: 씨실잣기)

062(2-26)
날실용 도구

경구經具, 유안溜眼, 장선掌扇, 경파經耙, 인가印架(모두 그림을 볼 것).

무릇 이미 실을 얼레에 감고 나서는 날실로 매고 짤 준비를 한다.

곧은 대나무 장대에 30여 개의 구멍을 뚫고, 대고리를 끼우며 이를 유안溜眼이라 한다.

이 장대를 기둥 위에 가로로 설치하고 실을 고리를 지나 다시 장선掌扇을 통과시킨 연후에 경파經耙에 붙들어 맨다.

길이를 넉넉히 하여 인가印架에다 묶어 잘 감는다.

감은 다음에는 중간의 교죽交竹 두 개를 하나씩 아래위로 실 사이에 놓은 다음, 이를 바디에다 꽂아 넣는다(이 바디는 織機의 바디가 아님).(그림18)

바디에 꽂아 넣어 그곳을 지나게 한 다음 적강的杠을 인가印架와 서로 마주 보게 하여, 둘 사이가 5~7장丈 정도 간격이 있도록 한다.

혹 풀 먹일 때는 이렇게 해 놓은 채로 먹이며, 혹 풀 먹이지 않을 때에는 곧바로 적강에 감아 잉앗대에 실을 통과시켜 짜도록 한다.

經具, 溜眼, 掌扇, 經耙, 印架(皆有圖).

凡絲旣䋠之後, 牽經就織.

以直竹竿穿眼三十餘, 透過篾圈, 名曰溜眼.

竿橫架柱上, 絲從圈透過掌扇, 然後纏繞經耙之上.

度數旣足, 將印架綑卷.

旣絪, 中以交竹二度, 一上一下間絲, 然後扱于篾內(此篾非織篾).

扱篾之後, 以的杠與印架相望, 登開五·七丈.

或過糊者, 就此過糊, 或不過糊, 就此卷于的杠, 穿綜就織.

【的杠】 직기에서 날줄을 말아주는 經軸.
【綜】 직기에서 날줄을 상하로 교차시켜 그 사이에 씨줄이 들어갈 수 있도록 하는 부품.

〈그림18〉 견경(牽經: 날줄잣기)

063(2-27)
풀먹이기

무릇 풀은 밀기울에서 얻은 고운 가루를 원료로 쓴다.

사絲와 나羅는 반드시 풀을 먹여야 하지만 능綾이나 주紬는 풀을 먹일 수도 있고 그렇지 않을 수도 있다.

사를 염색할 때는 바탕에 풀기가 제대로 먹히지 않으면 쇠가죽의 아교로 풀을 먹여야 하며 이를 청교사淸膠紗라 한다.

풀을 바디에다 묻혀 실이 오가는 동안 풀이 배어들게 한 후 마르도록 둔다.(그림19)

날씨가 맑을 때에는 즉시 마르지만 흐린 날에는 바람을 쐬어 말려야 한다.

過糊:

凡糊用麵觔內小粉爲質.

紗·羅所必用, 綾·紬或用或不用.

其染紗不存素質者, 用牛膠水爲之, 名曰淸膠紗.

糊漿承于筬上, 推移染透, 推移就乾.

天氣暗明, 頃刻而燥, 陰天必藉風力之吹也.

【絲羅】천의 두께가 얇은 비단.
【綾紬】천이 두꺼운 비단.
【暗明】'晴明'의 오류. 맑고 쾌청한 날씨. 습도가 낮은 날씨.

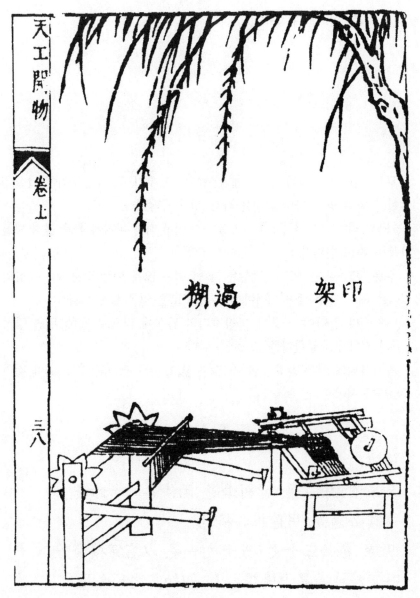

過糊　　印架

〈그림19〉 과호(過糊: 풀먹이기)

(8) 邊維·經數

064(2-28)
가장자리 날실

무릇 비단은 능綾이나 나羅에 관계없이 모두가 두 가장자리에 날실을 달아야 하며 양쪽 가의 날실은 각각 20여 가닥이다.

가장자리에 다는 실은 반드시 풀을 먹여야 하며 바디에 풀을 묻혀 빗질하듯이 하여 말린다.

무릇 능과 나는 반드시 날실은 한 번 꿰는 데에 30장, 또는 50~60장의 길이로 해야 자주 꿰어 이어야 하는 번거로운 일을 덜게 된다.

매필마다 잘라야 하므로 가장자리의 날실에 먹으로 칠해 두면 장척丈尺의 길이가 충분한지를 곧 알 수 있다.

가장자리의 실은 적강的杠에다 감지 않고, 따로 직기의 횡량橫梁에 걸쳐 두었다가 사용한다.

邊維:

凡帛不論綾·羅, 皆別牽邊, 兩傍各二十餘縷.

邊縷必過糊, 用篦推移梳乾.

凡綾·羅必三十丈·五十丈一穿, 以省穿接繁苦.

每疋應截畫墨于邊絲之上, 卽知其丈尺之足.

邊絲不登的杠, 別繞機梁之上.

【疋】 고대의 疋은 네 발(丈)의 길이였음.

065(2-29)
날실의 수

무릇 백帛, 나羅, 사紗를 짤 때는 바디는 800치齒를 비율로 하며, 능綾, 견絹을 짤 때는 바디를 1,200치를 비율로 한다.

매 바디마다 이빨 사이로 풀을 먹인 날실이 지나가도록 하며, 네 가닥의 실이 따로 합쳐져 두 가닥의 실이 되도록 하고, 나와 사는 날실이 3,200가닥, 능과 주紬는 날실이 모두 5,000~6,000가닥이 되도록 한다.

고서古書에는 80가닥을 1승升으로 한다고 하였으니 지금의 능과 견 등 두꺼운 것은 60승포升布가 되는 셈이다.

무릇 무늬를 넣을 때는 반드시 가흥嘉興이나 호주湖州의 출구건出口乾과 출수건出水乾의 실을 날실로 쓰면 마음대로 무늬를 넣을 자리를 오르내릴 수 있고, 또한 실이 끊어질 염려가 없다.

다른 지방의 실은 억지로 무늬를 짜 넣더라도 마구 뒤틀려 제대로 되지 않는다.

經數:

凡織帛, 羅·紗篏以八百齒爲率, 綾·絹篏以一千二百齒爲率.

每篏齒中度經過糊者, 四縷合爲二縷, 羅·紗經計三千二百縷, 綾·紬經計五千·六千縷.

古書八十縷爲一升, 今綾·絹厚者, 古所謂六十升布也.

凡織花文必用嘉·湖出口·出水皆乾絲爲經, 則任從提挈, 不憂斷接.

他省者卽勉强提花, 潦草而已.

【八十縷爲一升】《儀禮》喪服에 "總者五十升, 抽其半, 有事其縷, 無事其布曰總"라 하였고, 鄭玄 注에 "云總者五十升抽其半者, 以八十縷爲升"이라 함.

【勉强】'억지로'의 뜻.

【潦草】글씨나 무늬 등이 엉성하고 뒤틀린 상태를 뜻하는 疊韻連綿語.

(9) 花機式·腰機式·結花本

066(2-30)
화기식花機式

무릇 화기花機는 전체의 길이가 1장 6척으로, 융기된 곳이 화루花樓이며, 중간 높이에 구반衢盤이 있고, 그 아래로 구각衢脚이 늘여뜨려져 있다(물로 갈아 매끄럽게 한 대나무 막대로 만들며 그 수는 모두 1,800개임).

화루와 대칭으로 그 밑에 약 2척 깊이의 구덩이를 파고 그 속에 구각을 둔다(땅바닥이 습하면 2척 높이의 시렁을 만들어 이를 대신함).

무늬를 들고 있는 직공職工은 화루의 선반 위에 앉아서 작업한다.(그림20)

화기의 끝에 있는 적강的杠에 실을 감고, 중간의 첩조목疊助木 두 개를 사용하여 두 나무에 수직으로 곧게 꽂으며 그 길이가 약 4척이며 그 끝에는 두 개의 바디를 꽂는다.

凡花機通身度長一丈六尺, 隆起花樓, 中托衢盤, 下垂衢脚(水磨竹棍爲之, 計一千八百根).

對花樓下堀坑二尺許, 以藏衢脚(地氣濕者, 架棚二尺代之).

提花小厮坐立花樓架木上.

機末以的杠卷絲, 中用疊助木兩枝直穿二木, 約四尺長, 其尖插于筬兩頭.

【花機式】 무늬를 넣기 위한 직조기. 원문에는 '機式'으로만 되어 있음.

【花樓】 화기의 날줄이 탈락되지 않도록 하는 장치.

【衢盤】 날줄을 조정하여 열리도록 하는 장치.

【衢脚】 날줄이 다시 화기에 걸리도록 되돌리는 장치.

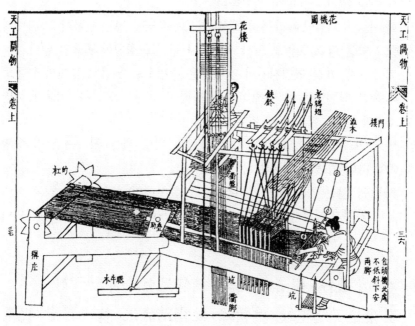

〈그림20〉 제화기(提花機)

067(2-31)
첩조목疊助木

첩조목疊助木은 사紗·나羅를 짤 때는 능綾이나 견絹을 짤 때 쓰는 것에 비해 무게가 10여 근 정도 가벼워야 좋다.

소라素羅를 짤 때는 무늬를 내지 않으며, 연사軟紗나 능견綾絹에 물결 무늬나 매화梅花 문양과 같은 작은 무늬를 발로 디뎌 내려면 소라에 비해 단지 종광綜桄 두 장이 더 필요하다.

한 사람이 디딜널로 만들어 낼 수 있으며 무늬를 넣는 사람이 그 사이에 머물고 있을 필요가 없고 역시 구반이나 구각도 설치할 필요가 없다.

직기는 두 개를 연접시키되 앞부분은 수평으로 편안히 붙이며 화루로부터 짜고 있는 사람을 향해 비스듬히 하여 아래쪽을 1척쯤 기울게 하면 첩조기가 더 큰 힘을 받게 된다.

만약 포두건包頭巾과 같이 가늘고 연한 것을 짜는 직기는 달리 수평이어야 하며 기울게 설치해서는 안 된다.

사람이 앉는 자리에는 두 디딜널을 설치해야 하는데 이는 그 실이 가늘고 약하기 때문에 첩조목의 힘이 지나침을 막아주어야 하기 때문이다.

疊助, 織紗·羅者視織綾·絹者減輕十餘觔方妙.
　其素羅不起花紋, 與軟絲·綾絹踏成浪·梅小花者, 視素
羅只加桄二扇.

一人踏織自成, 不用提花之人閒住花樓, 亦不設衝盤與衝脚也.

其機式兩接, 前一接平安, 自花樓向身一接斜倚低下尺許, 則疊助力雄.

若織包頭細軟, 則另爲均平不斜之機.

坐處頭二脚, 以其絲微細. 防遏疊助之力也.

068(2-32)
요기식腰機式

무릇 항서杭西나 나지羅地 등에서 나는 견絹이나 경소輕素 등에 쓰이는 주紬와, 은조銀條나 건모巾帽 등에 쓰이는 사紗를 짤 때는 화기花機를 사용할 필요가 없고 다만 소기小機를 사용하면 된다.(그림21)

직공織工은 무두질을 잘 한 부드러운 가죽을 하나 네모로 만들어 앉은 자리 아래쪽에 띠며 그 힘은 모두가 허리와 궁둥이에 있도록 하기 때문에 그 이름을 요기腰機라고 부른다.

어디에서나 갈포, 모시, 면포棉布를 짤 때면 이와 같은 직기를 사용하며 이것으로 짠 베나 비단은 매우 고를뿐더러 견고하고 윤택이 나지만, 아깝게도 지금은 그다지 널리 전승되지 않고 있다.

腰機式(具圖):

凡織杭西·羅地等絹, 輕素等紬, 銀條·巾帽等紗, 不必用花機, 只用小機.

織匠以熟皮一方寬坐下, 其力全在腰·尻之上, 故名腰機.

普天織葛·苧·棉布者, 用此機法, 布帛更整齊·堅澤, 惜今傳之猶未廣也.

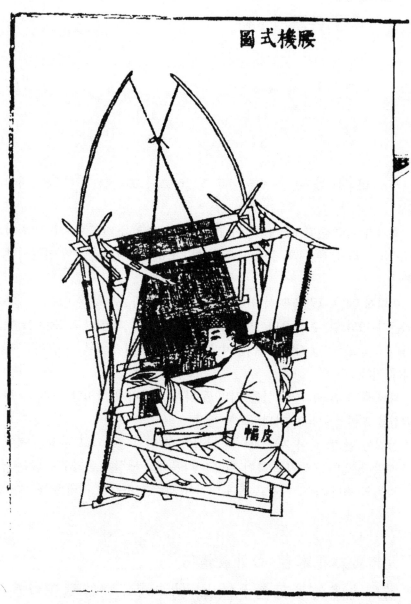

〈그림21〉 요기식(腰機式)

069(2-33)
그림 본뜨기花本

무릇 화본을 만드는 직공은 아주 정밀하고도 묘수에까지 마음을 써야
한다.

화가가 미리 어떤 모양을 종이에다 그리고, 화본을 만드는 자는 그림의
크기에 따라 분촌分寸의 길이와 끝의 세밀한 부분까지 계산하여 만들어야
한다.

이렇게 만든 그림을 펴서 화루에다 걸어 두고 짜는 사람은 어떤 무늬가
되는지 미리 알 수 없으나 날실을 잉아에 꿰어 그 척촌尺寸과 도수度數에
따라 구각衢脚을 움직이고 북을 지나게 하면 확연히 그 무늬 모습이 나타
나게 된다.

대체로 능견綾絹은 날실을 띄워 무늬가 나타나게 하지만 사라紗羅는
씨실을 꼬아서 무늬가 나타나도록 한다.

능견은 한 번 북이 지날 때마다 날실이 한 번씩 올라가고, 사라는 북이
올 때는 날실이 올라가고 북이 지나간 다음에는 날실이 올라오지 않는다.
하늘의 직녀織女가 가지고 있던 이러한 재주를 사람이 해내는 것이다.

凡工匠結花本者, 心計最精巧.

畫師先畫何等花色于紙上, 結本者以絲線隨花量度,
筭計分寸杪忽而結成之.

張懸花樓之上, 卽織者不知成何花色, 穿綜帶經, 隨其
尺寸·度數提起衢脚, 梭過之後居然花現.
　盖綾絹以浮經而見花, 紗羅以糾緯而見花.
　綾絹一梭一提, 紗羅來梭提, 往梭不提.
　天孫機杼, 人巧備矣.

【花本】結花本이어야 함. 무늬를 짜기 위하여 북이 지날 때마다 올릴 날실과
　내릴 날실을 지정해 주는 것.
【衢脚】화기에서 날줄이 다시 제 위치로 복귀하도록 하는 장치.

⑽ 穿經·分名·熟練

070(2-34)
날실꿰기

　무릇 실을 잉아에 꿰고 날실이 지나가도록 할 때는 반드시 네 사람이 줄을 지어 앉아서 해야 한다.

　바디에 실을 꿰는 사람은 손으로 바디집 손잡이를 잡고 먼저 실을 꿰고는 실이 자신에게 다가오기를 기다려야 한다.

　그리고 날줄이 바디를 지나게 되면 두 손가락으로 집고 고정시키고 있다가 50~70올이 되면 이를 묶어 하나의 묶음으로 만든다.

　이 때 실이 흐트러지지 않고 드나드는 기능이 모두 교죽交竹에 있기 때문이다.

　실이 끊어지면 곧바로 실을 약간 잡아당기면 몇 치 길이로 늘어난다.

　이를 잇기만 하면 원래의 길이로 되돌아가는데 이는 실의 본질이 스스로 그렇게 늘어날 수 있는 묘한 성질을 가지고 있기 때문이다.

穿經:

凡絲穿綜度經, 必用四人列坐.

過篾之人手執篾耙先插, 以待絲至.

經過篾, 則兩指執定, 足五·七十篾, 則縧結之.

不亂之妙, 消息全在交竹.

卽接斷, 就絲一扯卽長數寸.

打結之後, 依還原度, 此絲本質自具之紗也.

【四人】잉아에 날실을 꿰는 작업에 두 사람, 다시 바디에 꿰는 작업에 두 사람이 필요함.

【消息】일이 그렇게 되어가는 이치. 雙聲連綿語.

071(2-35)
품종의 분류

무릇 얇은 비단인 나羅는 천의 빈틈 사이로 바람이 잘 통하여 시원한 느낌을 주는 옷감으로 그러한 이치는 모두가 실을 부드럽게 꼬는 잉아에 있다.

곤두袞頭의 양쪽 끝에 잉아를 움직여 하나는 부드럽게, 하나는 세게 꼬아둔 것이다.

무릇 다섯 가닥의 북과 세 가닥의 북(가장 넓은 것은 7가닥)이 지나게 한 후 꼬인 잉아를 밟아 올리면 저절로 날실에서 회전하여 빈 구멍이 생기며 서로 엉겨붙지 않는다.

만약 평과문平過紋이면서 빈 틈이 없으면서도 여전히 틈이 그대로 있는 것을 사紗라 하며, 이러한 이치는 역시 양쪽 끝의 곤두 때문이다.

곧바로 꽃무늬가 있는 능주를 짜고자 할 때는 이 두 곤두를 제거하고 8장의 광종桄綜을 쓰면 된다.

分名:

凡羅, 中空小路而透風凉, 其消息全在軟綜之中.

袞頭兩扇打綜, 一軟一硬.

凡五梭·三梭(最厚者七梭)之後, 踏起軟綜, 自然糾轉諸經, 空路不粘.

若平過不空路而仍稀者曰紗, 消息亦在兩扇衰頭之上.
直至織花綾紬, 則去此兩扇, 而用桄綜八扇.

【衰頭】花機 그림에서의 老鴉翅, 즉 무늬를 짤 때 잉아를 들어주는 杠竿을
가리킴.
【軟綜】絞綜이라고도 하며 平紋을 짤 때 쓰이는 장치.
【硬綜】紉紋이나 網紋을 짤 때 쓰이는 장치.
【桄綜】도르래로 당겨주는 잉아로 八扇桄綜은 차례로 起伏作用을 하여 무늬를
이루어내는 장치.

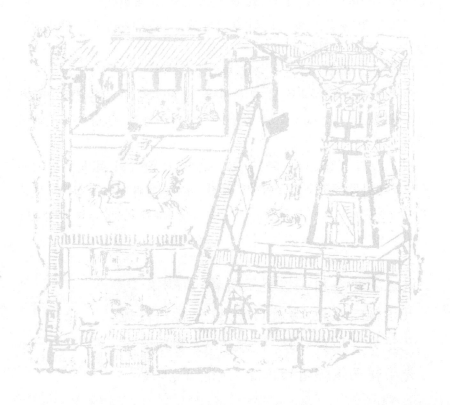

072(2-36)
여러 종류의 비단

　무릇 꼰 실을 좌우의 손으로 각기 하나씩 잡고 북을 이용하여 교차하여 짠 것을 추사縐絲라 한다.

　무릇 한 가닥의 날실만으로 짠 것을 나지羅地라 하며, 두 가닥씩으로 짠 것을 견지絹地, 다섯 가닥으로 짠 것을 능지綾地라 한다.

　무늬가 있는 것은 실지實地와 능지綾地로 구분하며 능지는 빛이 나고 실지는 어두운 느낌을 준다.

　미리 실을 염색한 다음 짠 것을 단緞이라 한다(북방의 屯絹도 실을 먼저 염색한 것임).

　직기織機에서 두 북으로 짤 때 북이 두 번 지날 때 한 번은 겹쳐 지나가 그로 인해 틈이 생기도록 한 것을 추라秋羅라 하며, 이 방법은 근래에 생긴 것이다.

　강소江蘇와 절강浙江의 추라와 복건福建과 광동廣東의 회사懷紗는 모두 관리들의 하복夏服감으로 쓰이지만, 둔견屯絹은 지방의 관리나 신분이 낮은 관리의 옷감으로 쓰이며, 고관高官이 입는 금수錦繡의 대용품으로도 쓰인다.

　凡左右手各用一梭交互織者, 日縐絲.

　凡單經日羅地, 雙經日絹地, 五經日綾地.

　凡花分實地與綾地, 綾地者光, 實地者暗.

　先染絲而後織者日緞(北土屯絹, 亦先染絲).

就絲紬機上織時, 兩梭經‧一梭重, 空出稀路者, 名曰秋羅, 此法亦起近代.

凡吳‧越秋羅, 閩‧廣懷素, 皆利搢紳當暑服, 屯絹則爲外官‧卑官遜別錦繡用也.

【吳越】吳는 江蘇, 越은 浙江을 가리킴.
【閩廣】閩은 福建, 廣은 廣東 지역을 가리킴.

073(2-37)
생사 익히기

무릇 백물帛物을 직조하더라도 그 실은 역시 생사生絲이므로 삶아야 제 기능을 발휘한다.

삶을 때는 볏짚 재를 끓는 물에 넣어서 한다.

그리고 저이지豬膩脂에다 하룻밤 담가두었다가 다시 더운물에 넣어 빨면 아름다운 색깔이 화려하게 드러난다.

혹 오매烏梅를 삶은 물을 이용하는 경우도 있으나 그렇게 되면 아름다운 색깔이 잘 나타나지 않는다.

무릇 조잠早蠶의 생사는 날실로 삼고, 만잠晚蠶의 생사는 씨실로 삼을 경우 이를 삶을 때는 매 10냥마다 3냥이 줄게 된다.

씨실이나 날실로 쓰더라도 좋은 조잠의 생사일 경우 10냥에 단지 2냥만 줄어든다.

삶은 후에는 세게 잡아당기면서 햇볕에 말려야 하며, 대방大蚌 조개 껍데기로 구겨진 부분을 다림질하듯이 하되, 온 힘으로 직물을 긁고 문지르면 아름다운 색깔이 나게 된다.

熟練:

凡帛織就猶是生絲, 煮練方熟.

練用稻藁灰入水煮.

以猪胰脂陳宿一晚, 入湯浣之, 寶色燁然.

或用烏梅者, 寶色畧減.

凡早絲爲經·晚絲爲緯者, 練熟之時, 每十兩輕去三兩.

經·緯皆美好早絲, 輕化只二兩.

練後日乾張急, 以大蚌殼磨使乖鈍, 通身極力刮過, 以成寶色.

【稻藁灰】볏짚이나 풀을 태운 재를 넣어 삶으면 생사에 들어 있는 아교 성질을 제거할 수 있다 함.

【猪膩脂】돼지 기름으로 만든 비누.

⑾ 龍袍·倭緞

074(2-38)
용포龍袍

황제가 입는 용포龍袍를 짜는 직염織染 공장은 소주蘇州와 항주抗州에 있다.

용포를 짜는 화루花樓는 높이가 1장 5척으로서 손이 능한 자 두 사람이 화본花本을 끌어올리고 몇 치를 짜면 곧 용의 모양으로 바뀐다.

이러한 작업은 여러 공장에서 한 것을 합쳐서 만들어 내는 것이며 한 사람의 손으로 완성하는 것은 아니다.

여기에 사용하는 실은 붉은 색과 노란 색을 우선 미리 염색을 하고 그 짜는 기구는 원래와 같으며 달리 사용하는 것은 아니지만 다만 사람의 공정이 신중해야 하고 자본도 수십 배나 들어 충성과 공경의 뜻을 다하는 것이다.

그 중간의 세세한 과정과 내용은 상세히 알아볼 수가 없다.

龍袍:

凡上供龍袍, 我朝局在蘇·杭.

其花樓高一丈五尺, 能手兩人扳提花本, 織過數寸卽換龍形.

各房鬪合不出一手.

赭·黃亦先染絲, 工器原無殊異, 但人工愼重與資本皆數十培, 以效忠敬之誼.

其中節目微細, 不可得而詳考云.

【龍袍】袞龍袍. 황제가 입는 長袍로 용의 무늬가 있어야 함.

075(2-39)
왜단倭緞

왜단倭緞의 제조법은 일본에서 비롯되었으며, 장주漳州와 천주泉州의 연해 지역에서는 이 방법에 따라 짜고 있다.

여기에 쓰는 실은 사천四川에서 가져오는데 상인들은 만 리 먼 곳에서 팔러 오고, 판 돈으로 후추를 사서 고향으로 돌아간다.

그 직조 방법도 역시 일본에서 전래되었다.

대체로 실을 미리 염색해 두고 씨실을 날실에다 넣으며 비단은 좁게 하여 몇 치를 짜고 나서는 곧바로 잘라 이를 긁어 검은 빛이 나도록 한다.

북방 만주족의 호시互市에서는 그들은 이를 보고 매우 좋아하였다.

그러나 이러한 비단은 쉽게 부란하고 때를 타며 이를 모자로 만들었을 경우 먼지가 모여들며, 옷을 해 입어도 옷깃 가장자리가 뒷날 쉽게 닳아 손괴되곤 하여 지금 중국이나 이민족들은 모두 천히 여기게 되었으며 장래 못쓰는 물건이 되어 그 직조법도 전래될 수 없을 것이다.

倭緞:

凡倭段制起東夷, 漳·泉海濱效法爲之.

絲質來自川蜀, 商人萬里販來, 以易胡椒歸里.

其織法亦自夷國傳來.

蓋質已先染, 而斮綿夾藏經面, 織過數寸卽刮成黑光.
北虜互市者見而悅之.

但其帛最易朽汚, 冠弁之上頃刻集灰, 衣領之間移日
捐壞, 今華夷皆賤之, 將來爲棄物, 織法可不傳云.

【倭緞】무대용의 화려한 장식용, 포장용 등으로 쓸 뿐 옷감으로는 쓰지 못함.
【北虜】당시 북방을 차지하고 있던 滿洲族을 가리킴.
【捐壞】'損壞'의 오기.

⑿ 布衣·枲著·夏服

076(2-40)
포의布衣

무릇 무명으로 추위를 막는 것은 귀천貴賤이 모두 같다.

면화棉花는 고서古書에도 시마枲麻라 하여 천하 어디에나 두루 재배하였다.

종류로는 목면木棉과 초면草棉 두 종류가 있으며, 꽃은 백색白色과 자색紫色 두 색깔이 있다.

이의 재배는 백색 꽃이 피는 것이 10분의 9이며 자색 꽃의 종자는 10분의 1이다.

무릇 목화는 봄에 심고, 가을에 목화송이가 맺히며, 송이가 먼저 터지기 시작하면 날마다 그에 맞춰 따야 하며, 한꺼번에 다 따지는 않는다.

그 목화송이에는 씨가 붙어 있어 씨아赶車로 씨를 분리해 내어야 한다.(그림22)

씨를 제거한 목화송이는 활시위에 걸어 퉁겨 터서(그림23) 솜이 피도록 해야 된다(옷이나 이불에 넣을 솜은 / 이러한 작업으로 일을 끝냄).

활시위로 튼 솜은 목판 위에서 비벼서 긴 가닥으로 고치를 만들어 이를 물래紡車에 올려(그림24) 실마리를 뽑아 사루紗縷를 만든다.(그림25)

그런 다음 이를 얼레에 감고 날실을 뽑아 직조에 들어간다.

무릇 작업에 능한 자는 한 손으로 정鋌에서 3개의 방추紡錘를 잡고 실을 뽑아내기도 한다(빨리 잣게 되면 실이 / 튼튼하지 못함).

布衣:

凡棉衣禦寒, 貴賤同之.

棉花古書枲麻, 種遍天下.

種有木棉·草棉兩者, 花有白·紫二色.

種者白居十九, 紫居十一.

凡棉春種秋花, 花先綻者逐日摘取, 取不一時.

其花粘者于腹, 登赶車而分之.

去子取花, 懸弓彈花(爲挾纊溫衾·襖者, 就此止功).

彈後以木板擦成長條以登紡車, 引緒糾成紗縷.

然後繞籰·牽經取織.

凡訪工能者一手握三管紡于錠上(捷則不堅).

【枲麻】'枲麻'는 '菓麻'로도 표기하며 삼의 일종으로 면화와는 전혀 다름. 면화는
《史記》貨殖列傳 裴駰 注를 볼 것. 고서에는 일명 '白疊'이라 하였음.

【木棉】木棉科 樹棉(Gossampinus malabarica).

【草棉】錦葵科 棉屬 草本植物(Gossypium herbaceum). 우리가 말하는 목화는
이에 해당함.

〈그림22〉간면차(赶棉車: 씨아)

〈그림23〉탄면(彈棉: 솜트기)

〈그림24〉 찰조(擦條: 솜꼬기)

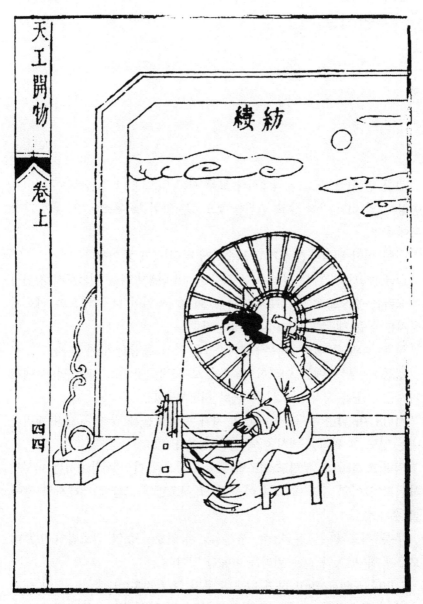

〈그림25〉 방루(紡縷: 물레로 실잣기)

077(2-41)
연석碾石

무릇 면포棉布 어느 지역에서나 모두 짜고 있으나, 그 직물로는 강소江蘇 송강淞江의 것이 가장 좋고, 염색한 것으로는 안휘安徽 무호蕪湖의 것이 가장 뛰어나다.

무릇 실이 팽팽하면 질기고 느슨하게 하면 쉽게 끊어진다.

실을 매끄럽게 하는 연석碾石은 장강長江 이북에서 나는 것으로서, 차면서 매끄러운 것으로써 하며(한 냥이에 좋은 것은 값이 10여 금이나 됨), 이 돌은 열이 나지 않으며 이로써 문지른 실은 팽팽하고 늘어나지 않는다.

무호蕪湖의 큰 점포에서는 이러한 돌을 가장 훌륭하게 여긴다.

광동廣東 남쪽에는 이러한 옷감이 모여드는 곳으로 사방 먼 곳에서 가져온 산품은 모두 반드시 이 돌로 시험해 본다.

사람들이 낡은 옷을 세탁할 때 차가운 빨랫돌을 찾아 두드려 소리를 내는 것도 그 원리는 역시 이와 같은 것이다.

외국 조선朝鮮의 무명도 직조법은 이와 같으나, 다만 서양에서는 어떻게 하는지 알아볼 수가 없으며 아울러 그 직조법의 묘함에 대해서도 알아 볼 수가 없다.

무릇 직포織布는 운화雲花, 사문斜文, 상안象眼 등의 직조법이 있으며 모두가 화기花機와 같은 원리를 이용한 것이다.

그러나 포의布衣라고 하면 원래 오로지 한 가지뿐이다.

열 집 가운데 한 집에는 베틀이 있기에 그림을 실어 설명할 필요가 없을 것이다.

凡棉布寸土皆有, 而織造尙淞江, 漿染尙蕪湖.

凡布縷緊則堅, 緩則脆.

碾石取江北性冷質膩者(每塊佳者, 值十餘金), 石不發燒,
則縷緊不鬆泛.

蕪湖巨店首尙佳石.

廣南爲布藪, 而偏取遠産, 必有所試矣.

爲衣敝浣, 猶尙寒砧擣聲, 其義亦猶是也.

外國朝鮮造法相同, 惟西洋則未覈其質, 倂不得其機織
之玅.

凡織布有雲花·斜文·象眼等, 皆倣花機而生義.

然旣曰布衣, 太素足矣.

織機十室必有, 不必具圖.

078(2-42)
솜옷

솜옷이나 솜이불로 추위를 막지만, 백 명 중에 단 하나 정도 누에고치에서 따낸 풀솜(繭綿)을 쓸 뿐이며 나머지는 모두 면화솜을 쓴다.

옛날의 온포縕袍는 지금 속어로 방오胖襖라고 한다.

솜을 틀어서 옷이나 이불의 크기에 알맞도록 솜을 넣는다.

새로 넣은 솜은 몸에 잘 붙어 가볍고 따뜻하지만 몇 해가 지나면 판자처럼 딱딱하게 되어, 따뜻한 기운이 점차 사라지게 된다. 따라서 솜을 꺼내어 튼 다음 다시 집어넣어야 따뜻한 기운이 원래대로 된다.

枲著:

凡衣·衾挾纊禦寒, 百人之中, 止一人用繭綿, 餘皆枲著.

古縕袍, 今俗名胖襖.

棉花旣彈化, 相衣·衾格式而入裝之.

新裝者附體輕煖, 經年板緊, 煖氣漸無, 取出彈化而重裝之, 其煖如故.

【枲著】枲는 廣東의 雄麻인데 綿으로 잘못 인식한 것. 솜옷을 말함.
【胖襖】솜으로 만든 도포로 江西의 사투리임.

079(2-43)
하복夏服

무릇 모시풀은 자랄 수 없는 땅이 없다.

심는 방법에는 씨를 뿌리는 방법과 분두分頭 두 가지가 있다(安徽 池郡에서는 매년 풀 썩힌 거름을 덮어 눌러두어 그 뿌리가 복돋은 높이만큼 자라나게 하며, 廣東 남쪽에서는 밭에 靑麻의 씨를 뿌리기만 해도 무성하게 잘 자람).

모시의 색깔은 청靑과 황黃 두 가지가 있다.

매 해마다 두 번 베는 것과 세 번 베는 것이 있으며, 옷감으로 짜서 여름철 옷이나 휘장 등으로 사용한다.

무릇 모시풀의 껍질은 벗긴 다음 그 성질은 햇볕을 좋아하여 마른 채로 사용해야 하며 물에 곧 흐무러지고 만다.

대궁을 가를 때 물에 담가야 하지만 이때도 5시간 정도여야 하며, 너무 오래 담가 두고 가르지 않으면 역시 흐무러진다.

모시풀은 원래 담황색淡黃色이지만 빨고 나면 지극히 흰색으로 변한다(우선 볏짚의 잿물이나 石灰水에 삶는 과정을 거친 후 흐르는 물로 다시 빨았다가 다시 햇볕에 말리면 아주 흰색으로 변함).

모시풀의 실로 베를 짤 때 숙련된 여공은 발로 밟는 직기를 사용하며 여공 한 사람이 세 사람 몫을 해낼 수 있다.

다만 모시풀을 갈라 찢을 때에는 하루 종일 해도 겨우 그 무게는 3수銖나 5수에 불과하다.

모시를 짜는 기구는 무명을 짜는 베틀과 같다.

무릇 베옷을 깁거나 가죽신을 삼을 때의 끈은 모두가 모시풀을 비벼서 만든 것을 사용한다.

夏服:

凡苧麻無土不生.

其種植有撒子・分頭兩法(池郡每歳以草糞壓頭, 其根隨土而高, 廣南靑麻撒子種田茂甚).

色有靑・黄兩樣.

每歳有兩刈者・有三刈者, 績爲當暑衣裳・帷帳.

凡苧皮剝取後, 喜日燥乾, 見水卽爛.

破析時則以水浸之, 然只耐二十刻, 久而不析亦爛.

苧質本淡黃, 漂工化成至白色(先用稻灰・石灰水煮過, 入長流水再漂, 再晒, 以成至白).

紡苧紗能者用脚車, 一女工倂敵三工.

惟破析時窮日之力只得三・五銖重.

織苧機具與織棉者同.

凡布衣縫線・革履串繩, 其質必用苧糾合.

【苧麻】쐐기풀과에 딸린 여러해살이 풀. 열대 아시아가 원산임. 蕁麻科 苧麻屬 (Boehmeria nivea).
【池郡】지금의 安徽 貴池 지역.
【靑麻】어저귀. 苘麻가 아님.
【銖】무게의 단위로 24銖가 1兩이며 16兩은 1근임.

080(2-44)
갈포葛布

무릇 칡은 덩굴로 자라며 그 섬유는 모시풀보다 몇 자나 길다.

아주 가늘게 갈라 벗겨 짠 옷감은 아주 귀중한 대접을 받는다.

또 달리 경마苘麻라는 것이 있어 이로써 옷감을 짜면 아주 거칠며 가장 거친 것은 상복으로 사용한다.

즉 저포로서 지극히 거친 것은 칠가漆家에서는 기름을 만들고 난 재를 담는 자루로 사용하며 큰 대궐 안에서는 횃불로 사용한다.

다시 달리 초사蕉紗라는 것이 있는데 이는 복건福建 지역에서 파초芭蕉 껍질을 찢어 엮어 만든 것으로 가볍고 심하게 약하며, 값도 매우 싸고 질도 떨어져 옷으로 해 입을 수는 없다.

凡葛蔓生, 質長于苧數尺.

破析至細者, 成布貴重.

又有苘麻一種, 成布甚粗, 最粗者以充喪服.

卽苧布有極粗者, 漆家以盛布灰, 大內以充火炬.

又有蕉紗, 乃閩中取芭蕉皮析·緝爲之, 輕細之甚, 値賤而質枵, 不可爲衣也.

【葛】豆科 藤本植物(Pueraria lobata). 줄기의 껍질을 벗겨 섬유를 채취, 이로써
葛布를 만듦.

【苘蔴】錦葵科 一年生草本植物(Abutilon theophrasti).

【芭蕉】芭蕉科 芭蕉屬(Musa basjoo). 이보다 큰 것은 '香蕉'라 하여 바나나나무임.

(13) 裘

081(2-45)
갖옷

무릇 짐승의 가죽으로 만든 옷을 통틀어 갖옷이라 한다.

귀중한 것으로는 담비 가죽과 여우 가죽이 있고, 싼 것으로는 양 가죽·고라니 가죽이 있으며, 그 값도 100여 등급이나 된다.

담비 가죽은 요동遼東 밖의 먼 건주建州 지역 및 조선국朝鮮國에서 난다.

그 담비는 잣을 즐겨 먹으므로 그곳 사람들은 밤이 되면 나무 밑에서 숨을 죽이고 소리도 내지 않은 채 엿보고 있다가 활로 쏘아 이를 잡는다.

한 마리의 담비 가죽은 넓이가 한 척도 되지 않아 60여 마리의 가죽을 모아야 겨우 갖옷 한 벌이 될 정도이다.

담비 갖옷을 입고 있으면 바람과 눈 속에 서 있어도 집 안에 있는 것보다 더욱 따뜻하다.

눈에 티가 들어갔을 때도 이로써 비비면 즉시 티가 빠져나오기 때문에 이를 귀하게 여기는 것이다.

담비의 색깔로는 세 종류가 있으니 하나는 흰 색으로 은초銀貂라 하며, 하나는 짙은 흑색이며, 또 하나는 암황색黯黃色이다(흑색의 긴 털로 만든 모자는 하나가 거의 50금이나 됨).

무릇 여우나 오소리 역시 하북河北, 산동山東, 요녕遼寧, 하남河南 등지에서 난다.

순백의 여우 겨드랑이의 모피 값은 담비와 맞먹으며, 황갈색의 여우 가죽의 값은 담비 가죽의 5분의 1이며, 추위를 막고 몸을 따뜻하게 하기는 담비 가죽 다음이다.

무릇 관외關外에서 나는 여우 가죽의 털을 뽑아 보면 그 바탕은 청흑색

^{青黑色}이지만 중국에서 나는 것은 털을 입으로 불어 젖혀보면 그 바탕이 백색이므로, 이로써 우열을 판별한다.

凡取獸皮製服, 統名曰裘.

貴至貂·狐; 賤至羊·麂, 值分百等.

貂産遼東外徼建州地及朝鮮國.

其鼠好食松子, 夷人夜伺樹下, 屛息悄聲而射取之.

一貂之皮方不盈尺, 積六十餘貂僅成一裘.

服貂裘者立風雪中, 更煖于宇下.

眯入目中, 拭之卽出, 所以貴也.

色有三種, 一白者曰銀貂, 一純黑, 一黯黃(黑而長毛者, 近值一帽套已五十金).

凡狐·貉亦産燕·齊·遼·汴諸道.

純白狐腋裘價與貂相倣, 黃葛狐裘值貂五分之一, 禦寒溫體功用次于貂.

凡關外狐, 取毛見底靑黑, 中國者吹開見白色, 以此分優劣.

【貂】 紫貂. 哺乳類綱食肉目鼬科(Martes zibellina). 滿洲(東北) 지역 특산품. 人蔘, 鹿茸과 함께 '東北三寶'로 여김.

【麂】 큰 노루. 고라니. 黃麂. 哺乳類綱鹿科(Muntiacus veevesi).

【建州】 明代 동북에 설치했던 부서로 女眞族을 관리하던 곳. 奴兒干都司建州女眞部. 지금의 吉林과 遼寧 일대를 관할하였음.

【貉】 貊과 같으며 狸. 오소리 혹은 너구리, 삵 등 여러 가지로 부르며 哺乳類綱犬科(Nyctereutes procyonides). '狗貛'으로도 부름.

082(2-46)
양가죽

양 가죽 갖옷은, 어미양 양 가죽은 값싸고 어린 양의 가죽으로 만든 것이 비싸다.

뱃속에 있는 양을 포고胞羔라 하며(털의 문양이 대략
갖추어져 있음), 처음 갓 태어난 어린 양을 유고乳羔라 하고(가죽 위의 털이 감겨져
耳環脚을 닮았음), 태어나 3개월 된 것을 포고跑羔, 7개월 된 것을 주고走羔라 한다(털이 차츰
곧아짐).

포고나 유고로 만든 갖옷은 누린내가 나지 않는다.

옛날에는 새끼양의 갖옷은 대부大夫의 복장으로 썼으며 지금도 서북 지역 관리는 역시 이를 소중히 여기고 있다.

늙고 큰 양의 가죽은 망초芒硝로 무두질하여 갖옷으로 만들어 입는데 이 옷은 질이 아주 무거워 궁핍한 사람들이 복장으로 입을 뿐이다.

그러나 이러한 것은 모두가 면양綿羊의 가죽으로 만든 것이다.

남방의 단모短毛 양피는 망초로 무두질하면 그 가죽이 마치 종이처럼 얇아져 화등畵燈에만 사용될 뿐이다.

양피로 만든 갖옷에서 나는 누린내는 오래 입고 있으면 습관이 되어 몸에 배게 되며 남방에서 이에 익숙지 못한 사람은 참을 수가 없다고 여긴다.

그러나 찬 겨울 날씨가 차츰 사라지면 역시 그 옷도 더 사용할 필요가 없게 된다.

羊皮裘母賤子貴.

在腹者名曰胞羔(毛文畧具), 初生者名曰乳羔(皮上毛似耳
環脚), 三月者曰跑羔, 七月者曰走羔(毛文漸直).

胞羔·乳羔爲裘不羶.

古者, 羔裘爲大夫之服, 今西北搢紳亦貴重之.

其老大羊皮硝熟爲裘, 裘質癡重, 則賤者之服耳.

然此皆綿羊所爲.

若南方短毛革, 硝其韡如紙薄, 止供畫燈之用而已.

服羊裘者, 腥羶之氣習久而俱化, 南方不習者不堪也.

然寒凉漸殺, 亦無所用之.

【硝】 芒硝($Na_2SO_4 \cdot 10H_2O_2$). 가죽의 딱딱하고 질긴 성질을 아주 부드럽게 함.

083(2-47)
여러 종류의 가죽

고라니 가죽은 털을 제거하고 망초芒硝로 연하게 하여 저고리나 바지를 만들어 입으면 바람을 막아주고 몸을 편하게 해 주며 버선이나 신을 만들어 사용하면 더욱 좋다.

이 동물은 광동廣東 남부 일대에 번성하는 것 외에 중원中原 지방에서는 호남湖南, 호북湖北 일대에 가죽이 모이며, 망화산望華山은 모피 교역 시장이 형성된다.

고라니 가죽은 전갈의 해를 막아주기도 하여 북쪽 사람들은 이로써 옷을 해 입는 것 외에도 긴 가닥으로 잘라 이불의 가장자리를 하면 전갈이 멀리 달아난다.

호랑이와 표범 가죽에는 무늬가 있어 장군들이 자신들의 권위를 빛내기 위해 입기도 한다.

개나 돼지의 가죽은 가장 천한 것으로 역부役夫들이 신으로 만들어 사용하기에 적합하다.

서융西戎의 소수 민족은 수달 가죽을 소중히 여겨 그의 잔털로 목을 두르는 장식으로 사용하기도 한다.

동북 지역 양황기襄黃旗의 여진족은 산을 넘고 국경을 넘어 이를 사냥하여 먼데까지 가서 팔아 높은 가격을 받기도 한다.

각 지방의 특이한 물건들로써 이를테면 금사원金絲猿의 가죽은 모투帽套로 만들어 황제에게 바치기도 한다.

지리손扯里猻의 가죽으로는 어복御服을 만들어 도포로 삼기도 하였으니 이러한 것들은 모두가 중국에서 나는 것은 아니다.

짐승 가죽으로 옷을 만들어 입는 것은 여기서 말한 바가 대략이며, 지방마다 나는 각종 특산품을 일일이 다 갖추어 설명할 수는 없다.

하늘을 나는 새 가운데 독수리의 배털이나 기러기의 옆구리 잔털로 옷을 만들려면 만 마리 이상을 죽여야 겨우 한 벌의 외투가 되는데 이러한 옷을 천아융天鵝絨이라고 한다. 그러나 이를 장차 어디에 쓴다는 것인가?

麂皮去毛, 硝熟爲襖·褲, 禦風便體, 襪·靴更佳.

此物廣南繁生外, 中土則積集楚中, 望華山爲市皮之所.

麂皮且禦蝎患, 北人製衣而外, 割條以緣袤邊, 則蝎者遠去.

虎豹至文, 將軍用以彰身.

犬·豕至賤, 役夫用以適足.

西戎尚獺皮, 以爲毳衣領餙.

襄黃之人窮山越國射取而遠貨, 得重價焉.

殊方異物如金絲猿, 上用爲帽套.

扯里猻御服以爲袍, 皆非中華物也.

獸皮衣人, 此其大畧, 方物則不可殫述.

飛禽之中有取鷹腹·鴈脅毳毛, 殺生盈萬乃得一裘, 名天鵝絨者, 將焉用之?

【獺】水獺. 哺乳類 綱鼬科 水獺(Lutra lutra). 水獺皮는 귀한 재료로 쓰임.

【襄黃旗】지명. 내몽고 여진족 집단 거주지 명칭.

【金絲猨】金絲猴. 긴팔황금원숭이. 哺乳類綱厖猴科(Rhinopithecus roxellanae).

【扯里猻】猞猁猻, 猞猁라고도 하며 哺乳類綱猫科(Filis lynx).

(14) 모포毛布와 양탄자: 褐·氈

084(2-48)
면양綿羊

무릇 면양綿羊에는 두 종류가 있다.

하나는 사의양蓑衣羊이며 이 솜털을 깎아 전氈이나 융편絨片을 만들며, 천하에 두루 쓰이는 털모자나 털양말은 거의가 이것으로 만든다.

옛날 서역西域의 양이 중국에 들어오기 전에는 갈의褐衣를 만들어 천한 이들이 옷을 해 입었는데 역시 그것도 이 양털로 만든 것이다.

갈의는 거친 것만 있고 정교한 것은 없으며, 지금의 거친 갈의도 역시 간혹 이러한 양의 털로 만든 것이다.

이러한 양은 서주徐州나 회하淮河 이북의 어느 곳이나 번식하지 않는 곳이 없다.

남방에서는 오직 호주湖州에서만 면양을 기르며, 1년에 세 번 털을 깎는다(여름철에는 새 털이 나지 않음).

양 한 마리마다 1년에 털양말 세 켤레의 재료를 얻을 수 있다.

수컷과 암컷 한 쌍의 짝짓기로 새끼 두 마리를 낳기 때문에 북방의 가정에서는 면양 100마리를 기르면 1년 수입이 100금이 된다고 말한다.

凡綿羊有二種:

一曰蓑衣羊, 剪其毳爲氈·爲絨片, 帽·襪遍天下, 胥此 出焉.

古者, 西域羊未入中國, 作褐爲賤者服, 亦以其毛爲之.

褐有粗而無精, 今日粗褐亦間出此羊之身.

此種自徐・淮以北州郡, 無不繁生.

南方唯湖郡飼畜綿羊, 一歲三剪毛(夏季希革不生).

每羊一隻歲得絨襪料三雙.

生羔牝牡合數得二羔, 故北方家畜綿羊百隻, 則歲入
計百金云.

【蓑衣羊】蒙古羊이라고도 하며, 哺乳類綱牛科綿羊(Ovis aries). 털이 밀집하게
나며 백색. 細毛, 半細毛, 粗毛 등의 類型이 있음.

【絨】氄毛를 삶아 손으로 비벼 솜처럼 되도록 한 원료. 이로써 실을 만들어
양탄자(氈)를 만듦.

085(2-49)
모직물毛織物

또 한 종류는 율륵양(羖芳羊, 西域語)으로 당唐나라 말에 서역西域으로부터 전래된 것이며, 이 양은 외모外毛는 그다지 길지 않으나 내모內毛는 가늘고 부드러워 이 털로 융갈絨褐을 짠다.

섬서陝西 사람들은 이를 산양山羊이라 불러 면양과 구별한다.

이런 양은 먼저 서역으로부터 감숙甘肅의 임조臨洮로 전래되었다가 지금은 난주蘭州에 가장 많이 기르고 있으며, 그 때문에 가늘고 부드러운 모포는 모두 난주에서 생산되며 혹 이를 난융蘭絨이라 부르며, 서역어로는 고고융孤古絨이라 불러 초기의 명칭에 따라 쓰고 있다.

산양의 세모융細毛絨도 역시 두 가지로 구분하며 하나는 추융擳絨이라 하여 빗으로 양털을 빗어 내린 것으로서, 이를 실로 자아서 짠 모포는 갈자褐子, 혹은 파자把子 등의 명칭으로 부른다.

또 한 가지는 발융拔絨이라 하여, 솜털 중에 가는 것으로 두 손톱으로 한 가닥씩 뽑아내어 실을 만들어 융갈을 짠다.

이렇게 짜서 만든 융갈은 겉면을 만져보면 비단처럼 매끄럽고 부드럽다.

한 사람이 하루 종일 일해서 실을 뽑아도 겨우 무게로 1전錢 정도에 지나지 않으며 반년의 노력을 소비해야 겨우 겨우 직물 1필의 원료를 얻을 수 있다.

추융의 실을 잣는 하루의 분량은 발융에 비해 몇 배가 된다.

무릇 실을 잣는 방법은 실 끝에 납추를 매달아 두 손으로 돌리며 꼬아 낸다.

一種矞芳羊(番語), 唐末時自西域傳來, 外毛不甚蓑長, 內毳細軟, 取織絨褐.

秦人名曰山羊, 以別于綿羊.

此種先自西域傳入臨洮, 今蘭州獨盛, 故褐之細者皆出蘭州, 一曰蘭絨, 番語謂之孤古絨, 從其初號也.

山羊毳絨亦分兩等, 一曰搊絨, 用梳櫛搊下, 打線織帛, 曰褐子·把子諸名色.

一曰拔絨, 乃毳毛精細者, 以兩指甲逐莖摽下, 打線織絨褐.

此褐織成, 揩面如絲帛滑膩.

每人窮日之力打線只得一錢重, 費半載工夫方成匹帛之料.

若搊絨打線, 日多拔絨數倍.

凡打褐絨線, 冶鉛爲錘墜于緒端, 兩手腕轉搓成.

【矞芳羊】원문에는 율초양(矞芳羊)으로 되어 있으나 '芳'는 '芳'의 오기임. 矞芳은 羖芳羊, 羖䍽羊 등으로도 불리며, 《本草綱目》獸部(羊)에 蘇頌의 《圖經本草》를 인용하여 "羊之種類甚多, 而羊亦有褐色, 黑色, 白色者, 毛長尺餘, 亦謂之羖䍽羊"이라 하였고, 寇宗奭의 《本草衍義》에는 "羖䍽羊出陝西, 河東"이라 함.

【西域】지금의 新疆 위구르 지역. 唐代 카자크 지역의 肥尾綿羊이 甘肅, 陝西로 전래됨.

086(2-50)
양탄자

무릇 융갈絨褐을 짜는 기구는 베틀보다 크며, 잉아 8개를 사용하며 날실이 이를 뚫고 지나도록 되어 있고, 밑에는 4개의 답륜踏輪을 설치하여 한 번 밟을 때마다 날실 두 가닥을 올린 후 씨줄 한 가닥이 지나도록 되어 있어, 그 때문에 짜고 나면 빗긴무늬가 나타난다.

그 북의 길이는 1자 2치이다.

양모를 짜는 방법과 양털의 종류는 모두가 당시 이민족에서 전래될 때의 방법과 명칭이며(성명은), 따라서 오늘날에 이르도록 직공織工은 모두가 그들 민족이며 중국인은 없다.

무릇 면양에서 깎은 솜털 중에 거친 것은 양탄자를 만들고 가는 것은 융絨을 만든다.

양탄자는 모두가 양모를 끓는 물에다 넣어 비벼서 빨아 서로 엉켜붙기를 기다렸다가 일정한 형태를 가진 목판의 틀에 융을 펼쳐 놓았다가 둥근 막대를 굴려서 만든다.

무릇 양탄자와 융의 본래의 색이 흰색과 검은 색이며 그 밖의 것들은 모두가 염색을 거친 것이다.

그 중 구유氍毹니 방로氆氇니 하는 명칭들은 모두가 중국이나 이민족의 방언들이다.

가장 거친 것이면서 담요로 만든 것이라면 이는 노마駑馬의 털 등 여러 가지 잡다한 것을 섞어 만든 것으로 순수한 양모에서 원료를 취한 것은 아니다.

凡織絨褐機大于布機, 用綜八扇, 穿經度縷, 下施四踏輪,
踏起經隔二拋緯, 故織出文成斜現.

其梭長一尺二寸.

機織·羊種皆彼時歸夷傳來(姓名再詳), 故至今織工皆其
族類, 中國無與也.

凡綿羊剪毳, 粗者爲氊, 細者爲絨.

氊皆煎燒沸湯投于其中搓洗, 俟其粘合, 以木板定物式,
鋪絨其上, 運軸赶成.

凡氊絨白·黑爲本色, 其餘皆染色.

其氍毹·氆氇等名稱, 皆華夷各方語所命.

若最粗而爲毯者, 則駑馬諸料雜錯而成, 非專取料于
羊也.

【氍毹】 원문에는 '氊毹'로 되어 있음. 카슈미르나 新疆 지역 소수민족이 만든
꽃무늬가 있는 양탄자.《三輔黃圖》未央宮에 "規地以罽賓氍毹"라 함. 罽賓은
지금의 인도, 파키스탄, 新疆 위구르 사이에 있는 카슈미르(Kashmir) 지역.
【氆氇】 원문에는 '氆魯'로 되어 있음. 티벳어의 음역. 티벳에서 생산되는 斜紋의
모직물. 옷이나 양탄자로 사용함.

3. 창시彰施

창시彰施는 《尙書》 益稷篇의 "帝曰:「臣作朕股肱耳目, 予欲左右有民. 汝翼, 予欲宣力四方. 汝爲, 予欲觀古人之象. 日月星辰山龍華蟲作會宗彝藻火粉米黼黻絺繡以五采彰施于五色, 作服, 汝明.」(순임금이 말하였다. "신하는 나의 고굉이며 이목이니 내가 백성을 돕고자 할 때 그대들은 나를 도와야 한다. 내가 사방에 힘을 펴고자 할 때 너희는 그 임무를 수행해야 한다. 내가 옛 선인들의 모습을 보아, 일월과 성신, 산과 용과 화충을 무늬로 만들고 종묘의 그릇, 풀과 불, 흰 쌀과 보불, 치수를 오채로써 오색에 빛나게 베풀어 옷을 만들고자 할 때는 그대들은 명확히 만들어야 한다")에서 '彰施'라는 어휘를 근거로 한 것이며 染色, 染料, 捺染, 染色 材料의 製造, 染色 方法 등을 포괄함.

(1) 전언前言

087(3-1)
전언

내 생각으로는 이렇다.

"하늘과 은하수 사이에는 구름과 놀의 기이한 색깔이 있고, 인간 세상에는 꽃과 잎이 각기 다른 모습을 하고 있다. 하늘이 온갖 물상을 내려주심에 성인이 이를 법으로 삼아 '다섯 무늬로써 오색에 빛나게 베풀었다' 하였으니 유우씨有虞氏가 어찌 여기에 마음을 쓰지 않았겠는가? 날짐승이 많아지자 봉황은 붉은 색으로 고귀함을 구분하였고, 길짐승이 가득 차자 기린은 푸른색으로 그들과 구분한 것이다. 무릇 **빽빽**하도록 많은 일반 백성들이 궁궐을 바라보면서 노랗고 붉은 색에 절을 하는 것도 그 본뜻은 이와 같은 것이다. 노자(군자)는 '단 것은 여러 맛의 조화를 받아들이고, 흰 색은 여러 채색을 받아들인다'라 하였다. 세간의 비단, 삼베, 갖옷, 갈옷은 모두가 바탕이 희지만 여기에 다른 색깔을 더할 수 있도록 해 준 것이니 이로써 그 흰색이 높임을 받는 것이다. 조물주가 염색에는 노고로운 마음을 두지 않았다고 말한다면 나는 믿지 않겠다."

宋子曰:「霄漢之間雲霞異色, 閻浮之內花葉殊形. 天垂象而聖人則之, 『以五采彰施于五色』, 有虞氏豈無所用心哉? 飛禽眾而鳳則丹, 走獸盈而麟則碧. 夫林林青衣望闕而拜黃朱也, 其義亦猶是矣. 老子曰:『甘受和,

白受采.』世間絲・麻・裘・褐, 皆具素質, 而使殊顔異色
得以尙焉. 謂造物而不勞心者, 吾不信也.』

【霄漢】 하늘과 은하수. 하늘의 구름이나 놀 등 여러 가지 색깔을 뜻함.

【閻浮】 원래 불교 용어. 南閻浮提를 말함. 우주를 四大部洲로 나누어 그 중
사람이 사는 대지를 南閻浮提라 하였음.

【天垂象而聖人則之】 '則'은 '칙'으로 읽음.《周易》繫辭傳(上)에 "天生神物,
聖人則之; 天地變化, 聖人效之; 天垂象, 見吉凶, 聖人象之; 河出圖, 洛出書,
聖人則之"라 함.

【彰施于五色】 五色으로써 물감을 들여 이를 빛나게 제작함.《尙書》益稷의 구절.
앞의 해설부분을 볼 것.

【有虞氏】 舜임금을 가리킴. 고대 五帝의 하나. 姓은 姒氏, 이름은 重華. 虞舜
으로도 부름. 堯임금으로부터 천하를 물려받아 帝位에 오름. 瞽瞍의 아들로
孝誠이 뛰어났던 분으로 널리 알려져 있으며 儒家에서 聖人으로 추앙함.
《十八史略》(1)에 "帝舜有虞氏: 姚姓, 或曰名重華, 瞽瞍之子, 顓頊六世孫也.
父惑於後妻, 愛少子象, 常欲殺舜. 舜盡孝悌之道, 烝烝乂不格姦"라 함.

【林林靑衣】 林林은 빽빽이 많은 모습을 뜻함. 靑衣는 天子를 제외한 그 아래
모든 백성. 푸른 옷을 입었음.

【黃朱】 宮闕은 五行으로 土를 뜻하며 위치는 中, 색은 黃으로, 이에 따라 건축
물의 지붕은 노란 기와(黃), 기둥은 붉은 색(朱)으로 하였음.

【老子曰】 '老子'는 '君子'의 오류.《禮記》禮器篇에 "君子曰:「甘受和, 白受采;
忠信之人, 可以學禮. 苟無忠信之人, 則禮不虛道. 是以得其人之爲貴也.」"라 함.

(2) 諸色質料

088(3-2)
여러 가지 색깔의 재질

1) 대홍색大紅色

그 재질은 홍화병紅花餅 한 가지로만 만들며, 이를 오매수烏梅水에다 삶아 다시 감수鹼水로 여러 차례 맑게 헹군다.

혹 또는 볏짚을 태운 재물을 감수 대신 쓰기도 하며 그 효과는 역시 같다.

여러 번 맑게 헹굴수록 빛깔이 더욱 선명해진다.

염방染房에서는 쉽게 하기 위해 먼저 노목수蘆木水로 그 색을 다져서 만들어 놓기도 한다.

무릇 홍화는 침향沈香이나 사향麝香을 아주 기피하여 이렇게 물들인 의복을 그러한 향료와 함께 간수하게 되면 보름이나 한 달 사이에 그 색이 바래고 만다.

무릇 홍화로 비단을 물들인 후 그 색을 빼고자 한다면 그 염색한 비단을 물에 적셔 감수나 볏짚을 태운 잿물을 그 위에 몇 십 방울 뿌려 두면 그 붉을 색이 완전히 퇴색하여 사라지며 비단 재질도 원상태가 된다.

그 때 물을 뺀 물을 녹두 가루로 적셔 두었다가 다시 붉은 색을 염료로 사용하면 반 방울도 허비함이 없게 된다.

염방에서는 이를 비결이라 여겨 남에게 알려주지 않는다.

2) 연홍蓮紅, 도홍색桃紅色, 은홍銀紅, 수홍색水紅色

이상의 원료도 역시 홍화병 한 가지로만 하며, 색의 짙고 연함은 분량의 가감에 의해 결정된다.

이상 네 가지 색은 모두가 노란 견사繭絲로 만든 옷감은 물을 들일 수 없으며 반드시 흰 실로 만든 옷감에만 그 색이 드러난다.

1) 大紅色:
其質紅花餅一味, 用烏梅水煎出, 又用鹼水澄數次.
或稻藁灰代鹼, 功用亦同.
澄得多次, 色則鮮甚.
染房討便宜者先染蘆木打脚.
凡紅花最忌沉·麝, 袍服與衣香共收, 旬月之間其色則毁.
凡紅花染帛之後, 若欲退轉, 但浸濕所染帛, 以鹼水·
稻灰水滴上數十點, 其紅一毫收轉, 仍還原質.
所收之水藏于綠豆粉內, 放出染紅, 半滴不耗.
染家以爲秘訣, 不以告人.

2) 蓮紅·桃紅色·銀紅·水紅色:
以上質亦紅花餅一味, 淺深分兩加減而成.
是四色皆非黃繭絲所可爲, 必用白絲方現.

【大紅色】심홍색과 같음. 아주 짙은 붉은 색.
【紅花餅】紅花는 菊花科의 紅花(Carthamus tinctorius)로서 그 꽃으로 만든 떡.
紅花餅을 만드는 법은 아래에 설명되어 있음. 떡으로 만들어 말렸다가 빨아
붉은 색 染料로 사용함.
【烏梅】달였을 때 까만 즙을 얻을 수 있는 매실의 일종. 酸梅라고도 하며 薔薇果
(Prumus mume). 그 과즙을 불에 졸이면 酸性이 생기며 이로써 홍화의 黃色
素를 제거함.

【鹼水】'鹼'은 '碱', '鹻' 등으로도 표기하며 소다(soda)수. '鹼'은 원래 광물질의 일종으로 천연산 알칼리성 물질로 덩어리 모양, 혹은 판자 모양으로 채굴되고 있음. 성분은 탄산나트륨(Na_2CO_3). 세탁 및 염료 제조의 공업용으로 쓰임.

【蘆木】옻나무과(Cotinus coggygria)의 나무로 黃色染料를 추출함.

【沉·麝】沉香과 麝香을 가리킴. 沉香은 瑞香科 香料木材(Aquilaria agallocha). 사향은 사향노루의 분비물을 건조시킨 향료(Moschus moscjiferus).

【繭絲】고치에서 바로 뽑은 명주실.

089(3-3)
여러 가지 물감과 염색

1) 목홍색木紅色

소목蘇木을 삶은 물에 명반明礬과 부자棓子를 넣어 만든다.

2) 자색紫色

소목으로 바탕을 염색하고, 청반靑礬을 매염제로 넣는다.

3) 자황색赭黃色

제조 방법은 상세하지 않다.

4) 아황색鵝黃色

황벽黃蘗나무를 삶은 물로 물들인 다음 전수靛水로 그 겉을 염색한다.

5) 금황색金黃色

노목蘆木을 삶은 물로 염색하고, 다시 삼을 태워 만든 잿물에 담갔다가 감수鹼水로 빨아낸다.

6) 다갈색茶褐色

연꽃 씨의 껍질을 삶은 물로 염색하고, 다시 청반수靑礬水로 그 겉을 염색한다.

7) 대홍관록색大紅官綠色

홰나무 꽃을 삶은 물로 염색하고, 다시 남전수藍澱水로 그 위에다 물들이며 색깔의 심천 정도는 명반明礬의 양으로 조절한다.

8) 두록색豆綠色

황벽나무를 삶은 물로 물들인 다음 전수로 그 겉은 물들인다. 지금은

작은 잎의 현람_{莧藍}을 삶은 물로 그 겉을 염색한 것을 초두록_{草豆綠}
이라 하며 색깔이 아주 선명하다.

9) 유록색_{油綠色}

홰나무 꽃을 삶은 물로 엷게 물들이고, 청반수_{靑礬水}로 겉을 염색한다.

1) 木紅色: 用蘇木煎水, 入明礬·栝子.

2) 紫色: 蘇木爲地, 靑礬尚之.

3) 赭黃色: 制未詳.

4) 鵝黃色: 黃蘗煎水染, 靛水盖上.

5) 金黃色: 蘆木煎水染, 復用麻藁灰淋, 鹼水漂.

6) 茶褐色: 蓮子殼煎水染, 復用靑礬水盖.

7) 大紅官綠色: 槐花煎水染, 藍澱盖, 淺深皆用明礬.

8) 豆綠色: 黃蘗水染, 靛水盖. 今用小葉莧藍煎水盖
　　　　者名草豆綠, 色甚鮮.

9) 油綠色: 槐花薄染, 靑礬盖.

【蘇木】蘇枋木이라고도 하며 豆科 木本 植物(Gaesalpinia sappan)으로 뿌리에서
　황색의 염료를 추출할 수 있으며 가지도 약간의 염료를 가지고 있음.

【明礬】白礬, 硫酸鉀鋁(KA$_1$(SO$_4$)$_2$·12H$_2$O). 일종의 媒染劑로 染料를 沈澱시켜 固
　着하도록 하는 역할을 함.

【栝子】五倍子, 沒食子라고도 하며 옻나무과 鹽腐木(Rhus chinensis) 잎에 기생
　하는 벌레 주머니(蟲癭). 鞣酸을 함유하고 있어 媒染劑로 활용함.

【蓮子殼】睡蓮科 蓮(Nelumbo nucitera)의 果皮. 물에 삶은 뒤 媒染劑를 넣어
　茶褐色의 염료를 얻음.

【靑礬】綠礬. 皀礬이라고도 하며 硫酸亞鐵(FeSO$_4$·7H$_2$O$_2$)로써 역시 매염제로
　사용함.

【槐花】 홰화나무. 홰나무. 豆科 槐樹(Sophora japonia)의 꽃으로 黃色 염료를 얻음.

【黃蘗】 芸香科의 黃柏(Phellodendron amurense). 나무의 내피에 황색 염료 성분을 함유하고 있음. 옷감 염색 외에도 종이 염색에도 사용됨.

【藍澱】 쪽풀에 석회석을 넣어 沈澱시켜 만든 藍色 염료.

【莧藍】 蓼藍의 작은 잎. '남전' 항목을 참조할 것.

090(3-4)
기타 여러 색깔

1) 천청색天青色

   남전수의 항아리에 얕게 넣어 얕게 물들이고, 다시 소목蘇木을 삶은
   물로 겉을 염색한다.

2) 포도청색葡萄靑色

   남전수의 항아리에 깊게 넣어 물들이고 소목을 삶은 물로 겉은
   진하게 염색한다.

3) 단청색蛋靑色

   황벽黃蘗나무를 삶은 물로 물들인 연후에 남전수의 항아리에 넣어
   염색한다.

4) 취람翠嵐과 천람天覽

   이 두 가지 색은 모두 남전수로 물들이되 농담濃淡을 달리 하면 된다.

5) 현색玄色

   남전수로 짙푸르게 염색하고, 노목蘆木, 양매楊梅를 같은 등분으로 삶은
   물을 겉에 염색한다. 또 다른 방법으로는 남아藍芽 잎을 울궈낸 물로
   물들인 다음 거기에 청반靑礬, 부자栝子를 함께 넣고 염색한다. 그렇게
   하면 베나 비단이 쉽게 부식한다.

6) 월백月白과 초백草白의 두 색

   모두 남전수로 미약하게 물들인다. 지금은 현람莧藍을 삶은 물로 하되
   반쯤은 덜 익힌 상태로 염색하는 방법이 있다.

7) 상아색象牙色

노목을 삶은 물로 엷게 물들이거나 혹 황토黃土를 사용하기도 한다.

8) 우갈색藕褐色

소목 삶은 물로 엷게 물들이고, 다시 연蓮밥 씨껍질과 청반수로 겉을 엷게 염색한다.

부) 포두청包頭靑의 염색법

이런 흑색은 남전藍靛으로 물들이지 않고, 밤 껍질이나 연밥 씨껍질을 하루 동안 삶은 다음 걸러낸 연후에 사철砂鐵과 조반皂礬을 솥에 넣고 다시 하룻밤 삶아서 사용하면 짙은 흑색을 얻을 수 있다.

1) 天靑色: 入靛碙淺染, 蘇木水盖.

2) 葡萄靑色: 入靛碙深染, 蘇木水深盖.

3) 蛋靑色: 黃蘗水染, 然後入靛碙.

4) 翠藍·天藍: 二色俱靛水分深淺.

5) 玄色: 靛水染深靑, 蘆水·楊梅皮等分煎水盖. 又一法, 將藍芽葉水浸, 然後下靑礬·梧子同浸, 令布帛亦朽.

6) 月白·草白二色: 俱靛水微染. 今法用筧藍煎水, 半生半熟染.

7) 象牙色: 蘆木煎水薄染, 或用黃土.

8) 藕褐色: 蘇木水薄染, 入蓮子殼·靑礬水薄盖.

附) 染皀: 頭靑色:

　　　此黑不出藍靛, 用栗殼或蓮子殼煎煮一日,
　　　漉起, 然後入鐵砂·皂礬鍋內, 再煮一宵卽
　　　成深黑色.

【𤭛】缸과 같음. 항아리.
【楊梅皮】楊梅科 楊梅나무(Myrica rubra)의 樹皮. 탄닌 성분을 함유하고 있으며
색을 고정시키는 역할을 함.
【栗殼】밤 속껍질. 殼斗科 板栗(Castanea mallessima)의 果殼.
【靑礬】皂礬.

091(3-5)
모청포毛靑布의 염색법

부)

모청포毛靑布의 염색법.

원래 청포靑布는 처음 무호蕪湖에서 유행하여 천여 년이나 되었다. 이는 장연漿碾의 방법으로 청색 빛을 나게 하는 것으로써 변방과 나라밖에서도 모두 귀히 여겼었다.

그러나 사람의 정서란 오래 쓰면 싫증이 나게 마련이다.

이에 따라 모청포毛靑布가 그것을 대신하여 근대에 출현하였는데 그것은 송강淞江의 좋은 포를 짙은 청색으로 염색하여 만든 것이며 장연의 방법을 쓰지 않고 바람을 불어넣어 말린 다음 아교를 섞은 두장豆漿 물로 한 번 거쳐 가공한 것이다.

먼저 좋은 남전수를 비축하며 이를 표강標碙이라 부르며, 그 속에 넣어 엷게 염색하여 바로 꺼내면 붉은 불꽃의 색이 은은히 나타나는데 이러한 포가 일시에 중시를 받게 된 것이다.

附)

染毛靑布色法:

布靑初尚蕪湖千百年矣, 以其漿碾成靑光, 邊方外國皆貴重之.

人情久則生厭. 毛青乃出近代, 其法取淞江美布染成
深青, 不復漿碾, 吹乾, 用膠水參豆漿水一過.

先蓄好靛, 名曰標缸, 入內薄染卽起, 紅焰之色隱然,
此布一時重用.

【靑布】푸른 빛을 띠도록 하는 옷감의 염색법.
【漿碾】물감에 적신 다음 이를 굴림대로 굴리거나 무거운 것으로 눌러 무늬를
　내는 염색법.
【蕪湖】安徽省의 지명.
【淞江】松江으로 표기하며 지금의 上海 松江區.
【豆漿】콩을 갈아 엷게 끓인 물.
【標缸】標缸. 청색 물감을 담은 항아리. 이를 표준으로 함.
【紅焰之色】원래 청색 위주였으나 붉은 불꽃 모양의 무늬를 드러나도록 하는
　변화를 준 것으로 보임.

(3) 쪽물: 藍澱

092(3-6)
쪽풀의 종류

쪽에는 다섯 종류가 있으며, 이들은 모두 침전시켜 쪽물을 만들 수 있다.

다람茶藍은 바로 숭람菘藍이며 뿌리를 꽂아 번식시킨다.

요람蓼藍, 마람馬藍, 오람吳藍 등은 모두 씨를 뿌려 재배한다.

근래에 다시 요람 중에 잎이 작은 것이 나타났는데 속칭 현람莧藍이라
하며, 이는 더욱 좋은 품종이다.

凡藍五種皆可爲澱.

茶藍卽菘藍, 揷根活.

蓼藍·馬藍·吳藍等皆撒子生.

近又出蓼藍小葉者, 俗名莧藍, 種更佳.

【澱】沈澱시켜 만든 식물 염료. 쪽을 말하며 靛藍(Indigotin)의 성분이 위주이며
쪽풀을 발효시켜 石灰水로 처리하여 만들어 냄.

【茶藍】菘藍이라고도 하며 十字花科(Isatis tinctoria)의 草本植物.

【蓼藍】중국 원산의 蓼科(Polygonum tinctorium) 草本植物.

【馬藍】山藍, 혹은 大葉冬藍이라고도 하며 爵床科(Strobilanthes flaccidifolius)의
草本植物.

【吳藍】장강 이남에서 나는 쪽풀의 일종. 豆科의 木藍(Indigofera tinctoria).

093(3-7)
쪽풀 재배법

다람茶藍을 심는 방법은 겨울에 베어서 잎을 하나씩 잘라내어 이를 움 속에 넣어 남전을 만든다.

그 줄기는 위아래를 잘라내고 뿌리 가까운 부분 몇 치 길이로 남겨 두었다가 이를 연기에 쬐어 말린 다음 흙 속에 묻어둔다.

봄이 오면 산에 불을 놓아 흙을 깨끗하게 하여 아주 비옥하고 부드럽게 한 다음 호미(그 호미는 끝의 갈고리가 안쪽으로 굽어지도록 하며 길이는 8치쯤 되도록 함)로 흙을 쪼아 비스듬한 구멍을 내고 저장해 두었던 줄기를 그 안에 꽂아 넣으면 저절로 뿌리가 살아 잎이 나게 된다.

그 외 다른 쪽풀은 모두 씨를 거두었다가 이를 밭에 뿌려 재배한다.

늦은 봄에 싹이 나며 6월이면 씨를 따며, 7월이면 이를 베어 남전을 만든다.

凡種茶藍法, 冬月割穫, 將葉片片削下, 入窖造澱.

其身斬去上下, 近根留數寸, 薰乾, 埋藏土內.

春月燒淨山土, 使極肥鬆, 然後用錐鋤(其鋤勾末向身, 長八寸許), 刺土打斜眼, 揷入于內, 自然活根生葉.

其餘藍皆收子撒種畦圃中.

暮春生苗, 六月採實, 七月刈身造澱.

【近根】 다람은 뿌리로 번식시키기 때문에 이를 남겨 두었다가 연기를 쐬어 말려 소독을 한 다음 흙 속에 묻어둠.

094(3-8)
표강標碙

　무릇 남전의 제조법은 잎과 줄기가 많은 것은 움에 넣고, 적은 것은 통이나 항아리에 넣는다.

　물에다 7일간 담가 두면 쪽의 즙이 저절로 우러난다.

　그 항아리 물의 한 섬마다 석회 다섯 되를 넣어 수십 번 흔들어 저어 주면 남전이 응결된다.

　물이 고요해졌을 때면 남정이 그 바닥에 가라앉게 된다.

　근래에 생산되는 것으로서 복건福建 사람들이 산에 심는 것은 모두 다람茶藍이며, 그 수량은 다른 쪽풀보다 몇 배나 된다.

　산중에서 대광주리를 엮어 이를 담아 배를 이용하여 밖으로 실어나른다.

　그 중에 물 위에 떠오른 거품을 걷어내고 햇볕에 말린 것을 전화靛花라 한다.

　무릇 남전을 항아리에 넣어 둘 때는 반드시 먼저 볏짚을 태운 잿물을 골고루 섞어서 매일 대나무 막대를 손에 쥐고 셀 수 없을 만큼 여러 차례 휘저어야 하며 그 중 품질이 가장 좋은 것을 일러 표강標碙이라 한다.

凡造澱, 葉與莖多者入窖, 少者入桶與缸.

水浸七日, 其汁自來.

每水漿壹石下石灰五升, 攪衝數十下, 澱信卽結.

水性定時, 澱澄于底.

近來出産, 閩人種山皆茶藍, 其數倍于諸藍.

山中結箬簍輸入舟航.

其掠出浮抹晒乾者, 曰靛花.

凡藍入碙, 必用稻灰水先和, 每日手執竹棍攪動, 不可計數, 其最佳者曰標碙.

【澱澄于底】'澱澄'은 '澱沉'이어야 함.
【閩】福建省의 약칭. 그 성 가운데 閩江이 흘러 고대부터 閩이라 불렀음.

(4) 홍화紅花

095(3-9)
홍화 재배법

홍화는 밭에다 씨를 뿌려 재배하는 품종으로서 2월초에 파종한다.

너무 일찍 심은 것은 싹의 키가 1척쯤 되면 바로 벌레나 흑의黑蟻가 생겨 그 뿌리를 갉아먹어 곧바로 죽어버린다.

무릇 토질이 기름진 곳에 심은 것으로 싹이 2, 3척이 자라면 매 두둑마다 말뚝을 박아 가로로 줄을 쳐서 강풍에 꺾이지 않도록 대비해야 한다.

토질이 척박하여 1자 5치가 안 되는 것이라면 그렇게 할 필요가 없다.

紅花場圃撒子種, 二月初下種.

若太早種者, 苗高尺許卽生蟲與黑蟻, 食根立斃.

凡種地肥者, 苗高二・三尺, 每路打橛, 縛繩橫闌, 以備狂風拗折.

若瘦地, 尺五以下者, 不必爲之.

【黑蟻】 홍화 뿌리를 갉아먹는 害蟲의 일종.
【橫闌】 가로로 줄을 쳐서 묶음.

096(3-10)
홍화의 채취

홍화는 초여름이면 꽃을 터뜨리며 꽃 아래에는 받침대가 있고 많은 가시가 있으며 꽃은 그 받침대에서 나온다.

꽃을 딸 때는 반드시 이른 새벽녘 이슬을 머금고 있을 때 채취해야 한다.

만약 해가 높이 뜨고 마르게 되면 그 꽃은 씨를 맺기 위해 오므라들어 딸 수가 없다.

그 아침 날이 흐려 이슬이 없다면 꽃을 피우는 것이 적으며 볕이 난 이후에 따도 괜찮으며 이는 햇볕이 없기 때문이다.

홍화는 날마다 꽃을 터뜨려 한 달 정도 지나서야 끝난다.

이를 약으로 쓰고자 한다면 떡 모양으로 만들 필요가 없으나 만약 염색집에 팔기 위한 것이라면 떡 모양을 만든 후에 사용하면 노란 즙이 모두 깨끗이 사라지고 진홍색眞紅色이 나타난다.

그 씨는 볶아서 압착하여 기름을 짤 수 있으며, 혹 은박銀箔을 부채에 붙이고 이 기름으로 한 번 발라 쓸어주고 불에 쬐어 말리면 곧바로 황금색을 얻을 수 있다.

紅花立夏卽放綻, 花下作稑彙多刺, 花出稑上.

採花者必侵晨帶露摘取.

若日高露旴, 其花卽結閉成實, 不可採矣.

其朝陰雨無露, 放花較少, 旰摘無防, 以無日色故也.

紅花逐日放綻, 經月乃盡.

入藥用者不必製餅, 若入染可用者, 必以法成餅然後用, 則黃汁淨盡, 而眞紅乃現也.

其子煎壓出油, 或以銀箔貼扇面, 用此油一刷, 火上照乾, 立成金色.

【柎】도토리 모습의 꽃받침. 아직 터지지 않은 꽃을 받치고 있는 부분.
【旰】판본에 따라 이를 '盰'자로 보기도 함.
【旰摘無防】'防'은 '妨'의 오류.
【成餅】紅花를 떡 모양으로 만들어 사용함. 이것이 紅花餅임.

097(3-11)
홍화병紅花餅 제조법

홍화병 제조법이다.

이슬을 머금은 채로 따낸 홍화를 충분히 빻아 물에 담궈 포대에 넣고 죄어 황즙黃汁을 짜낸다.

그리고 다시 찧은 다음 이미 발효시킨 좁쌀이나 혹 쌀을 일고 물을 넣어 맑게 씻는다.

다시 이를 걸러 다시 포대에 넣어 죄어 짜서 즙을 제거한다.

그리고 청호靑蒿를 덮어 하룻밤을 재운 다음 얇은 떡으로 눌러 만들어 그늘에서 말려 저장한다.

염색집에서는 이러한 방법으로 하여 "나는 붉은 색으로 크게 빛나게 염색하도다"라 한 것이니 이것이 소위 성홍색猩紅色이다(종이의 청첩을 물들일 때는 반드시 홍화병으로 만든 염료를 사용함. 그렇게 하지 않으면 전혀 아무런 색도 나타나지 않기 때문임).

造紅花餅法:

帶路摘紅花, 搗熟, 以水淘, 布袋絞去黃汁.

又搗以酸粟或米淘青.

又淘, 又絞袋去汁.

以青蒿覆一宿, 捏成薄餅, 陰于收貯.

染家得法.

「我朱孔陽」, 所謂猩紅也(染紙吉禮用, 亦必用製餠, 不然全無色).

【去黃汁】 황즙을 제거하는 이유는 홍화에는 홍색의 색소 외에 황색도 있기 때문에 황색이 간섭을 하여 순수한 홍색을 얻을 수 없기 때문임. 紅色素는 鹹性 용액에 용해됨.

【酸粟】 좁쌀을 물에 불려 두면 酸性으로 변하여 이로써 황색소를 제거함.

【米泔】 쌀을 일고 난 뜨물.

【靑蒿】 제비쑥. 菊花科 식물(Artemisia apiacea)로 살균 작용을 함.

【我朱孔陽】《詩經》豳風 七月의 구절. "八月載績. 載玄載黃, 我朱孔陽, 爲公子裳" (8월이면 길쌈하여 검고 노란 물들이고, 붉고 붉은 이것으로 공자 치마 해드리리) 의 뜻.

(5) 附: 연지燕脂와 홰화나무꽃槐花

098(3-12)
연지燕脂

옛날에 연지를 만들 때 자광紫礦을 써서 면綿을 염색한 것을 최상으로 삼았으며, 산류화山榴花의 즙으로 만든 것을 그 다음으로 여겼다.

근래 산동山東의 제녕濟寧 지역에서는 단지 염색하고 남은 홍화 찌꺼기로 이를 만들며 그 값은 아주 싸다.

그 찌꺼기를 말린 것을 자분紫粉이라 한다.

단청가丹靑家는 혹 이를 사용하기도 하지만 염색집에서는 조박糟粕한 것으로 여겨 폐기해 버린다.

燕脂古造法以紫礦染綿者爲上, 紅花汁及山榴花汁次之.

近濟寧路但取染殘紅花滓爲之, 値甚賤.

其滓乾者名曰紫紛.

丹靑家或收用, 染家則糟粕棄也.

【燕脂】臙脂, 燕支, 胭脂 등 여러 표기가 통하며 붉은 색 물감이면서 화장품으로도 사용함. 明 張自烈의 《正字通》에 "燕脂以紅藍花汁凝脂爲之, 燕國所出"이라 하여 원래 고대 燕나라 특산이었음.

【紫礦】 원래 꽃의 일종. 그 밖에 紫膠, 蟲膠, 紫膠蟲(Laccifer Lacca)이라는 벌레의 분비물로 朱紅色을 띠어 염료로 사용함.

【山榴】 石南科 식물(Rhododendron indicum). 혹 映山紅의 일종으로 붉은 꽃을 즙을 내어 사용함.

099(3-13)
홰화나무 꽃槐花

홰화나무는 10여 년을 자라야 비로소 꽃이 피고 열매를 맺는다.

꽃이 아직 피지 않은 꽃봉오리를 괴삽槐蕊이라 하며, 이것으로는 녹색 염색에 사용하며 이는 홍화로서 붉은 색으로 염색하는 방법과 같다.

홰화나무 꽃을 딸 때는 그 밑에 대광주리를 빽빽하게 펼쳐놓고 이를 받아낸다.

그리고 물을 끓여 한 번 익혀 걸러낸 다음 이를 말려 눌러 떡 모양을 만들어 염색집에 보내어 사용한다.

이미 핀 꽃은 점차 색깔이 황색으로 변하며 이를 모아서 소량의 석회를 약간 섞어 햇볕에 뒤적이며 말려 저장한다.

凡槐花樹十餘年後方生花實.

花初試未開者曰槐蕊, 綠衣所需, 猶紅花之成紅也.

取者張度與稠其下而承之.

以水煮一沸, 漉乾捏成餠, 入染家用.

旣放之花色漸入黃, 收用者以石灰少許晒拌而藏之.

【槐花】홰화나무 꽃은 원래 흰색이나 여기에 靑礬을 媒染劑로 사용하거나 혹 藍澱을 넣고 明礬을 매염제로 넣어 녹색을 얻기도 함.

【槐蕊】원문을 따랐으나 삽은 '蕊'나 '蕾'의 오기일 가능성이 있음.

【度輿】'輿'는 '簨'자를 簡化하여 쓴 것임. 대나무로 짠 넓은 광주리.

【晒拌】뒤섞어 말림. 그러나 晒를 洒(灑)로 보아 석회수 물을 뿌려 뒤섞은 다음 이를 저장한다고도 보았음.

4. 수정粹精

　　수정粹精은 《周易》 文言傳(上)에 "乾始能以美利利天下, 不言所利, 大矣哉! 大哉乾乎! 剛健中正, 純粹精也; 六爻發揮, 旁通情也; 時乘 六龍, 以御天也; 雲行雨施, 天下平也"의 '純粹精'에서 '粹精'을 취한 것이며, 곡물을 가공함을 뜻함. 구체적으로 '粹'는 밀가루처럼 낟알을 가루까지 만드는 과정을 거치는 곡물이며, '精'은 쌀알처럼 도정까지 하는 곡물을 가리킴. 이러한 과정과 필요한 도구의 발명, 활용 등에 대해 설명한 것임.

(1) 전언前言

100(4-1)
전언

 내 생각으로는 이렇다.

 "하늘은 오곡五穀을 낳아 백성을 길러 주되, 알갱이는 노란 치마 속에 간직되어 있다는 뜻을 가지고 있으니 벼는 강糠이 껍질이며, 밀, 보리는 기울이 옷이다. 그리고 조와 고량, 서속, 피는 털과 깃이 이를 숨겨주듯 하고 있다. 알갱이를 까불고 가장 깨끗한 것을 골라내는 것이니, 이러한 도가 어찌 끝까지 비밀일 수가 있겠는가? 마시고 먹으면서 그 맛을 아는 사람은 먹을 때마다 정밀한 것을 싫어하지 않는다. 방앗공이와 확의 편리함으로 인해 온 백성이 살아가고 있는 것이니 이는 대체로 〈소과小過〉의 원리에서 취한 것이리라. 이러한 것을 만든 자를 어찌 사람의 모습을 가졌으되 하늘의 이치를 터득한 자라 아니할 수 있겠는가?"

 宋子曰:「天生五穀以育民, 美在其中, 有「黃裳」之意焉. 稻以糠爲甲, 麥以麩爲衣. 粟·梁·黍·稷毛羽隱然. 播精以擇粹, 其道寧終秘也? 飮食而知味者, 食不厭精. 杵臼之利, 萬民以濟, 蓋取諸在《小過》. 爲此者, 豈非人貌而天者哉?」

【五穀】흔히 黍, 稷, 菽, 麥, 稻를 가리지만 여기서는 사람이 먹고 사는 모든 곡물을 가리킴.

【天生五穀】《博物志》(8)에 "《止雨祝》曰:「天生五穀, 以養人民. 今天雨不止, 用傷五穀, 如何如何! 靈而不幸, 殺牲而賽神靈; 雨則不止, 鳴鼓攻之, 朱絲繩縈而脅之.」"라 함.

【黃裳】곡물은 대체로 익으면 누런색의 殼甲 속에 알갱이가 들어 있음을 말함. 《周易》坤卦에 "六五, 黃裳, 元吉. 象曰:「黃裳元吉」, 文在中也"라 함.

【美在其中】좋은 알갱이 그 속에 들어 있음.《周易》文言傳(下)에 "君子黃中通理, 正位居體, 美在其中而暢於四支, 發於事業, 美之至也!"라 함.

【食不厭精】정밀하게 다룬 음식을 싫어하지 않음.《論語》鄕黨篇에 "食不厭精, 膾不厭細"라 함.

【杵臼之利】臼杵之利.《周易》繫辭傳(下)에 "斷木爲杵, 掘地爲臼, 臼杵之利, 萬民以濟, 蓋取諸小過"라 함.

【小過】《周易》제 62괘로 震上艮下의 구조로 震은 雷(☳)를, 艮은 山(☶)을 상징하여 위에서는 움직이고 아래는 조용히 안정을 지킴을 뜻함. 즉 방아는 杵(방앗공이)는 위에서, 臼(확)는 아래에서 각기 자신의 임무를 다함을 비유한 것.

(2) 攻稻(擊禾·軋禾·風車·水碓·石碾·臼·碓·篩. 皆具圖)

101(4-2)
벼타작

벼를 베어 수확한 후에는 벼에서 볏짚을 분리하고 알갱이를 취한다.

손으로 볏단을 잡고 이를 후려쳐서 얻는 것이 반을 차지하고, 말리는 마당에 소가 끄는 돌을 굴려 얻는 것이 반을 차지한다.

무릇 손으로 볏단을 잡고 후려치는 데는 치는 바탕이 되는 물건으로는 혹 목통木桶을 사용하기도 하고(그림26) 혹 돌 판을 쓰기도 한다.(그림27)

수확 할 때 비가 많이 내리고 갠 날이 적어 논의 벼가 젖어 있어 타작 마당으로 올려올 수 없으면 목통을 써서 논에서 벼를 털어야 한다.

날씨가 맑아 벼가 말랐을 때는 돌 판을 사용하는 것이 아주 편리하다.

凡稻刈穫之後, 離藁取粒.

束藁于手而擊取者半; 聚藁于場而曳牛滾石以取者半.

凡束手而擊者, 受擊之物, 或用木桶, 或用石板.

收穫之時雨多霽少, 田稻交濕不可登場者, 以木桶就田擊取.

晴霽稻乾, 則用石板甚便也.

【攻稻】벼를 베어 터는 작업. 타작, 탈곡 작업 등 일체를 가리킴.
【擊禾】벼를 후려쳐서 터는 방법.

【軋禾】 벼를 마당에 펼쳐 놓고 돌을 굴려 터는 방법.

【風車】 턴 벼를 바람을 이용하여 낟알을 골라내는 작업에 필요한 공구.

【水碓】 물의 힘을 이용하여 벼를 찧는 물레방아.

【石碾】 연자. 돌로 만들어 소의 힘을 이용하여 찧는 장치.

【臼】 디딜방아와 절구 등의 확.

【碓】 두드려 찧는 절구방아를 가리킴.

【篩】 낟알이나 가루를 쳐서 걸러내는 체.

〈그림26〉 젖은 논에서의 타작

稻場

〈그림27〉 마당에서의 타작(나락털기)

102(4-3)
소를 이용한 타작

　무릇 소가 타작마당에서 돌을 끌어서 굴려 벼를 털면(그림28) 손으로 칠 때보다 3배나 힘을 아낄 수 있다고 여겨지기는 하나, 다만 볍씨로 쓸 벼일 경우 벼 끝의 씨눈이 갈아 없어져 발아율發芽率이 감소할 우려가 있다.

　그 때문에 남방에 벼농사를 많이 하는 집에서는 마당의 벼를 소의 힘을 이용할 때가 많지만, 이듬해 볍씨로 쓸 것은 차라리 돌 판에 쳐서 낟알을 거둔다.

　무릇 벼 중에 가장 좋은 것은 낟알 9개에 쭉정이가 한 개 정도이다.

　만약 풍우가 때에 맞지 아니하고 가꾸고 김매는 시기를 놓쳤다면 낟알 6개에 쭉정이가 4개 정도 생기기도 한다.

　무릇 쭉정이를 가려 없애는 데는 남방에서는 모두가 풍차風車를 써서 부채질하여 흩날려 보낸다.

　북방에서는 벼가 적으므로 바람을 이용하여 날려보내는 방법이 있다. 바로 보리, 밀, 기장을 날려보내는 방법인데, 벼도 그렇게 하는 것이다. 그러나 대체로 풍차를 이용하는 것만큼 편리하지는 못하다.

　凡服牛曳石滚壓場中, 視人手擊取者力省三倍, 但作種之穀, 恐磨去殼尖減削生機.

　故南方多種之家, 場禾多藉牛力, 而來年作種者, 寧向石板擊取也.

凡稻最佳者, 九穰一秕.

倘風雨不時, 耘耔失節, 則六穰四秕者容有之.

凡去秕, 南方盡用風車扇去.

北方稻少, 用颺法, 卽以颺麥·黍者颺稻, 盖不若風車之便也.

【磨去殼尖】굴리는 돌이 무거워 벼가 털리는 정도를 넘어 갈려 껍질에 가까운 뾰족한 씨눈까지 없어지게 됨.

【生機】이듬해 볍씨로 사용할 경우 발아력의 생기를 뜻함.

【颺法】벼를 높이 떠서 알맞은 양만큼 조금씩 아래로 내려쏟으면 바람에 의해 쭉정이나 북데기가 멀리 떨어지도록 하는 방법. 나비질이라고도 함.

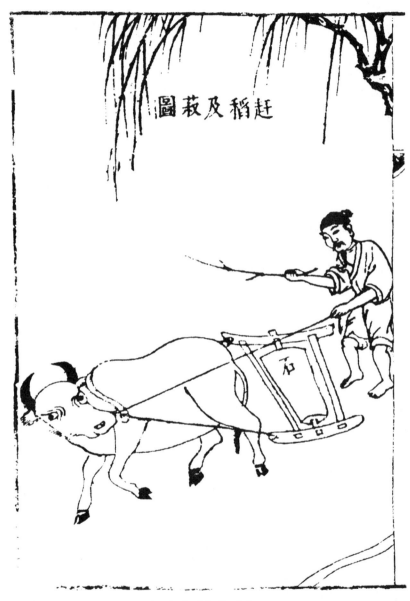

〈그림28〉 벼와 콩 털기

103(4-4)
목롱木礱과 토롱土礱

무릇 벼의 껍질을 제거하는 데는 매통을 쓰고, 속겨를 제거하는 데는 방아나 연자를 사용한다.

그러나 물레방아로 찧으면 매통의 기능을 겸하게 되며 마른 벼를 연자에 넣어 찧을 때라면 역시 매통을 쓰지 않아도 된다.

매통에는 두 가지가 있다. 하나는 나무로 만드는데 나무를 1척 정도 길이로 잘라(재질은 흔히 소나무를 사용함) 깎고 다듬어 큰 마磨 모양을 만들고, 양 날개에는 모두 세로로 비스듬한 이빨 날을 판다. 아래쪽에는 대나무 순 같은 나무를 세워 위로 통하도록 하고 그 빈 공간은 곡물이 들어갈 수 있도록 한다.(그림29)

나무 매통은 쌀 2,000 섬 남짓 찧고 나면 닳아서 기능을 다하게 된다.

무릇 나무 매통은 벼가 너무 마른 것이 아니기만 하면 매통에 넣어 찧더라도 역시 쌀알이 잘 부서지지 않는다. 그 때문에 군국軍國에 바치거나 조운漕運으로 옮기기 위해 저장하는 수천만 섬은 모두가 이 매통으로 찧는다.

다른 하나는 흙으로 만든 매통(그림30)으로 대나무를 잘라 둘레를 둥글게 만들고 깨끗한 황토를 그 속에 채운 다음 위아래 두 면은 각각 대나무 이빨을 박는다.

그리고 그 위 대나무로 엮은 깔때기 공간에는 벼를 넣으며 그 양은 나무 매통의 곱절이나 된다.

곡물이 조금 젖어 있는 경우 거기에 넣으면 낟알이 부서지거나 잘라진다.

흙으로 만든 매통은 200 섬 정도를 찧고 나면 닳아서 노후하여 쓸 수가 없다.

무릇 나무 매통은 반드시 건장한 장부가 다룰 수 있으나 흙으로 만든 매통은 나약한 부녀자라 해도 가히 그 일을 해낼 수가 있다.

서민들이 일상 먹는 쌀은 모두가 이 흙으로 만든 매통에서 나온 것들이다.

凡稻去殼用礱, 去膜用舂·用碾.

然水碓主舂則兼併礱功, 燥乾之穀, 入碾亦省礱也.

凡礱有二種, 一用木爲之, 截木尺許(質多用松), 斲合成大磨形, 兩扇皆鑿縱斜齒, 下合植笋穿貫上合, 空中受穀.

木礱攻米二千餘石, 其身乃盡.

凡木礱, 穀不甚燥者, 入礱亦不碎, 故入貢軍國·漕儲千萬, 皆出此中也.

一土礱, 析竹匡圍成圈, 實潔淨黃土于內, 上下兩面各嵌竹齒.

上合篘空受穀, 其量倍于木礱.

穀稍滋濕者, 入其中卽碎斷.

土礱攻米二百石, 其身乃朽.

凡木礱必用健夫, 土礱則孱婦弱者, 可勝其任.

庶民饔食皆出此中也.

【礱】농구의 일종으로 곡물을 찧는 기구. 石磨처럼 생겼으며 나무 이빨이나 대나무로 만든 이빨을 확의 위아래에 박아 아래 확은 고정시키고 위 확은 회전

하도록 하여 마찰할 때 벼의 껍질이 벗겨지도록 고안한 것임.

【軍國】軍糧米나 나라에 공물로 바치는 稅穀.

【漕儲】漕運으로 실어 날라야 할 곡물이나 저장용 곡물.

【孱】孱弱함. 힘이 세지 않음.

【饔食】일상 아침저녁 먹는 음식.

〈그림29〉목롱(木礱)

〈그림30〉 토롱(土礱)

104(4-5)
벼의 도정搗精

무릇 이윽고 매로 찧어낸 다음이라면 풍차로 겨와 벼쭉정이를 제거한다.
그리고 이를 체에 기울여 붓고 돌리면(그림31) 낟알 중에 껍질이 벗겨지지
않은 것은 체의 겉에 떠오르게 되므로 이를 다시 매에 넣어 찧으면 된다.

무릇 체는 큰 것은 둘레가 5자 정도이며, 작은 것은 그 반 정도이다.

큰 것은 속을 반드시 붕긋 솟아오르게 해야 하며 건장한 남자가 사용
하고, 작은 것은 테의 높이가 2치 정도로 그 가운데가 평평하면서 움푹
하며 부녀자들이 사용한다.

무릇 볍쌀은 이미 체질을 한 다음에는 확에 넣어 방아질을 한다.

확 역시 두 종류가 있으며, 여덟 식구 이상인 대가족일 경우 땅을 파고
그 돌확을 거기에 묻어 고정시켜 옮기지 않고 사용한다.

확의 용량은 큰 것은 다섯 말이 들어가고 작은 것은 그 반이 들어간다.

횡목에 방앗공이 머릿부분(공이의 끝은 쇠로 만들며 초찌꺼기로 이를 봉합시킴)을 꽂아 발로 그 끝을 밟아
방아를 찧는다.

충분히 찧지 않으면 낟알이 거칠고, 너무 찧으면 가루가 된다. 정밀하게
찧은 쌀은 바로 이렇게 해서 나온 것이다.

밥을 해 먹을 일이 적은 경우라면 나무를 잘라 손으로 사용하는 절구
공이를 만들며 그 확은 혹 나무나 혹 돌로 만들어 방아로 사용한다.(그림32)

이미 방아를 찧은 다음에는 거기에서 생긴 껍질과 속껍질(겨)은 빻아
가루로 만들며 이를 세강細糠이라 한다. 이는 개나 돼지의 사료로 사용하며
흉년이 든 해에는 사람도 역시 먹을 수 있다.

세강을 바람에 날려 제거하면 속껍질 겨까지 말끔히 없어져 알갱이의
정미를 얻을 수 있다.

凡旣礱, 則風扇而去糠粃.

傾入篩中團轉, 穀未剖破者, 浮出篩面, 重復入礱.

凡篩大者圍五尺, 小者平之.

大者其中必偃隆而起, 健夫利用; 小者弦高二寸, 其中
平窐, 婦子所需也.

凡稻米旣篩之後, 入臼而舂.

臼亦兩種, 八口以上之家, 掘地藏石臼其上.

臼量大者容五斗, 小者半之.

橫木穿插碓頭(碓嘴治鐵爲之, 用醋滓合上), 足踏其末而舂之.

不及則粗, 太過則粉, 精糧從此出焉.

晨炊無多者, 斷木爲手杵, 其臼或木或石以受舂也.

旣舂以後, 皮膜成粉, 名曰細糠, 以供犬豕之豢, 荒歉
之歲, 人亦可食也.

細糠隨風扇播揚分去, 則膜塵淨盡而粹精見矣.

【平(牟)之】원문의 '平'은 '牟'의 오류.

【平窐】평평하면서 움푹 파이게 함. 부녀자들이 사용하는 것으로 알곡이 파인
곳으로 모여 무게 중심이 가운데가 되어 다루기 쉽도록 하기 위한 것으로 보임.

【醋滓】초 찌꺼기. 초에 쇳가루를 배합하여 구멍이나 빈 공간을 메우는 데에
사용함.

【晨炊無多者】식구가 적어 쌀 소비가 많지 않은 가정. 이 경우 절구를 작은
이동식으로 하여 수시로 필요한 곳에서 사용하기 때문임.

【荒歉之歲】흉년이 들어 먹을 것이 귀한 경우 이를 救荒食品으로 사용함.

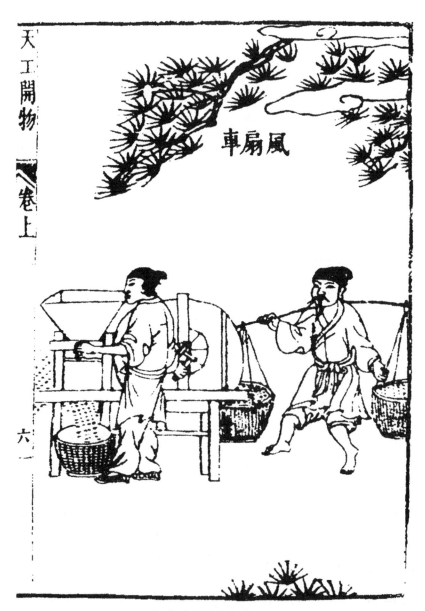

천공개물

〈그림31〉 풍선차(風扇車)

〈그림32〉 디딜방아와 절구

105(4-6)
물레방아

　무릇 물방아는 산중의 물가에 사는 사람들이 만들어낸 것으로(그림33) 벼를 찧는 방법으로 사람 힘의 열 배를 아낄 수 있어 누구나 즐겨 이를 만든다.

　물을 끌어들여 그 성취를 이루는 것은 통차筒車로 논에 물을 대는 방법과 동일한 원리이다.

　설치하는 확의 많고 적음은 동일하지 않으며 흐르는 물 수량의 많고 적음, 그리고 지세의 좁은 정도에 따르며 혹 2~3개를 설치하면 된다.

　수량이 많고 지세가 넓을 경우 병렬로 10개를 설치해도 문제될 것이 없다.

　강남 신군信郡에서의 물레방아 설치 방법은 지극히 절묘하다.

　대체로 물레방아에서 걱정되는 것은 확을 묻는 위치가 낮으면 많은 물이 밀려들어 잠기는 것이며, 너무 높으면 물을 끌어들이기가 쉽지 않다는 점이다.

　그런데 신군에서는 물레방아를 설치할 때 배를 만들어 말뚝을 박아 거기에 붙들어 매고, 그 배 안에 흙을 채우고 거기에 확을 묻는 방법을 쓰고 있다.

　그리고 다시 냇물 중간에 약간의 돌로 방죽을 쌓아 돌다리를 놓아 방아를 만들고 나면 말뚝을 박거나 흙으로 언덕을 쌓아야 하는 노력에 번거로움을 피할 수 있는 것이다.

또한 이 물레방아는 한 번에 세 가지가 이용되는 것이니 세찬 물이 바퀴를 돌려 첫째는 이를 돌려 가루를 만들어낼 수 있고, 둘째는 방아를 돌려 쌀을 찧어낼 수 있으며 셋째는 이렇게 끌어들인 물로 벼논에 관개를 할 수 있다는 점이다.

이러한 생각은 계책에 좋은 이익을 놓치지 않고 일을 하는 자라야 만들어 낼 수 있는 것이리라.

凡水碓, 山國之人居河濱者之所爲也, 攻稻之法, 省人力十倍, 人樂爲之.

引水成功, 則筒車灌田同一制度也.

設臼多寡不一, 値流水少而地窄者, 或兩三臼.

流水洪而地室寬者, 卽並列十臼無憂也.

江南信郡水碓之法巧絶.

蓋水碓所愁者, 埋臼之地卑則洪潦爲患, 高則承流不及.

信郡造法卽以一舟爲之, 撅椿維之, 築土舟中, 陷臼于其上.

中流微堰石梁, 而碓已造成, 不煩椓木壅坡之力也.

又有一擧而三用者, 激水轉輪頭, 一節轉磨成麵, 二節運碓成米, 三節引水灌稻田.

此心計無遺者之所爲也.

【筒車】 물을 막아 물레방아 바퀴처럼 돌게 한 다음 물을 퍼 올려 급수하는 방법. 〈乃粒〉의 수리 017을 참조할 것.

【信郡】 지금의 江西 上饒 일대.

【撅椿維之】 물 가운데에 말뚝을 박아 여기에 배를 매어 설치함.

【琢木壅坡】 나무를 꽂고 언덕을 만들어 옹벽을 설치함.

【心計無遺】 이익이 되는 것은 빠뜨림이 없이 계책을 세워 활용함.

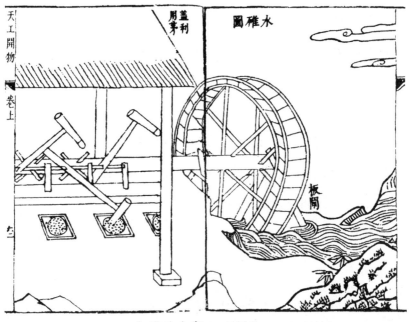

〈그림33〉 수대(水碓: 물레방아)

106(4-7)
맷돌

무릇 냇가에서 물레방아만 쓰는 지역 사람 중에는 늙어 죽도록 매통을 본 적이 없는 사람이 있으며 겨와 속껍질은 모두 이 절구로 처음부터 끝까지 작업한다.

다만 바람으로 체질을 하는 것은 다른 지역과 같지 않음이 없을 뿐이다.

무릇 맷돌은 돌을 잘라서 만들며 받침돌과 바퀴도 모두 돌로 만든다.
(그림34)

송아지나 망아지만 사람이 부리면 된다.

대체로 소 한 마리의 힘이면 하루에 다섯 사람의 작업 분량을 해낼 수 있다.

다만 그 속에 넣는 곡물은 반드시 아주 바짝 말린 것이어야 하며 조금이라도 습기가 있으면 부서지거나 잘라진다.

凡河賓水碓之國, 有老死不見礱者, 去糠去膜皆以白
相終始.

惟風篩之法則無不同也.

凡磑砌石爲之, 承藉 · 轉輪皆用石.

牛犢 · 馬駒惟人所使.

盖一牛之力, 日可得五人.

但入其中者, 必極燥之穀, 稍潤則碎斷也.

【礱砌】疊韻連綿語의 物名. 맷돌. 아래 위의 돌을 맞물리게 하며 이는 모두
돌로써 만들어 사용함.
【承藉】곡물을 받아 이를 갈리도록 하는 밑돌. 받침돌.

〈그림34〉 소로 연자매 돌리기

(3) 밀과 보리의 탈곡: 攻麥(揚·磨·羅)

107(4-8)
밀 수확

무릇 밀의 본바탕은 밀가루이다.

대체로 알갱이의 지극한 것이 벼를 다시 방아로 찧은 쌀이라고 한다면, 본질대로 하여 가장 지극한 것은 거듭 체로 친 밀가루라고 할 수 있을 것이다.

소맥은 수확할 때 손으로 밀짚 단을 묶어 벼를 털 때와 같은 방법으로 한다.

쭉정이를 제거하는 방법은, 북방에서는 바람을 이용하되 대체로 풍차 風車를 사용하는 방법이 아직 두루 전해지지 않았기 때문일 것이다.

무릇 바람을 이용할 경우 추녀 밑에서는 할 수 없고, 반드시 바람이 불어오기를 기다린 이후에야 할 수 있다.

바람이 불어오지 않거나 비가 그치지 않았을 때는 이러한 방법으로 할 수가 없다.

凡小麥其質爲麵.

盖精之至者, 稻中再春之米; 粹之至者, 麥中重羅之麵也.

小麥收穫時, 束藁擊取, 如擊稻法.

其去秕法, 北土用颺, 盖風扇流傳未遍率土也.
凡颺不在宇下, 必待風至以後爲之.
風不至, 雨不收, 皆不可爲也.

【精粹】 '精'은 낟알을, '粹'는 갈거나 빻아서 가루로 만든 것을 뜻함.
【率土】 중국 전체, 천하, 모든 지역을 가리킴.《詩經》小雅 北山에 "溥天之下,
莫非王土. 率土之濱, 莫非王臣"라 함.

108(4-9)
소맥분小麥粉

무릇 소맥은 바람으로 쭉정이를 제거한 다음에는 물로 잘 일어 먼지와 때를 씻어 깨끗하게 하여 다시 햇볕에 말린 연후에 맷돌에 넣는다.

대체로 소맥은 자줏빛과 누런 색 두 종류가 있으며 자줏빛이 나는 것이 누런색의 밀보다 낫다.

대략 좋은 것은 한 섬 마다 120근의 밀가루를 얻을 수 있으며 좋지 않은 것은 그 3분의 1이나 손실이 있다.

맷돌은 대소가 있으나 정해진 규격은 없으며 큰 것은 힘센 소가 끌어 돌린다.

소가 끌어 맷돌을 돌릴 때는 기름오동의 열매 껍질로 그 소의 눈을 가려주어야 하는데, 그렇게 하지 않을 경우 소가 어지러워하기 때문이다.

그리고 그 소의 배에는 통을 매달아 배설물을 받아내도록 해야 하는데 그렇게 하지 않을 경우 그 장소가 더러워지기 때문이다.

그보다 더 작은 맷돌은 나귀가 끌며 무게는 약간 가볍기 때문이다.

다시 그보다 더 작은 맷돌이라면 단지 사람의 힘으로 이를 밀고 당겨 빻는다.

凡小麥旣颺之後, 以水淘洗塵垢淨盡, 又復晒乾, 然後入磨.

凡小麥有紫·黃二種, 紫勝于黃.

凡佳者每石得麪一百二十觔, 劣者損三分之一也.

凡磨大小無定形, 大者用肥犍力牛曳轉.

其牛曳磨時用桐殼掩眸, 不然則眩暈.

其腹繫桶以盛遺, 不然則穢也.

次者用驢磨, 觔兩稍輕.

又次小磨, 則止用人推挨者.

【麪】 원전에는 '麪'과 '麵'을 혼용하여 쓰고 있음. '麪'은 원래 밀가루, '麵'은
밀가루로 만든 국수나 빵을 가리키기도 함.
【觔】 '斤'과 같음. 무게를 재는 단위.
【桐殼】 오동나무 열매 껍질로 만든 눈가리개.
【眩暈】 어지러워 제대로 걷기를 힘들어함.
【盛遺】 '盛'은 '담다'의 동사. '遺'는 소의 똥오줌.
【驢】 나귀. 당나귀. 크기가 작은 맷돌이나 연자방아를 돌릴 때 부림.
【推挨】 밀고 당겨 맷돌을 돌림.

소, 말, 당나귀 이용

무릇 힘센 소 한 마리는 하루에 밀 두 섬을 갈고, 나귀는 그 반을 갈며, 사람이라면 세 말을 갈고, 약한 사람은 한 말 정도를 갈 수 있다.

만약 수력을 이용한 맷돌에 대해서는 이미 〈공도攻稻, 수도水碓〉편에 자세히 설명하였으며 그 원리와 작업 방법은 같으나 다만 그 편리함은 소나 송아지의 세 배가 된다.

무릇 소나 말, 또는 수력을 이용한 맷돌에는 모두 그 위에 자루를 달아매되 위는 넓고 아래는 좁게 하며, 그 자루에는 밀 몇 말을 담아 조금씩 맷돌 구멍으로 흘러내리게 한다.(그림35)

사람의 힘으로 당기는 작업이라면 그렇게 할 필요가 없다.

凡力牛一日攻麥二石, 驢半之, 人則强者攻三斗, 弱者半之.

若水磨之法, 其詳已載「攻稻・水碓」中, 制度相同, 其便利又三倍牛犢也.

凡牛・馬與水磨, 皆懸袋磨上, 上寬下窄, 貯麥數斗于中, 溜入磨眼.

人力所挨則不必也.

【攻稻】103을 볼 것.

【水碓】107을 볼 것.

【磨眼】맷돌에서 곡물을 넣는 작은 입구.

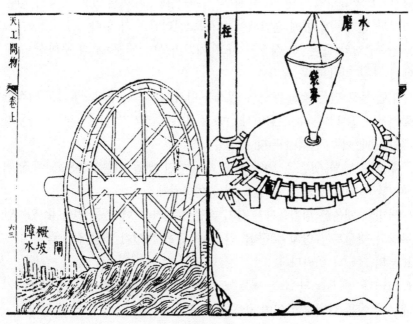

〈그림35〉 수마(水磨)로 밀가루 만들기

110(4-11)
맷돌의 재료

무릇 맷돌을 만드는 돌에는 두 가지가 있으며, 밀가루의 품질은 어떤 돌이냐에 따라 구분된다.

강남江南에서 미세하고 잘 빻은 가루의 흰 밀가루는 모래 찌꺼기가 들어 있는 재질의 돌로 만든 맷돌로 빻은 것으로 서로 맞닿아 빻을 때 열이 나서 그 기울까지 아울러 갈게 되기 때문에 그 까닭으로 기울의 검은 가루가 밀가루에 함께 혼합되어 체로도 걸러낼 수가 없다.

강북江北의 돌은 그 성질이 차고 매끄러우며, 지군池郡의 구화산九華山에서 나는 것이 더욱 좋다.

이런 돌로 만든 맷돌은 돌에 열기가 나지 않고 그 기울도 눌려서 납작한 쭉정이가 될 뿐 갈리지 않기 때문에 검은 부스러기가 섞이지 않아 가루가 되었을 때 아주 흰색이 된다.

무릇 강남의 맷돌은 20일 정도 사용하면 맷돌 이빨이 마모되어 없어지지만 북방의 맷돌은 반 년을 써야 마모된다.

남방의 맷돌은 밀기울까지 갈기 때문에 밀가루 백 근을 얻을 수 있지만 북방의 맷돌로는 단지 80근을 얻을 수 있을 뿐이기 때문에 상품의 값은 10분의 2나 더 비싸다.

그러나 면근麵筋과 소분小粉은 모두 강남의 맷돌로 빻은 것에서 나오기 때문에 이를 합쳐보면 이미 풍족하여 소득과 가치는 더욱 많게 된다.

凡磨石有兩種, 麵品由石而分.

江南少粹白上麪者, 以石懷沙滓, 相磨發燒, 則其麩倂破, 故黑纇參和麪中, 無從羅去也.

江北石性冷膩, 而産于池郡之九華山者美更甚.

以此石製磨, 石不發燒, 其麩壓至扁秕之極不破, 則黑疵一毫不入, 而麵成至白也.

凡江南磨二十日卽斷齒, 江北者經半載方斷.

南磨破麩得麪百斤, 北磨只得八十斤, 故上麵之値增十之二.

然麪觔·小粉皆從彼磨出, 則衡數已足, 得値更多焉.

【池郡】지금의 安徽 靑陽縣 남쪽. 그 가까이 九華山이 있음.
【麩】밀기울. 밀의 속껍질.
【麪觔】'麪筋'이어야 함. 밀기울을 자루에 넣고 물속에서 치대어 자루 속에 남는 밀의 筋質(筋質).
【小粉】물속에 치대어 다시 그대로 두면 침전물이 생기며 이는 녹말로서 강한 黏性을 띠게 됨.

111(4-12)
체로 밀가루 내기

    무릇 밀을 매로 빻는 과정을 거친 다음에는 몇 번의 체질을 거쳐야 하며 부지런한 사람은 반복되는 과정에 싫증을 내지 않는다.(그림36)

    체의 바닥은 비단실로 짜서 만든다.

    호사湖絲로 짠 것은 천 섬의 밀가루를 쳐도 손상되지 않으나 다른 지역에서 난 누런 실로 짠 것은 백 섬 정도를 치고 나면 노후되어 쓸 수가 없다.

    무릇 이미 밀가루로 만든 것은 추운 겨울에도 석 달 정도 그대로 두어도 아무렇지 않으나, 봄이나 여름철에는 20일을 넘기지 못하고 뭉쳐서 못쓰게 된다.

    따라서 입에 맞도록 먹자면 밀가루를 때를 잘 맞추어야 한다.

    무릇 대맥은 방아를 찧어 껍질을 벗긴 후 밥을 지어 먹을 뿐 가루를 내어 먹는 경우란 열에 하나도 없다.

    메밀은 약하게 찧어 껍질을 벗긴 후 다시 방아로 찧거나 혹 맷돌로 갈아 가루 성분을 만든 다음 음식을 해서 먹는다.

    대체로 이러한 곡물들을 밀과 견주어 보면 품질의 정조精粗나 값의 귀천에는 크게 차이가 난다.

  凡麥經磨之後, 幾番入羅, 勤者不厭重復.

  羅框之底, 用絲織羅地絹爲之.

湖絲所織者, 羅麪千石不捐.

若他方黃絲所爲, 經百石而已朽也.

凡麪旣成後, 寒天可經三月, 春夏不出二十日卽鬱壞.

爲食適口, 貴及時也.

凡大麥則就舂去膜, 炊飯而食, 爲粉者十無一焉.

蕎麥則微加舂杵去衣, 然後或舂或磨, 以成粉而後食之.

盖此類之視小麥, 精粗貴賤大徑庭也.

【羅框】 체를 가리키며 '羅'는 비단실로 만들어 가루를 통과하도록 한 밑 부분을 가리킴.

【湖絲】 지금의 浙江 湖州(吳興) 일대에서 나는 견고하고 질긴 상품의 비단실을 말함.

【不捐(損)】 원전 '捐'은 '損'의 오류임.

【蕎麥】 메밀.

【徑庭】 '徑廷'으로도 표기하며 아주 차이가 심함을 뜻하는 疊韻連綿語. 《周易衍義》에 "尾生之守信而忘身, 其視世之從容, 暇豫心廣體胖, 與道周旋者, 豈不大相逕庭耶?"라 하여 "大相徑庭"의 성어가 널리 쓰임.

〈그림36〉라면(羅麪: 비단 체로 고운 밀가루내기)

(4) 기장·조·참깨·콩의 탈곡 攻黍·稷·粟·梁·麻·菽(小碾·枷, 具圖)

112(4-13)
좁쌀

무릇 좁쌀을 다루되 바람으로 알곡을 얻고, 방아를 찧어 알갱이를
얻으며, 맷돌로써 가루를 얻으니 이처럼 바람이나 풍차를 이용하는 것
외에도 키를 사용하여 얻어내는 방법이 있다.

그 방법은 대나무를 엮어 둥근 판을 만들어 낟알을 그 안에 넣고
까불어 날려 알곡을 얻는 것이다.

가벼운 것은 앞에 떨어지도록 하여 이를 땅에 버리면 되고 무거운 것은
뒤에 떨어지도록 하여 좋은 낟알을 얻게 되는 것이다.

무릇 좁쌀로 방아, 맷돌, 바람, 까불기 하는 원리와 기구는 이미 「도맥
稻麥」편에 자세히 설명하였다.

오직 작은 연자에 대한 것은 「도맥」편에서 설명하지 않았다.

북방에서 이 좁쌀을 다룰 때 집에 석돈石礅을 마련해 놓는데 이 돌은
가운데는 높고 둘레는 낮으며 주변을 따라 홈통을 만들지 않는다.

좁쌀을 석돈 위에 펴서 널어놓고 부녀자 둘이 서로 마주보고 교대로
손으로 이 연자를 돌린다.(그림37)

그 연자의 돌은 둥글고 길기가 마치 소가 끄는 굴대와 같으며 양 끝에
나무 손잡이가 달려 있다.

가루가 변두리에 떨어져 흘러내리면 그 때마다 손으로 작은 빗자루로
쓸어올리면 된다.

집에 이러한 기구가 있으면 절구는 매달아두고 쓰지 않아도 된다.

凡攻治小米, 颺得其實, 舂得其精, 磨得其粹, 風颺·
車扇而外, 簸法生焉.

其法篾織爲圓盤, 鋪米其中, 擠勻揚播.

輕者居前, 撲棄地下; 重者在後, 嘉實存焉.

凡小米舂·磨·揚·播制器, 已詳「稻·麥」之中.

唯小碾一制在「稻·麥」之外.

北方攻小米者, 家置石墩, 中高邊下, 邊沿不開槽.

鋪米墩上, 婦子兩人相向, 接手而碾之.

其碾石圓長如牛赶, 而兩頭插木柄.

未墮邊時, 隨手以小篲掃上.

家有此具, 杵臼竟懸也.

【小米】좁쌀이나 기장쌀 등을 가리킴.
【牛赶】소가 끄는 석간. 석간은 콩 등을 타작할 때 소가 끌도록 돌로 만든 굴대.
【小篲】아주 작은 빗자루.
【竟懸】끝까지 매달아 둠. 사용할 필요가 없음을 강조한 말.

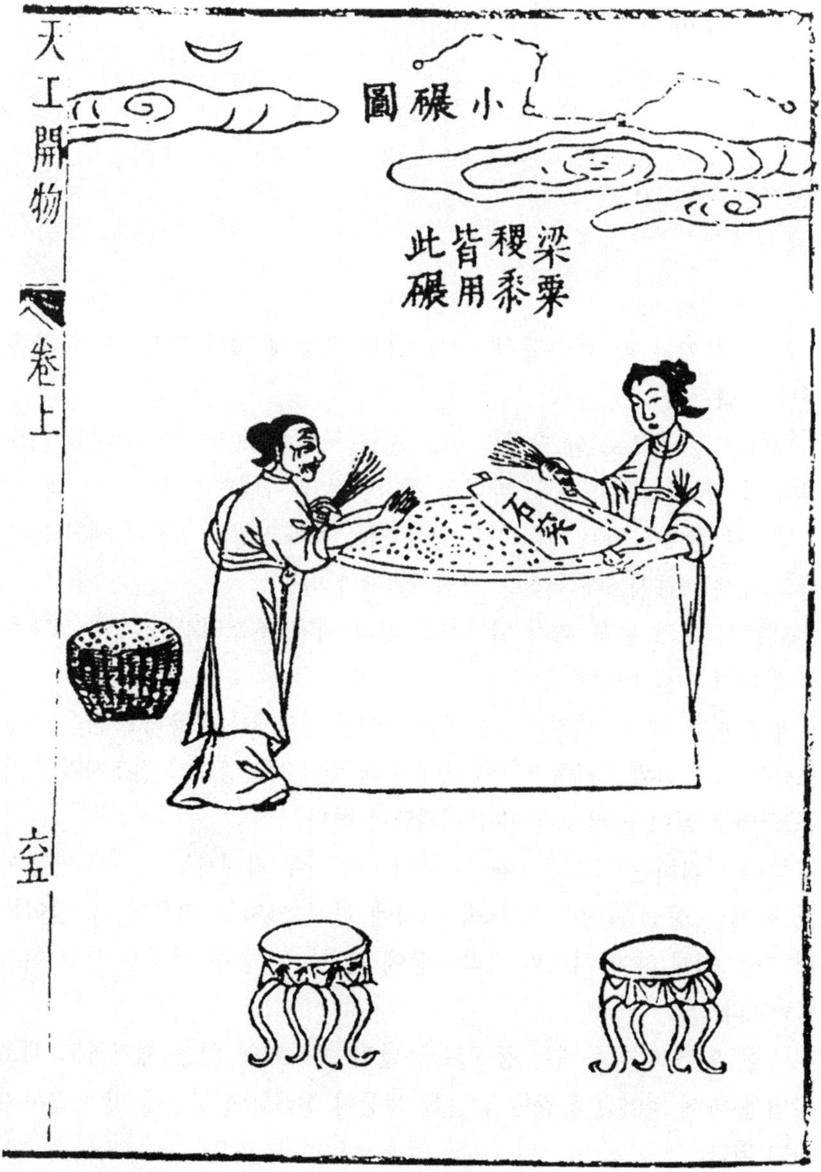

〈그림37〉 소연(小碾)

113(4-14)
참깨

무릇 참깨는 베어 수확한 다음 강한 햇볕에 쬐어 말린 다음 작은 다발로 묶는다.

그리고 두 손으로 한 다발씩 쥐고 서로 치면 참깨 낟알이 깍지를 터뜨리며 떨어지게 되는데 이를 대나무 돗자리로 받아낸다.

대체로 참깨를 치는 체는 작은 쌀을 치는 체와 모양은 같으나, 체의 눈은 쌀의 체에 비해서 5배나 작은 구멍이어야 한다.

깨알이 체의 눈을 빠져 떨어지면 잎과 깍지 부스러기는 체에 그대로 남게 되며 이를 버리면 된다.

무릇 콩은 베어 수확한 다음 적은 양이면 도리깨를 사용하고 많을 경우 노력을 덜기 위해 여전히 타작마당에서 센 햇볕으로 충분히 건조시켜 소가 돌 굴대를 끌어 눌러 콩알이 분리되도록 한다.

콩을 타작하는 도리깨(그림38)는 대나무나 나무 막대기로 자루를 만들어 그 끝에는 둥근 구멍이 있도록 여기에 나무 가지를 끼우되 그 길이는 석 자쯤 되게 하여 이로써 타작마당에 펼쳐놓은 콩을 자루를 잡고 쳐서 털어낸다.

콩을 털어낸 다음에는 풍구로 흩날려 콩깍지와 잎을 제거하고 체로 작업을 하여 얻어진 훌륭한 낟알을 깨끗이 정리하여 창고에 넣어 갈무리하면 된다.

이 까닭으로 방아와 맷돌은 참깨에는 사용하지 않으며, 맷돌로는 콩을 다루지 않는다.

凡胡麻刈穫, 于烈日中晒乾, 束爲小把.

兩手執把相擊, 麻料綻落, 承藉以簟席也.

凡麻篩與米篩小者同形, 而目密五倍.

麻從目中落, 葉殘·角屑皆浮篩上而棄之.

凡豆菽刈穫, 少者用枷, 多而省力者仍鋪場, 烈日晒乾, 牛曳石赶而壓落之.

凡打豆枷竹木竿爲柄, 其端錐圓眼, 拴木一條, 長三尺許, 鋪豆于場執柄而擊之.

凡豆擊之後, 用風扇揚去莢葉, 篩以繼之, 嘉實洒然入廩矣.

是故舂·磨不及麻, 磑碾不及菽也.

【枷】도리깨.
【簟席】'점석'으로 읽으며 대나무로 짠 돗자리. 이로써 참깨를 받아 모음.
【石赶】돌로 만들어 굴리도록 한 굴대.

圖枷打

〈그림38〉도리깨질

5. 작함作鹹

작함作鹹은 《尚書》 洪範篇의 "初一曰五行, 次二曰敬用五事, 次三曰農用八政, 次四曰協用五紀, 次五曰建用皇極, 次六曰乂用三德, 次七曰明用稽疑, 次八曰念用庶徵, 次九曰嚮用五福威用六極. 一五行: 一曰水, 二曰火, 三曰木, 四曰金, 五曰土. 水曰潤下, 火曰炎上, 木曰曲直, 金曰從革, 土爰稼穡. 潤下作鹹, 炎上作苦, 曲直作酸, 從革作辛, 稼穡作甘.烝民乃粒, 萬邦作乂"에서 취한 말로 五味의 맛, 즉 鹹, 苦, 酸, 辛, 甘을 뜻하며 그 중에 짠 맛을 만들거나 채취해 내는 산업을 말함.

(1) 전언前言

114(5-1)

전언

내 생각으로는 이렇다.

"하늘에는 오기五氣가 있어서 이것이 오미五味를 만들어낸다. 윤기 있는 것은 아래로 스며들어야 짠맛을 만들어내는 것이니, 주周 무왕武王은 기자箕子를 방문하고 비로소 그 의미를 듣게 되었다. 입이라는 것은 맛에 있어서 매운맛, 신 맛, 단 맛, 쓴 맛은 1년이 되도록 그 중 하나를 끊고 살아도 아무런 탈이 없다. 그러나 유독 짠 맛은 열흘만 금하더라도 닭을 묶을 힘이나 같은 힘으로 상대할 대상에게도 피로와 권태를 느껴 지치게 된다. 그렇다면 하늘이 하나의 물을 내렸다는 것은 어찌 이 맛으로 사람을 살리고 기운을 나게 하는 원천임을 말한 것이 아니겠는가? 사해 안이나 오복五服 밖에는 채소나 곡식을 가꾸고자 해도 적막하고 그런 것이 자랄 수 없는 곳이 도처에 모두 많건만, 그럼에도 소금은 교묘하게도 어디에나 있어 사람이 취하여 쓸 수 있도록 기다리고 있으니 그렇게 되는 이치를 어찌 설명할 수 있겠는가?

宋子曰:「天有五氣, 是生五味. 潤下作鹹, 王訪箕子而首聞其義焉. 口之于味也, 辛酸甘苦經年絶一無恙. 獨食鹽禁戒旬日, 則縛雞勝匹, 倦怠懨然. 豈非天一生水, 而此味爲生人生氣之源哉? 四海之中, 五服以外, 爲蔬爲穀, 皆有寂滅之鄉, 而斥鹵則巧生以待. 孰知其(所)以然?」

【五氣】五行과 같음. 金木水火土의 元氣를 가리킴. 木(東·靑·酸·仁), 火(南·赤·苦·禮), 金(西·白·辛·義), 水(北·黑·鹹·信), 土(中·黃·甘·智)로 구분함.

【潤下作鹹】《尙書》洪範의 구절. 濕潤한 성질은 내려가 짠 맛을 형성한다고 여겼음.

【王訪箕子】王은 周 武王(姬發)을 가리키며 그는 殷을 멸한 다음 箕子를 찾아가 많은 문제를 질문하여 洪範의 내용을 정리하게 되었다 함. 箕子는 원래 殷나라 신하로서 帝乙의 아들이며 紂王의 叔父, 혹 庶兄이라고도 함. 箕는 땅이름. 子는 작위. 이름은 胥余. 殷의 末王 紂가 무도한 짓을 하자 이를 極諫하다가 듣지 않자 미친 체하며 피하여 포기하였다 함.《論語》微子篇에 "微子去之, 箕子爲之奴, 比干諫而死. 孔子曰: 「殷有三仁焉.」"이라 함.

【縛雞勝四】닭을 매거나 대적해도 될 상대를 이겨내는 일.

【天生一水】하늘, 즉 天數는 一로써 水라는 것을 생겨나게 하였고, 땅, 즉 地數는 二로써 火를 생겨나게 하였다는 五行說.《漢書》律曆志에 "天以一生水, 地以二生火, 天以三生木, 地以四生金, 天以五生土"라 함.

【四海】중국인이 認知하던 자신들의 천하.

【五服】고대 王畿로부터 5백 리씩을 한 구획으로 하여 侯服, 甸服, 綏服, 要服, 荒服으로 나누어 천자에게 복무할 내용에 차이를 두어 규정을 정하였던 五服, 九服 제도 등을 말함.《尙書》禹貢에 "五百里甸服. 百里賦納總. 二百里納銍. 三百里納秸服. 四百里粟, 五百里米. 五百里侯服. 百里采. 二百里男邦. 三百里諸侯. 五百里綏服. 三百里揆文敎. 二百里奮武衛. 五百里要服. 三百里夷, 二百里蔡. 五百里荒服"라 하였으며《周禮》職方氏에는 "乃辨九服之邦國: 方千里曰王畿, 其外方五百里侯服, 又其外方五百里曰甸服, 又其外方五百里曰男服, 又其外方五百里曰采服, 又其外方五百里曰衛服, 又其外方五百里曰蠻服, 又其外方五百里曰夷服, 又其外方五百里曰鎭服, 又其外方五百里曰藩服"라 하여 九服을 설명하고 있음. 여기서는 중국 밖의 아주 먼 지역을 가리킴.

【寂滅之鄕】적막하고 곡식이 자랄 수 없는 황막한 지역.

【斥鹵】'斥'은 '드러나다', '鹵'는 소금밭을 뜻함.

【孰知其以然】이는 '孰知其所以然'이어야 함.

(2) 鹽産: 소금생산

115(5-2)
소금의 종류

　무릇 소금의 생산 방법은 한 가지가 아니다. 해염海鹽, 지염池鹽, 정염井鹽, 토염土鹽, 애염崖鹽, 사석염砂石鹽 등 대략 여섯 종류로 나눌 수 있으며 여기에 동이東夷의 수엽염樹葉鹽과 서융西戎의 광명염光名鹽은 포함시키지 않는다.
　적현赤縣에서는 해염이 10분의 8을 차지하고, 그 나머지 10분의 2는 정염과 지염 및 토감土鹻이며, 혹 인력으로 만들거나 또는 하늘의 힘으로 제조하고 있다.
　결론적으로 배나 수레로 운반하기 어려운 곳에는 조물주가 그에 맞도록 소금을 마련해두어 이를 캐내거나 생산해서 사용하도록 해 두었다.

　凡鹽産最不一, 海·池·井·土·崖·砂石, 畧分六種.
　而東夷樹葉·西戎光明不與焉.
　赤縣之內, 海鹵居十之八, 而其二爲井·池·土鹻, 或假人力, 或有天造.
　總之, 一經舟車窮窘, 則造物應付出焉.

【東夷樹葉】 동북 지역 일부 소수민족은 식물의 잎에서 염분을 추출하여 식용으로 사용함. 이를테면 吉林에서 생산되는 檉柳科의 西河柳(Tamarix chinensis)라는

버드나무 잎에서 추출한 소금이 이에 해당한다 함.《魏書》勿吉傳에 "鹽生樹上"
이라 하였고, 《北史》의 勿吉傳에도 "生鹽於木皮之上"이라 함.
【西戎光明】 서북 지역에서 산출되는 무색투명의 결정체로 식용으로 쓸 수 있음.
《本草綱目》(11)에는 이를 약용으로 사용하면 '開盲明目'의 효능이 있다 하였음.
【赤縣】 중국의 본토를 뜻함. 중국의 별칭.《史記》孟子荀卿列傳에 "中國名曰
赤縣神州. 赤縣神州內自有九州"라 하였음.
【土鹹】 '鹹'은 '감'으로 읽으며, 고체 덩어리의 소금기를 가진 광석을 가리킴.

(3) 해수염 海水鹽

116(5-3)
해수염

무릇 바닷물은 스스로 염분鹽分의 성질을 가지고 있다.

바닷가의 지세가 높은 곳을 일러 조돈潮墩이라 하고, 낮은 곳은 초탕草蕩이라 하며, 그러한 지형에는 모두 소금이 난다.

똑같은 바닷소금으로 소금을 만들어내는 작업이지만 채취하는 방법은 다르다.

한 가지 방법은 높은 언덕의 지세로서 조수와 파도에 잠기지 않는 곳에서 소금을 채취할 수 있는 방법이다.(그림39)

이러한 방법으로 소금을 만들어 내는 집들은 각기 자신들의 구역을 가지고 있어 서로 경계를 넘거나 침범하지 않는다.

다음 날 날씨가 비가 오지 않을 것을 생각하여 그날 미리 볏짚이나 밀짚의 재나 갈대의 재를 땅 위 한 치쯤의 두께로 뿌리고, 눌러 다져 고르게 한다.

이튿날, 새벽에 이슬이 뭉쳐 날아가면 염모鹽茅가 재 밑에서 생겨나서 퍼진다.

해가 솟아 날씨가 걷히고 나면 재와 소금을 함께 쓸어 모아 걸러서 달인다.

凡海水自具鹹質.

海濱地高者名潮墩, 下者名草蕩, 地皆産鹽.

同一海鹵傳神, 而取法則異.

一法: 高堰地, 潮波不沒者, 地可種鹽.

種戶各有區畫經界, 不相侵越.

度詰朝無雨, 則今日廣佈稻·麥藁灰及蘆茅灰寸許于地上, 壓使平勻.

明晨露氣衝騰, 則其下鹽茅勃發.

日中晴霽, 灰·鹽一倂掃起淋煎.

【潮墩】 조수 물을 들어오게 하여 이를 다시 나가지 않게 시설을 설치한 높은 언덕.

【草蕩】 潮墩보다는 낮으나 역시 바닷물을 가두어 소금을 만들어낼 수 있는 시설물.

【傳神】 情報를 서로 소통하고 조화시켜 새로운 물건을 만들어내는 산업이나 작업 용어.

【種鹽】 소금을 結晶體가 되도록 함을 말함.

【蘆茅】 갈대. 禾本科의 蘆葦(Phragmites communis). 초목의 재를 바닷물에 뿌리면 염분이 용해되어 초목의 재가 이를 흡수하여 농도가 높아지며 햇볕에 말린 후 소금을 灰層에서 析出해는 제염 방법이라 함.

〈그림39〉 재를 뿌려 소금씨 만들기

117(5-4)
염전

또 한 가지 방법으로는 조수가 얕게 덮치는 곳에서는 재를 뿌려 다지지 않고, 조수가 한 번 지나가고 이튿날 날씨가 맑기를 기다리면 반나절이 지나 물기가 말라 염상鹽霜이 맺히면 서둘러 비로 쓸어 담아 이를 달이는 방법이다.

그리고 또 다른 방법은 조수가 깊게 덮치는 곳에서는 우선 깊은 구덩이를 파고 그 위에 대나무 횡목을 가로질러 놓고 그 위에 갈대로 만든 거적을 덮고, 다시 그 갈대 가마니 위에 모래를 덮어둔다.

그리고 조수가 그 위를 치고 지나가며 소금기가 그 모래에 스며들어 통과하여 아래의 구덩이에 모이도록 기다린 다음, 모래와 거적을 제거하고, 등불로 그 속을 비춰보아 소금기가 등불을 꺼지게 하면 그 소금물을 거두어 달인다.

결국 이렇게 할 수 있는 공능은 날씨의 맑음에 있는 것이니 만약 궂은 날이 열흘 이상 계속되면 이를 일러 염황鹽荒이라 한다.

또한 회양淮陽의 염전에서는 햇볕에 말려 자연스럽게 소금서리가 마치 마아馬牙처럼 맺히는데 이를 일러 대쇄염大曬鹽이라 하며, 달이는 과정을 거치지 않고 쓸어 담으면 곧 식용으로 쓸 수 있다.

한편 바닷물이 표풍飄風에 잘라낸 해초가 바람을 따라 밀려오면 이를 갈고리로 건져 올려 달여 만든 소금을 봉염蓬鹽이라 한다.

一法: 潮波淺被地, 不用灰壓. 候潮一過, 明日天晴,
半日晒出鹽霜, 疾趨掃起煎煉.

一法: 逼海潮深地, 先掘深坑, 橫架竹木, 上鋪席葦,
又鋪沙于葦席之上. 俟潮滅頂衝過, 鹵氣由沙滲下坑中,
撤去沙葦. 以燈燭之, 鹵氣衝燈卽滅, 取鹵水煎煉.

總之功在晴霽, 若淫雨連旬, 則謂之鹽荒.

又淮場地面有日晒自然生霜如馬牙者, 謂之大晒鹽,
不由煎煉, 掃起卽食.

海水順風飄來斷草, 勻取煎煉, 名蓬鹽.

118(5-5)
전염煎鹽

무릇 걸러서 달이는 방법으로는 두 개의 구덩이를 파되 하나는 얕고 하나는 깊게 한다.

얕은 구덩이는 깊이가 약 1척이며, 대나무나 혹 나무로 시렁을 만들어 걸치고 그 위에 갈대 거적을 얹는다.

장차 쓸어 모은 소금 재료(재를 뿌려 만든 것의 여부에 관계
없이 달이는 방법은 모두 같음)는 그 위에 거적을 깐다.

네 주위를 솟아나게 높이고 당형墻形의 둑을 하나 만든 다음 그 안에 해수를 걸러서 넣되 얕게 만든 구덩이에 스며들도록 한다.(그림40)

깊은 구덩이는 깊이가 7~8척 정도 되도록 하여 얕은 구덩이에서 걸러진 즙을 받아 모은 다음 이를 솥에 부어 달인다.

凡淋煎法, 堀坑二个, 一淺一深.

淺者尺許, 以竹木架蘆席于上.

將掃來鹽料(不論有灰無灰, 淋法皆同), 鋪于席上.

四圍隆起, 作一隄墻形, 中以海水灌淋, 滲下淺坑中.

深者深七·八尺, 受淺坑所淋之汁, 然後入鍋煎煉.

【墻形】 '墻'은 둑으로 필요한 곳으로 흘러들어가게 유도하는 통로를 만듦.

淋先淺
水入坑

坑淺

深坑

〈그림40〉임전법(淋煎法)

119(5-6)
뇌분牢盆

무릇 소금을 달이는 솥을 옛날에는 뇌분牢盆이라 불렀으며 그러한 솥을 제조하는 방법도 역시 두 가지가 있다.

그 뇌분의 둘레와 너비는 몇 장丈이며 지름 역시 1장쯤 된다.

쇠를 써서 만들 경우, 철을 두드려 얇은 판 조각으로 만들어 쇠못으로 차례로 접합시키되 그 바닥은 평평하여 마치 대야 밑처럼 하며, 그 네 주위는 높이가 2척 정도 되게 한다.

그 접합한 곳은 한 번 염수가 지나가면 소금 즙이 막아 영원히 새는 틈이 없어지게 된다.

그 밑에는 열을 지어 아궁이를 만들어 장작을 태우되 많게는 12~13개의 아궁이를 설치하고 적어도 7~8개의 아궁이를 설치하여 모두 함께 이 솥을 달인다.(그림41)

한편 남해南海에서는 대나무를 엮어 만든 것이 있으니, 대나무를 엮어 만든 것은 너비가 한 길이며 깊이는 한 척 정도로 조개껍질을 태운 재를 풀처럼 개어 그 솥의 겉에 바른다.

솥 아래에 불을 때면 물이 끓어 나중에는 소금이 되는 것이며 이러한 도구를 역시 염분鹽盆이라 부른다. 그러나 이러한 것은 쇠 판자로 만든 솥만큼 편리하지는 못하다.

무릇 소금물을 달여도 응결되지 않으면 조각皀角을 좁쌀이나 쌀의 겨와 함께 빻아 소금물이 끓을 때 그 속에 넣어 저으면 소금이 곧바로 응결하게 된다.

대체로 조각이 소금을 응결하게 하는 것은 마치 석고石膏가 두부豆腐를 엉기게 하는 원리와 같다.

凡煎鹽鍋古謂之「牢盆」, 亦有兩種制度.

其盆周潤數丈, 徑亦丈許.

用鐵者以鐵打成葉片, 鐵釘拴合, 其底平如盂, 其四周高尺二寸.

其合縫處一經鹵汁結塞, 永無隙漏.

其下列廚燃薪, 多者十二·三眼, 少者七·八眼, 共煎此盤.

南海有編竹爲者, 將竹編成潤丈深尺, 糊以蜃灰, 附于釜背.

火燃釜底, 滾沸延及成鹽, 亦名鹽盆, 然不若鐵葉鑲成之便也.

凡煎鹵未卽凝結, 將皂角椎碎和粟米糠二味, 鹵沸之時投入其中攪和, 鹽卽頃刻結成.

盖皂角結鹽, 猶石膏之結(豆)腐也.

【牢盆】《本草綱目》(11) 食鹽條에 "其煮鹽之器, 漢謂之牢盆. 今或鼓鐵爲之, 南海人編竹爲之"라 함.

【蜃灰】합리라는 조개껍질을 태워 만든 재. 氧化鈣(CaO)를 함유하고 있음.

【皂角】콩과 식물 皂角樹(Gleditsia sinensis)의 莢果. 쥐엄나무. 皂莢이라고도 함. 포말을 일으키며 소금의 결정에 촉매역할을 함.

煉煎鹵海

天工開物

卷上

七一

牢盆

〈그림41〉뇌분(牢盆)

120(5-7)
소금 보관

무릇 회안淮安과 양주揚州의 염전에서 나는 소금은 질량이 무겁고 색이 검으며 그 외 지역의 것은 가볍고 희다.

질량으로 비교하면 회안과 양주의 것은 한 되에 10냥兩이지만 광동廣東·절강浙江과 장로長蘆에서 나는 소금은 한 되에 그저 6~7냥일 뿐이다.

무릇 봉초염蓬草鹽은 생산은 항상 기대할 수는 없어 혹 몇 년 만에 한 번, 혹은 한 달 만에도 가능할 때가 있다.

무릇 소금이란 물을 만나면 곧 녹아버리고, 바람을 맞으면 간수가 흘러나오며, 불을 만나면 딱딱해진다.

또한 저장하는 데에는 창고가 필요 없으나 소금은 바람을 두려워하며 습기는 두려워하지 않아, 땅에 겹으로 볏짚을 3촌(약 10㎝) 정도 깔아주면 낮고 습한 곳이라 해도 손상을 입지 않는다.

사방 둘레에 흙벽돌로 막고, 그 틈을 진흙으로 메우며 위에 띠풀로 한 자쯤 덮어주면 백 년이 지나도 그대로이다.

凡鹽淮·場者, 質重而黑, 其他質輕而白.

以量較之, 淮·場者一升重十兩, 則廣·浙·長蘆者, 只重六·七兩.

凡蓬草鹽不可常期, 或數年一至, 或一月數至.

凡鹽見水卽化, 見風卽鹵, 見火愈堅.

凡收藏不必用倉廩, 鹽性畏風不畏濕, 地下疊藁三寸,
任從卑濕無傷.

周遭以土磚泥隙, 上盖茅草尺許, 百年如故也.

【淮場】'淮·揚'의 오류. 淮安과 揚州 일대. 중국의 동해안.
【長蘆】山東 북부의 渤海沿岸 근처 소금 산지. 明代에는 滄州와 靑州에 北海
　長蘆鹽場鹽運使를 두었었음.

(4) 지염池鹽

121(5-8)
지염池鹽

무릇 지염은 중국 안에는 두 곳이 있으니, 한 곳은 영하寧夏로써 변방에 식용으로 공급된다.

또 한 곳은 산서山西의 해지解池로써 진晉, 예豫의 여러 군현郡縣에 공급되고 있다.

해지는 안읍安邑을 경계로 하며, 의씨猗氏와 임진臨晉 사이에 있으며, 그 못 바깥에 성벽을 쌓아서 사방을 막아 출입을 금하고 있다.

못의 물이 모여 깊은 곳은 그 색이 진한 녹색이다.

그곳 원주민들로서 소금을 만드는 자들은 못 곁의 농지에 둑을 쌓아 제방을 만든 다음(그림42) 맑은 물을 그 농지 밭두둑으로 끌어들여서 만들며 탁한 물이 스며드는 것을 아주 꺼리는데 이런 물은 염맥鹽脉을 막기 때문이다.

凡池鹽宇內有二, 一出寧夏, 供食邊鎭.

一出山西解池, 供晉·豫諸郡縣.

解池界安邑·猗氏·臨晉之間, 其池外有城堞, 周遭禁禦.

池水深聚處, 其色綠沉.

土人種鹽者池傍耕地爲畦隴, 引淸水入所耕畦中,
忌濁水參入, 卽淤澱鹽脈.

【寧夏】지금의 寧夏回族自治區의 寧夏.
【解池】못 이름. 지금의 山西 安邑과 解州 사이 運城에 있는 鹽湖.
【晉豫】晉은 山西省의 약칭. 豫는 河南省의 약칭.
【淤澱】앙금을 형성하여 소금의 結晶에 방해가 됨.

〈그림42〉 지염(池鹽)

122(5-9)
과염果鹽

무릇 물을 끌어들여 소금을 만드는 일은 봄에 실시하며 너무 늦게 시작하면 물이 적색으로 바뀐다.

여름과 가을의 계절이 바뀌는 시기가 되어 남풍이 크게 불어올 때면 하루 밤에 소금이 엉기며 이를 일러 과염果鹽이라 한다. 바로 옛 기록에 말한 바의 대염大鹽이라는 것이다.

해수를 달여서 만든 것은 잘게 부수어 알이 작지만 이것은 낱알이 굵어 그 때문에 대염이라는 이름이 생긴 것이다.

그 소금은 응결된 뒤 이를 쓸어담아 곧바로 식용으로 쓸 수 있다.

소금을 만드는 사람이 이를 쓸어모아 한 섬을 관리에게 바쳐도 얻는 수익이란 겨우 수십 문文에 불과할 뿐이다.

해풍海豐이나 심주深州에서는 바닷물을 못에 끌여들여 햇볕으로 말린 것은 응결될 때 쓸어모아 먹을 수 있다.

그러나 인력을 가하지 아니하는 것은 해염解鹽과 같으나 다만 소금을 만드는 시간과 남풍의 힘을 빌리지 않는다는 점에서 크게 다를 뿐이다.

凡引水種鹽, 春間卽爲之, 久則水成赤色.

待夏秋之交, 南風大起, 則一宵結成, 名曰顆鹽, 卽古志所謂大鹽也.

以海水煎者細碎, 而此成粒顆, 故得大名.

其鹽凝結之後, 掃起卽成食味.

種鹽之人積掃一石交官, 得錢數十文而已.

其海豐·深州引海水入池晒成者, 凝結之時, 掃食.

不加人力, 與解鹽同, 但成鹽時日與不藉南風, 則大異也.

【大鹽】 山西에서 나는 소금. 《史記》 貨殖列傳 司馬貞의 〈索隱〉에 "河東大鹽"
이라 함.

【海豐】 지금의 河北 鹽山縣.

【深州】 지금의 河北 深縣. 그러나 이 지역은 바다와 멀어 바닷물을 끌어들여
소금을 만든다는 것은 의심스러움.

【解鹽】 山西 解池에서 나는 소금. 앞장 참조.

(5) 정염井鹽

123(5-10)
정염井鹽

무릇 운남雲南과 사천四川 두 성省 지역은 바다로부터 멀고 배나 수레도 쉽게 통할 수 없으며, 아울러 지세도 높으나 함맥鹹脉이 그 땅 속에 저장되어 있다.

무릇 사천의 하천에서 멀지 않은 돌 산에는 흔히 우물을 만들어 소금을 채취하고 있다.

염정鹽井의 둘레는 겨우 몇 촌에 불과하여 그 위에 하나의 작은 발우鈸盂를 덮을 여유 정도이며(그림43), 깊이는 반드시 열 길 넘게 파야 짠 맛을 얻을 수 있어 그 때문에 염정을 만드는 노력과 비용이 매우 많이 든다.

우물을 팔 때의 장비인 야금한 철추鐵錐는 마치 방앗공이 같으며 그 끝은 지극히 단단하고 예리하게 만들어야 돌산에 구멍을 뚫어 만들어낼 수 있다.

철추에는 대나무를 쪼개어 끼우고 끈으로 단단히 묶어 이를 매달아 사용한다.

매번 뚫는 작업은 깊이가 몇 자씩 될 때마다 다시 대나무를 그 몸체에 연결하여 자꾸 길게 한다.

처음 한 길쯤 파고 들어갔을 때 혹 발로 밟아 마치 쌀방아를 찧을 때처럼 한다.

너무 깊으면 손으로 이를 잡아 들어올렸다가 힘으로 찍어 파야 한다.

방아질처럼 찍어 돌을 가루처럼 부순 다음 그 때마다 긴 대나무를 늘여 닿도록 하여 이를 매단 철잔鐵盞에 퍼서 밖으로 퍼낸다.

대체로 깊은 것은 반 년이 걸리며 얕은 것이라 해도 한 달 남짓 걸려야 하나의 염정을 만들어 낼 수 있다.

凡滇·蜀兩省遠離海濱, 舟車艱通, 形勢高上, 其鹹脉卽韞藏地中.

凡蜀中石山去河不遠者, 多可造井取鹽.

鹽井周圓不過數寸, 其上口一小盂覆之有餘, 深必十丈以外乃得鹵信, 故造井功費甚難.

其器冶鐵錐, 如碓嘴形, 其尖使極剛利, 向石山舂鑿成孔.

其身破竹纏繩, 夾懸此錐.

每舂深入數尺, 則又以竹接其身, 使引而長.

初入丈許, 或以足踏碓稍, 如舂米形.

太深則用手捧持頓下.

所舂石成碎粉, 隨以長竹接引, 懸鐵盞窍之而上.

大抵深者半載, 淺者月餘, 乃得一井成就.

【井鹽】 광물을 채취하듯 땅을 파고 캐낸 소금. 鑛鹽.
【滇, 蜀】 滇은 雲南省의 약칭. 蜀은 四川省의 약칭.
【盂】 鈑盂. 작은 밥그릇 크기의 그릇.
【碓嘴形】 방앗공이 형태. 穿孔機의 돌과 닿는 부분. 충격식의 穿鑽 도구.
【鐵盞】 쇠로 만든 잔 모양의 돌 부스러기를 퍼 올리는 도구.

〈그림43〉 사천(四川)의 정염(井鹽)

124(5-11)
소금 광산

대체로 염정의 속이 너무 넓고 비면 염기鹽氣가 흩어져 퍼지기 때문에 소금을 응결시키지 못하기 때문에 그렇게 작게 파는 것이다.

염정이 염맥에 닿으면 길이 한 길쯤 되는 좋은 대나무를 골라 중간 마디는 뚫어 깨끗하게 다듬고 마지막 마디만 그대로 둔다.

그 구멍 아래는 소금기가 들어와 다시 빠져나가지 않도록 밸브를 만들어 물을 빨아들이도록 하고 긴 끈으로 매어 아래로 잠기게 하여 그 속에 물이 가득 차 들어가도록 한다.

우물 위에는 두레박과 도르래 등 여러 기구를 매달아 이를 바퀴로 하여 소로 하여금 끌고 돌리도록 한다.

소가 이를 끌고 돌리면 도르래가 끈을 감아 대나무 대롱에 잠긴 소금 물을 위로 퍼올리게 된다.

이를 솥에 넣고 달이면(단지 중간 정도의 솥이면 되며 뇌분을 사용할 필요는 없음) 곧바로 소금 결정이 생기며 색깔도 지극히 흰 것이 된다.

盖井中空濶, 則鹵氣遊散, 不克結鹽故也.

井及泉後, 擇美竹長丈者, 鑿淨其中節, 留底不去.

其喉下安消息, 吸水入筒, 用長絙繫竹沉下, 其中水滿.

井上懸桔槔·轆轤諸具, 制盤駕牛.

牛拽盤轉, 轆轤絞絙, 汲水而上.

入于釜中煎煉(只用中釜, 不用牢盆), 頃刻結鹽, 色成至白.

【消息】오늘날 펌프의 밸브와 같은 장치. 물이 들어가기만 하고 끌어올릴
때에는 수압으로 인해 다시 물이 밖으로 빠져나갈 수 없도록 하는 장치. 중국어
로는 閥門, 皮錢이라 함.
【桔槔】우물 위에 나무를 설치하여 줄을 매어 물을 퍼올리도록 한 두레박. 雙聲
連綿語의 물건 명칭.
【轆轤】도르래. 적은 힘으로 무거운 것을 들 수 있도록 한 돌대. 역시 물건 명칭.
【盤轉】둥글게 만들어 소가 끌어 돌리면 도르래에 달린 줄이 두레박을 감아
올려 깊은 우물 속의 소금물을 퍼올리게 됨.

125(5-12)
화정火井

사천四川 지역에는 화정火井이라는 것이 있는데 아주 신기하기가 대단하다.

그 우물에는 엄연히 냉수가 있을 뿐 화기火氣라고는 전혀 없다.

다만 긴 대나무를 쪼개어 속 마디를 없애고, 다시 봉합하여 칠포漆布로 조여 매고, 한 끝을 우물 바닥에 꽂는다.

그 위쪽은 굽은 관에 연결하여 그 관의 한 끝을 솥 밑 배꼽에 닿도록 하고 소금물을 솥에 부어넣으며, 다만 불길이 활활 타는 것만 볼 수 있으며 물은 즉시 끓게 된다.

대나무를 갈라보아도 결코 불에 탄 흔적은 눈꼽만큼도 없다.

불의 모습은 보이지 않으면서 불의 작용이 일어난다는 것은 이 세간에 아주 신기한 일이다.

무릇 사천四川과 운남雲南의 염정鹽井은 과세를 피하기가 지극히 쉬운 곳이어서 끝까지 추궁하여 찾아낼 수가 없다.

西川有火井, 事奇甚.

其井居然冷水, 絶無火氣.

但以長竹剖開去節, 合縫漆布, 一頭插入井底.

其上曲接, 以口緊對釜臍, 注鹵水釜中, 只見火意烘烘,
水卽滾沸.

啓竹而視之, 絶無半點焦炎意.

未見火形而用火神, 此間大奇事也.

凡川·滇鹽井逃課掩盖至易, 不可窮詰.

【火井】가스井. 본장은 火井에서 소금을 채취하는 것을 설명한 것이 아니라
천연 가스를 이용하여 소금을 달이는 작업을 신기하게 여겨 기록한 것임. 四川
臨邛縣 일대에는 漢代 이미 火井이 있었음.
【漆布】옻칠을 하여 가스가 새어나가지 않도록 한 베.
【釜臍】가마솥 밑의 중앙 부근 위치.
【川滇】四川과 雲南 일대.

(6) 말염末鹽

126(5-13)
말염末鹽

무릇 지감地鹼을 달인 소금은 병주幷州의 말염 이외에도 장로長蘆 분사分司의 원주민들 역시 암염을 긁어 이를 달여 만든 것이 있으며 검은 색이 섞여 있고 맛도 그리 좋지 않다.

凡地鹼煎鹽, 除幷州末鹽外, 長蘆分司地土人亦有刮削煎成者, 帶雜黑色, 味不甚佳.

【末鹽】粉末 형태의 가루소금.
【幷州】지금의 山西 太原 부근.
【長蘆分司】山東 북부의 渤海沿岸 근처 소금 산지. 明代에는 滄州와 青州에 北海長蘆鹽場鹽運使를 두었으며 長蘆에는 分司를 두었었음.

(7) 애염崖鹽

127(5-14)
애염崖鹽

서쪽 계주階州나 봉주鳳州 등의 주읍에서는 해염海鹽이나 정염井鹽이 모두 구하기 어렵다.

그래서 그곳에는 바위굴에서 저절로 소금이 나며 색은 마치 붉은 흙과 같으며 사람들이 마구 긁어 채취하며 달이는 과정을 거칠 필요가 없다.

凡西省階·鳳等州邑, 海·井交窮.
其巖穴自生鹽, 色如紅土, 恣人刮取, 不假煎煉.

【崖鹽】巖鹽을 말함.
【階州】지금의 甘肅 武都縣.
【鳳州】지금의 陝西 鳳縣.

6. 감기甘嗜

　　감기甘嗜는《尚書》甘誓篇 五子之歌에 "訓有之內, 作色荒, 外作
禽荒. 甘酒嗜音, 峻宇彫牆, 有一于此, 未或不亡"라 하였고, 劉熙의
《釋名》에는 "哉, 嗜也. 五味調和須之而成, 乃甘嗜也"라 하여 사람
들이 좋아하는 단맛을 뜻함. 여기서는 설탕, 꿀, 조청, 엿 등을
만드는 방법 등을 설명한 것.

(1) 전언前言

128(6-1)
전언

　내 생각으로는 이렇다.

　"꽃 같은 향내에 이를 정도의 기氣, 아름다움에 이를 정도의 짙은 색, 단맛에 이를 정도의 맛, 사람의 큰 욕구는 그러한 것에 있다. 향내가 나면서 강렬하고 짙은 색이면서 곱고, 달면서도 달콤하다면 이는 조물주가 더욱 기이하게 하려는 뜻이 있어서일 것이다. 세상에 단 것을 만들어내는 맛은 열에 여덟은 초목에서 나오기는 하지만 이를 벌이 온 힘을 다하여 다투어 온갖 꽃에서 채집하여 숙성시켜 이토록 아름다운 맛을 이루어 초목으로 하여금 자신만이 이러한 기능을 독차지하지 못하게 한 것이다. 그 어떤 자연의 힘이 이러한 단 맛을 내는 것을 천하에 널리 퍼뜨렸을까?"

　宋子曰:「氣至于芳, 色至于艶, 味至于甘, 人之大欲存焉. 芳而烈, 艶以豔, 甘以甜, 則造物有尤異之思矣. 世間作甘之味, 什八産于草木, 而飛蟲竭力爭衡, 採取百花釀成佳味, 使草木無全功. 孰主張是, 而頤養遍于天下哉?」

【艶】'정'으로 읽으며 아주 짙은 색.
【爭衡】균형을 맞추려고 서로 다툼.

【釀成】꿀은 벌이 채취하여 발효 내지 숙성시켜 이루어지는 것이라 믿었음.
【孰主張是】《莊子》天下篇에 "天其運乎? 地其處乎? 日月其爭於所乎? 孰主張是? 孰維綱是? 孰居无事而推行是? 意者其有機緘而不得已邪? 意者其運轉而不能自止邪? 雲者爲雨乎? 雨者爲雲乎? 孰隆施是? 孰居无事淫樂而勸是? 風起北方, 一西一東, 在上彷徨, 孰噓吸是? 孰居无事而披拂是? 敢問何故?"라 하여 "누가 이를 주재하는가?"의 뜻.
【頤養】편하게 즐기거나 이를 통해 봉양을 받음.

(2) 사탕수수 재배蔗種

129(6-2)
사탕수수의 종류

무릇 감자甘蔗, 사탕수수는 두 종류가 있으며 주로 복건福建과 광동廣東 지역에서 나며 다른 지역에서 나는 것을 모두 합해도 그의 10분의 1정도일 뿐이다.

대나무와 비슷하면서 큰 것은 과자果蔗이며 잘라서 날로 씹어 먹거나 즙을 내어 마셔도 맞으나 설탕을 만들지는 못한다.

억새 비슷하면서 작은 것은 당자糖蔗이며 입에 넣어 씹어보면 가시가 입술과 혀를 상하게 하여 사람이 감히 먹지 못하고 백설탕白霜과 홍사탕 紅砂糖은 모두 이것을 원료로 만들어낸다.

무릇 사탕수수에서 옛날에는 중국에서는 설탕을 만드는 방법을 알지 못하였으나 당唐나라 대력大曆 연간에 서역西域의 승려 추화상鄒和尙이 촉蜀에 갔을 때 수녕遂寧에서 처음 그 방법을 전해주었다.

지금 촉에서 이를 많이 재배하는 것도 역시 서역에서 점차 전래된 것이다.

凡甘蔗有二種, 産繁閩·廣間, 他方合倂得其十一而已.
似竹而大者爲果蔗, 截斷生噉, 取汁適口, 不可以造糖.
似荻而小者爲糖蔗, 口噉卽棘傷唇舌, 人不敢食, 白霜·
紅砂皆從此出.

凡蔗古來中國不知造糖, 唐大曆間西僧鄒和尙遊蜀中,
遂寧始傳其法.
今蜀中種盛, 亦自西域漸來也.

【果蔗】 禾本科의 竹蔗(Sacharum sinensis). 줄기가 대나무처럼 굵으며 보랏빛이
남. 지금도 중국 남부와 臺灣 등지에서는 재배하고 있으며 바로 씹어 먹거나
틀에 넣어 즙을 내어 마시기도 함. 여기에서 나온 고사가 '漸入佳境'임.《世說
新語》排調篇에 "顧長康噉甘蔗, 恆自尾至本. 人問所以? 云:「漸入佳境.」"이라 함.
【荻】 물가의 갈대의 일종. 禾本科 芒屬의 여러해살이 풀(Miscanthus sahariflo
rus).
【糖蔗】 禾本科 荻蔗(Saccharum officinarum). 설탕 제조의 원료가 됨. 갈대나
수수처럼 생겼으며 가늘고 흰 빛이 남.
【大曆】 唐 代宗(李豫)의 연호. 766~779년까지 14년간이었음.
【鄒和尙】 俗姓이 鄒氏인 승려. 西域人이 아니라 중국인이었음. 王灼의《糖霜譜》
에 "先是唐大曆間, 有僧號鄒和尙, 不知所從來. 跨白驢登繖山結茅以居, 須鹽朱
薪菜之屬, 即書付紙繫錢遣驢負至市區, 人知為鄒也. 取平直挂物於鞍, 縱驢歸.
一日驢犯山下黃氏者蔗苗, 黃請償於鄒, 鄒曰:「汝未知簪蔗糖為霜利當十倍? 吾語
女塞責可乎?」試之果信自是就傳其法"이라 한 일화가 전함. 그러나 이 기록은
遂寧 지역의 제당 전래만 말한 것이며 중국은 이미 당 이전에 제당 기술을
가지고 있었음. 이를테면 陶弘景의《本草經集註》에 "取蔗汁以爲沙糖"이라
하였고, 그 외에《異物志》에도 사탕수수로 만든 石蜜의 기록이 있고《名醫
別錄》에는 약재로서의 사탕을 거론하고 있음. 그리고《新唐書》西域列傳에
당 태종이 서역의 제당술을 얻기 위해 사신을 보낸 기록도 있음.
【遂寧】 지금의 四川에 있는 지명.

130(6-3)
사탕수수 모종 심기

무릇 적자荻蔗를 심는 방법은 이른 겨울 장차 서리가 내리려 할 때 사탕수수 대궁을 잘라 위와 아래 뿌리를 잘라내고 이를 흙속에 묻는다 (깊이 파여 습기가 많은 곳은 피한다).

그리고 우수雨水 대엿새 전에 날씨가 맑은 날 이를 꺼내어 껍질을 벗기고 5~6촌寸의 길이로 잘라 싹(움)이 난 두 마디씩 비율로 한다.

이들을 빽빽이 땅에 깔고 약간의 흙으로 덮어주되 머리와 뿌리가 서로 베개를 베듯이 하여 마치 물고기 비늘처럼 한다.

두 개의 싹이 평평하게 퍼지도록 해야 하며 하나는 위로, 하나는 아래로 가게 해서 싹이 흙을 뚫고 나오기 어렵도록 해서는 안 된다.

싹이 1~2치 정도 자라면 자주 맑은 인분 물을 주어야 한다.

그리고 다시 6~7치 정도 자라기를 기다렸다가 호미로 캐어 나누어 심는다.

凡種荻蔗, 冬初霜將至, 將蔗砍伐, 去杪與根, 埋藏土內 (土忌窪聚水濕處).

雨水前五·六日, 天色晴明卽開出, 去外殼, 砍斷約五·六 長寸, 以兩箇節爲率.

密布地上, 微以土掩之, 頭尾相枕, 若魚鱗然.

兩芽平放, 不得一上一下, 致芽向土難發.

芽長一·二寸, 頻以清糞水澆之, 俟長六·七寸, 鋤起分栽.

【雨水】24절기의 하나로 양력 2월 20일 전후.

131(6-4)
토질 선택

무릇 사탕수수는 반드시 모래가 섞여 있는 토질에 심으며 물가 모래가
쌓인 토질이 가장 좋다.

흙의 색깔을 시험할 때는 5척 정도 흙을 파서 그 속의 모래흙을 입에 넣어
맛을 보아 그 맛이 쓰다면 그러한 땅에는 사탕수수를 심어서는 안 된다.

무릇 물가 모래흙으로써 깊은 산 상류 물가의 흙은 단 맛이 난다 해도
역시 심어서는 안 된다.

대체로 산의 기운이 차고 공기가 응결되는 곳은 뒷날 설탕의 맛이 역시
타서 쓴 맛이 난다.

산으로부터 40~50리 떨어져 있는 평평하고 양지바른 모래흙의 토질
중에 좋은 곳을 택하여 심어야 한다.(황토 진흙이 덩어리를 이루고 있는
지형은 조금도 쓸모가 없음)

凡栽蔗必用夾沙土, 河濱洲土爲第一.

試驗土色, 堀坑尺五許, 將沙土入口嘗味, 味苦者不可栽蔗.

凡洲土近深山上流河濱者, 卽土味甘亦不可種.

盖山氣凝寒, 則他日糖味亦焦苦.

去山四·五十里, 平陽洲土擇佳而爲之(黃泥脚地, 毫不可爲).

【洲土】 물가 모래톱의 토질과 같은 것. 沙質土壤을 가리킴.
【脚地】 흙덩어리.

132(6-5)
사탕수수 가꾸기

무릇 사탕수수를 재배할 때는 두둑을 만들고 그 사이의 공간을 4자 정도 띄우며 쟁기질로 4치 정도 깊이의 고랑을 만든다.

고랑에다 심을 때는 약 7척에 세 그루를 다발로 심으며, 한 치쯤의 흙을 덮어주어야 하며, 너무 두텁게 덮으면 쓰는 싹이 적어진다.

싹이 3~4개, 또는 6~7개 났을 때 점점 흙을 더 덮어주며 김을 맬 때마다 이렇게 해주면 된다.

흙을 더 덮어 점차 두터워지면 키도 자라고 뿌리는 더 깊어져 넘어져 서로 기대는 폐단을 면할 수 있다.

무릇 김매기는 지나치다 할 정도로 자주 해 줄 것이며 인분 거름 주는 횟수는 땅의 기름진 여부를 살펴 그에 맞추어 하면 된다.

키가 1~2척 자라면 참깨나 유채의 깻묵을 물에 풀어 두둑에다 부어 주되, 비료를 주고자 할 때는 그 줄 안에만 뿌려야 한다.

키가 2~3척 자라면 소를 이용하여 그 줄 안으로 들어가 갈아주되 보름에 한 번씩 하며 쟁기로 한 번씩 흙을 갈아줄 때마다 옆으로 나온 뿌리를 잘라주며, 한번씩 흙을 덮어 뿌리를 북돋워 준다.

9월 초에는 흙을 북돋워 뿌리를 보호하여 수확한 이후 남은 뿌리가 서리나 눈의 상해를 입지 않도록 해 주어야 한다.

凡栽蔗治畦, 行澗四尺, 犁溝深四寸.

蔗栽溝內, 若七尺列三叢, 掩土寸許, 土太厚則芽發稀少也.

芽發三·四箇或五·六箇時, 漸漸下土, 遇鋤耨時加之.

加土漸厚, 則身長相深, 庶免欹倒之患.

凡鋤耨不厭勤過, 澆糞多少視土地肥磽.

長至一·二尺, 則將胡麻或芸薹枯浸和水灌, 灌肥欲施
行內.

高二·三尺, 則用牛進行內耕之.

半月一耕, 用犁一次懇土斷旁根, 一次掩土培根.

九月初培土護根, 以防砍後霜雪.

【三叢】 세 개씩 한 다발로 함.
【肥磽】 '肥'는 비옥함. '磽'는 거칠고 척박함.

(3) 사탕수수의 품종: 蔗品

133(6-6)
사탕수수 수확

무릇 적자 만드는 설탕에는 응빙탕凝氷糖, 백상탕白霜糖, 홍사탕紅砂糖 등 세 가지가 있다.

설탕의 구분은 원액을 뽑아내는 사탕수수가 묵은 대궁인가 새순인가에 따라 나누어진다.

무릇 감자의 성질은 가을이 되면 전차 홍흑색紅黑色으로 되었다가 동지冬至 이후에는 홍색에서 갈색으로 변하였다가 다시 순백으로 변한다.

오령五嶺 이남에는 서리가 내리지 않는 곳으로 베지 않고 그냥 두었다가 여기에서 백설탕을 얻는다.

그러나 소관韶關이나 남웅南雄 이북이라면 10월에 서리의 침해를 입게 되면 감자의 질이 서리를 만나 곧바로 죽어 그 질이 오래 견디지 못하여 백색의 설탕을 얻을 수 없기 때문에 그 까닭으로 서둘러 베어서 홍사탕을 만드는 것이다.

무릇 홍사탕을 얻을 때는 열흘은 힘써 다루어야 한다.

열흘 이전이면 그 원액이 아직 충분히 익지 않으며, 열흘을 넘기면 서리의 기운이 침해하여 자칫 앞서 고생한 노력을 포기해야 할 경우도 있다.

그러므로 감자를 10무 정도 심는 농가라면 즉시 이를 짤 압착기와 끓일 솥을 준비하여 그에 맞추고 있어야 한다.

만약 광동 남부의 서리가 내리지 않는 곳이라면 수확의 늦고 빠른 시기는 사람의 뜻에 따라 달리 할 수 있다.

凡荻蔗造糖, 有凝冰·白霜·紅砂三品.

糖品之分, 分于蔗漿之老嫩.

凡蔗性之秋漸轉紅黑色, 冬至以後由紅轉褐, 以成至白.

五嶺以南無霜國土, 蓄蔗不伐, 以取糖霜.

若韶·雄以化, 十月霜侵, 蔗質遇霜卽殺, 其身不能久待以成白色, 故速伐以取紅糖也.

凡取紅糖, 窮十日之力而爲之.

十日以前, 其漿尚未滿足; 十日以後, 恐霜氣逼侵, 前功盡棄.

故種蔗十畝之家, 卽製車·釜一付以供給用.

若廣南無霜, 遲早惟人也.

【凝氷】氷糖. 얼음 덩어리처럼 응고된 설탕.

【白霜】서리처럼 흰 백설탕.

【紅砂】붉으면서 모래알처럼 작은 입자로 만들어지는 홍탕.

【五嶺】湘(湖南省), 贛(江西省)과 광동을 경계를 이루는 五嶺山脈. 그 아래는 廣東과 廣西지역이 됨.

【昭·雄】昭는 지금의 廣東 昭關, 雄은 南雄.

【以化】'化'는 '北'의 誤記.

【車】糖車. 製糖用 壓搾機. 다음 장을 볼 것.

(4) 造糖

134(6-7)
사탕수수 즙 짜기

무릇 당차糖車(그림44)는 횡판橫板 두 조각으로 만들며 각각 길이는 5척, 두께는 5치, 폭은 2척으로 양쪽 끝에 구멍을 내어 기둥에 설치한다.

기둥 위쪽에 박는 나무는 순筍이 위로 나오게 하고, 아래 박는 나무는 2~3척 땅에 묻어 안정시키고 흔들리지 않게 한다.

그리고 상판上板에는 두 개의 구멍을 뚫어 병렬로 큰 축 두 기둥을 세우며(나무의 재질이 질기고 무거운 것을 사용해야 함), 축으로 쓰는 나무는 크기가 7척 되는 것이 알맞다.

두 축은 하나는 길이가 3척이며 하나는 4척 5촌 정도로 그 중 긴 것은 위로 나온 순에 안전하게 걸어 쟁기 막대, 즉 이담犁擔의 역할을 하게 한다.

이담은 나무를 굽혀서 만들며 길이는 1장 5척 정도로 하여 소가 끌로 돌기에 편하도록 한다.

축의 위에는 이빨을 새겨 암수 두 개가 맞물려 돌도록 하며, 그 맞물려 도는 곳은 모름지기 곧고 둥글어 둥글면서 마주 합치도록 만들어야 한다.

그리고 손으로 수수대궁을 그 속으로 넣어 하나씩 깔려 통과하도록 하며 이는 목화의 씨를 제거하는 간차趕車와 같은 원리이다.

凡造糖車, 制用橫板二片, 長五尺, 厚五寸, 潤二尺, 兩頭鑿眼安柱.

上筍出少許, 下筍出板二·三尺, 埋築土內, 使安穩不搖.

上板中鑿二眼, 並列巨軸兩根(木用至堅重者), 軸木大七尺圍方妙.

　兩軸一長三尺, 一長四尺五寸, 其長者出筍安犂擔.

　擔用屈木, 長一丈五尺, 以便駕牛團轉走.

　軸上鑿齒, 分配雌雄, 其合縫處須直而圓, 圓而縫合.

　夾蔗于中, 一軋而過, 與棉花赶車同義.

【糖車】壓搾用 製糖 기구.

【筍】'榫'의 가차자. 직각으로 세운 막대 기둥을 가리킴.

【犂擔】긴 나무를 소의 목에 걸어 이를 소가 끌고 돌리도록 한 것.

【赶車】목화의 씨를 빼기 위해 고안된 잉아와 같음. 두 굴대가 맞물려 도는 틈
　사이를 지나면서 씨가 빠지듯이 糖車는 그 암수 이빨을 판 굴대 사이에 사탕
　수수 대궁이 지나면서 즙이 압착되어 흘러내리도록 고안한 것.

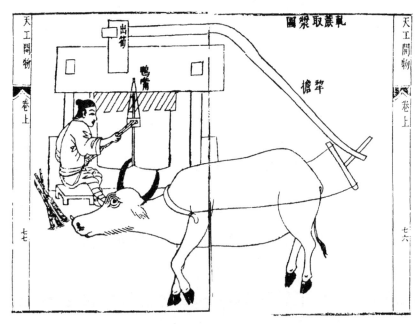

〈그림44〉 소를 이용한 사탕수수 즙짜기

135(6-8)
설탕 원액

사탕수수 대궁을 짜서 원액이 흘러나오도록 하고 다시 짠 찌꺼기를 거두어 축의 압취鴨嘴에 넣어 다시 돌려 짜기를 세 번 정도하며 즙이 모두 빠지게 되면 그 찌꺼기는 땔감으로 쓴다.

하판下板에 축軸을 받치는 부분은 구멍은 단지 깊이가 1치 5푼이며, 그 축은 아랫부분이 하판을 파고들지 않게 해야 판 위에서 흘러내리는 즙을 받기에 편리하다.

그 축의 아래는 쇠로 만들어 끼워 잘 돌도록 해 주어야 한다.

무릇 원액 즙이 흘러드는 판에는 조견槽枧이 있어 그를 통해 원액 즙이 항아리로 들어간다.

원액 1섬마다 석회 5홉을 넣어준다.

무릇 즙을 짜내어 졸일 때에는 솥 세 개를 병렬로 품品자처럼 설치하여 먼저 달여서 진하게 된 즙을 하나의 솥에 넣고, 그런 연후에 차례로 묽은 즙을 두 솥에 넣는다.

만약 화력을 적게 하여 조금이라도 땔감을 적게 했다가는 그 설탕은 즉시 완탕頑糖이 되며 거품이 생겨 쓸모가 없게 된다.

蔗過漿流, 再拾其滓, 向軸上鴨嘴扱入, 再軋又三軋之, 其汁盡矣, 其滓爲薪.

其下板承軸, 鑿眼只深一寸五分, 使軸腳不穿透, 以便板上受汁也.

其軸腳嵌安鐵錠于中, 以便捱轉.

凡汁漿流板有槽梘, 汁入于㼧內.

每汁一石下石灰五合于中.

凡取汁煎糖, 並列三鍋如「品」字, 先將稠汁聚入一鍋, 然後逐加稀汁兩鍋之內.

若火力少束薪, 其糖卽成頑糖, 其沫不中用.

【鴨嘴】오리 부리처럼 생겼으며 그 속으로 사탕수수 대를 넣어 짜도록 한 투입구.

【槽梘】나무 홈통. 일시로 즙이 모여 다시 항아리로 들어가도록 한 부분.

【石灰】불순물을 沈澱시키는 역할을 하며 酸性 성분을 중화시켜 설탕의 結晶을 촉진시킨다 함.

【頑糖】結晶을 이루지 못하고 阿膠나 조청처럼 液質로 뭉쳐진 상태의 糖質.

(5) 造白糖 (백사탕 제조)

136(6-9)
백사탕

복건福建이나 광동廣東과 같은 남방에서는 겨울을 지난 묵은 사탕수수를 당차糖車로 즙을 짜는 방법이 앞에서 말한 방법과 같다.

이를 압착하여 항아리에 넣은 다음 즙이 끓을 때 거품의 모습을 보아 화력을 조절한다.

거품 꽃이 달여져 아주 미세하며 여린 모습이 마치 국이 끓을 때와 같을 때, 손으로 비벼보아 손에 점성이 묻으면 잘 이루어지고 있음을 알려주는 것이다.

이때는 아직도 황흑색黃黑色이지만 통에 넣어 저장해두면 이것이 응고하여 흑사탕黑砂糖이 된다.

그런 다음 와류瓦溜(陶工에게 부탁하여 구워 만듦)를 항아리 위에 올려놓는다.(그림45)

그 와류는 위는 넓고 아래는 뾰족하며 바닥에는 구멍 하나를 내어 풀로 틀어막아두고 통 속에 있던 흑사탕을 부어넣는다.

흑사탕이 완전히 결정을 이루기를 기다린 연후에 구멍을 막았던 풀을 제거하고 황니수黃泥水를 이용하여 흘러내리도록 한다.

그렇게 하면 그 속의 흑재黑滓는 항아리 속으로 흘러들어가고 와류에 남았던 것은 모두가 백상탕이 되는 것이다.

맨 위층의 두께 5치 정도되는 것은 깨끗하고 희기가 아주 대단하여 이를 양탕洋糖이라 부르며(서양탕은 아주 희고 아름다워 그 때문에 그렇게 이름을 부른 것임), 아랫부분은 약간 황갈색을 띤다.

凡閩·廣南方經冬老蔗, 用車同前法.

笮汁入缸, 看水花爲火色.

其花煎至細嫩, 如煮羹沸, 以手捻試, 粘手則信來矣.

此時尙黃黑色, 將桶盛貯, 凝成黑沙.

然後以瓦溜(敎陶家燒造)置缸上.

其溜上寬下尖, 底有一小孔, 將草塞住, 傾桶中黑沙于內.

待黑沙結定, 然後去孔中塞草, 用黃泥水淋下.

其中黑滓入缸內, 溜內盡成白霜.

最上一層厚五寸許, 潔白異常, 名曰洋糖(西洋糖絕白美, 故名).

下者稍黃褐.

【糖車】원액을 압착하여 짜내는 제당용 압착기. 앞장 참조.

【黑沙】黑砂로도 표기하며, 원액 즙을 달이고 졸이면 짙고 짙은 흑색의 糖膏가 되며 이를 흑사탕이라 함.

【瓦溜】糖膏를 遠心分離機 원리를 이용하여 糖蜜을 분리하고 白砂糖을 얻는 기구. 濾過器와 같은 원리임.

【黃泥水】황토 진흙을 물에 개어 가라앉힌 다음 그 위의 맑은 물을 이용하여 脫色과 除蜜 작용을 함.

【黑滓】糖蜜을 가리킴. 糖膏에서 砂糖을 추출하고 남은 母液.

【洋糖】西洋糖. 지금의 백설탕을 가리키며 이미 서양의 설탕이 중국에 들어와 이를 보고 이름을 붙인 것.

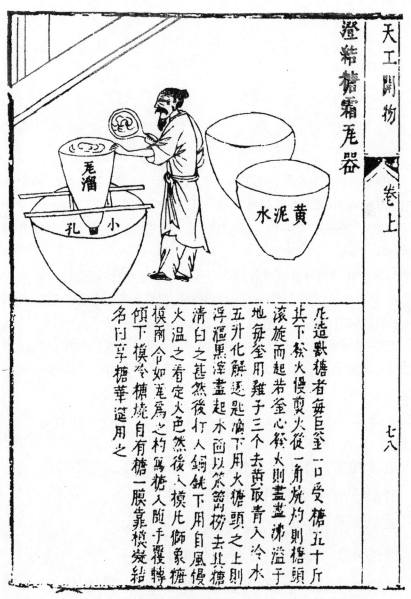

澄結糖霜瓦器

凡造獸糖者每巨釜一口受糖五十斤
共下發火慢熬火從一角燒灼則糖頭
滾旋而起若釜心發火則盡沸溢于
地每釜用雞子三个去黃取青入冷水
五升化解用此澄濾黑滓盡起水面以笊篱撈去其糖
浮溫黑滓盡起水面以笊篱撈去其糖
清白之甚然後打入銅銚下用
火温之看定火色然後入模先製象糖
模兩令如瓦為之杓為糖入隨手覆轉
傾下模冷糖燒自有糖一膜靠模凝結
名曰享糖華連用之

137(6-10)
빙탕氷糖

빙탕을 만들고자 하면 양탕洋糖을 졸이고 계란의 흰자위로 위에 뜬 찌꺼기를 제거하고 불을 살펴 화력을 조절한다.

그리고 깨끗한 청죽靑竹을 쪼개어 한 치 길이로 잘라 그 속에 뿌려 넣는다.

하룻밤이 경과하면 천연의 얼음덩어리와 같은 빙탕이 된다.

사자, 코끼리, 인물 등의 형상으로 사탕을 만드는데 사용하며 당질糖質의 정밀하고 거친 정도는 사람이 그에 맞게 쓰면 된다.

무릇 빙탕에는 다섯 가지가 있는데, 석산石山이 최상급이며 단지團枝가 그다음, 옹감甕鑑이 그 다음, 소과小顆가 다시 그다음이며, 사각沙脚이 가장 낮은 등급이다.

造氷糖者, 將洋糖煎化, 蛋青澄去浮滓, 候是火色.

將新青竹破成篾片, 寸斬撒入其中.

經過一宵, 卽成天然氷塊.

造獅·象·人物等, 質料, 精粗由人.

凡白糖有五品: 石山爲上, 團枝次之, 甕鑒次之, 小顆次之, 沙脚爲下.

【蛋青澄】 계란의 흰자위로 단백질이 맑은 부분. 단백질은 열을 받아 凝固할 때 불순물을 흡착하는 기능이 있으며 이 원리를 이용한 것임.

【白糖】 '氷糖'이어야 함.

【五品】 이는 宋 王灼의 《糖霜譜》(5)에 "凡霜一甕中器, 色亦自不同. 堆疊如假山者爲上, 團枝次之, 甕鑑次之, 小顆塊次之, 沙脚爲下. 紫爲上, 深琥珀次之, 淺黃色又次之, 淺白爲下"라 하여 '石山'은 '假山'으로 되어 있음.

(6) 造獸糖

138(6-11)
동물 형상 만들기

동물 형상을 만들려면 매번 큰 솥 하나에 설탕 50근을 넣고 솥 밑에 불을 피워 천천히 달인다.

불을 한쪽 귀퉁이에 때면 녹은 당액糖液이 끓어 빙빙 선회하면서 솟구친다.

만약 솥 밑 한가운데에 불을 때면 모두가 끓어올라 땅으로 넘쳐흐르게 된다.

매 솥마다 계란 3개를 사용하되 노른자위는 제거하고 흰자위만으로 하며 냉수 5되를 넣어 풀어서 쓴다.

숟가락으로 끓고 있는 설탕 위에 떨어뜨리면 거품과 검은 찌꺼기가 모두 겉으로 떠오르게 되며 이 때 조리笊籬를 이용하여 걷어내면 그 설탕은 아주 깨끗한 흰색이 된다.

그런 다음에 이를 구리로 만든 쟁개비에 옮겨담아 그 밑에 약한 바람으로 천천히 데우면서 불의 세기를 보아가며 틀에 부어넣는다.

무릇 사자, 코끼리 형상의 틀은 두 쪽을 합해 만들어 마치 기와를 찍어내는 틀과 같다.

국자로 녹아 있는 설탕을 떠서 부은 다음 손으로 돌리면서 아래로 들어가도록 넣는다.

틀은 차고 당액은 뜨겁기 때문에 저절로 당액의 막이 틀에 의해 응결되게 되며 이를 향탕享糖이라 부르며 화려한 잔치에 사용한다.

凡造獸糖者, 每巨釜一口受糖五十斤, 其下發火慢煎.

火從一角燒灼, 則糖頭滾旋而起.

若釜心發火, 則盡盡沸溢于地.

每釜用雞子三个, 去黃取青, 入冷水五升化解.

逐匙滴下用火糖頭之上, 則浮漚·黑滓盡起水面, 以笊
籬撈去, 其糖清白之甚.

然後打入銅銚, 下用自風慢火溫之, 看定火色然後入模.

凡獅·象糖模, 兩合如互爲之.

杓瀉糖入, 隨手覆轉傾下.

模冷糖燒, 自有糖一膜靠模凝結, 名曰享糖, 華筵用之.

【獸糖】설탕이 녹았을 때 가소성을 이용하여 동물 형상을 만들어 잔치나 연회에
  사용하는 것. 한편 본 장은 원전에 본문 크기로 되어 있지 않고 그림의 설명
  형식으로 되어 있음. 그림 참조.

【一角燒灼】솥 아래 한 귀퉁이에 약하게 해야 끓어 넘치지 않음.

【去黃取青】黃은 달걀의 노른자위. 青은 흰자위를 가리킴.

【笊籬】조리. 固形 물질만 건져낼 수 있는 주방 기구.

【銅銚】구리로 만든 쟁개비. 작은 냄비의 일종.

【享糖】享宴(饗宴, 享筵, 饗筵) 즉 잔치에 사용하는 탕과라는 뜻.

(7) 蜂蜜

139(6-12)
벌꿀

무릇 꿀을 만들어내는 벌은 어디에나 있으나 오직 사탕수수를 많이 재배하는 곳에서는 양봉이 자연히 적을 뿐이다.

꿀벌이 만들어내는 꿀은 산의 바위나, 토혈土穴에서 나는 것이 10분의 8이고, 집에서 벌을 모아 양봉하여 생산하는 것이 10분의 2쯤 된다.

무릇 꿀은 정해진 색깔이 없어, 청靑, 백白, 황黃, 갈褐 등 그 지방과 밀원이 되는 꽃의 종류에 따라 달라진다.

이를테면 채화밀菜花蜜, 화화밀禾花蜜 등과 같이 그 이름은 수천 가지로도 다 헤아릴 수 없을 정도이다.

무릇 벌은 집에서 양봉하는 것이나 자연 상태의 야생이건 물론하고 모두가 여왕벌이 있다.

여왕벌은 복숭아 크기만 한 하나의 받침대에서 살고 있으며 그 여왕벌의 자식이 대대로 여왕벌이 된다.

여왕벌은 살면서 꽃에서 꿀을 모으지 않으며 매일 여러 벌들이 교대로 책임을 맡아 꽃에서 꿀을 모아 여왕벌을 받든다.

여왕벌은 매일 두 차례(봄여름 꿀을
만드는 시기) 바깥나들이를 하며 나들이 할 때는 여덟 마리 벌이 돌아가며 모신다.

여왕벌이 스스로 벌집 구멍에서 나오기를 기다렸다가 네 마리가 머리로 그 여왕벌의 배를 받쳐 올리고 네 마리는 곁에서 날개짓을 하며 날아오른다.

몇십 분 정도의 놀이를 마치고 돌아올 때면 역시 날개짓을 하고 머리로 받치는 모습은 앞서와 같다.

凡釀蜂蜜, 普天皆有, 唯蔗盛之鄉, 則蜜蜂自然減少.

蜂造之蜜, 出山岩・土穴者十居其八, 而人家招蜂造釀而割取者, 十居而二也.

凡蜜無定色, 或青或白, 或黃或褐, 皆隨方土・花性而變.

如菜花蜜・禾花蜜之類, 千其名不止也.

凡蜂不論于家于野, 皆有蜂王.

王之所居造一臺如桃大, 王之子世爲王.

王生而不採花, 每日群蜂輪値分班採花供王.

王每日出遊兩度(春夏造蜜時), 遊則八蜂輪致以待.

蜂王自至孔隙口, 四蜂以頭頂腹, 四蜂旁翼, 飛翔而去.

遊數刻而返, 翼頂如前.

【十居其八】 당시만 해도 養蜂보다는 자연산 채취의 꿀이 훨씬 많았음을 알 수 있음. 한편 양봉 기술은 일찍부터 시작되었으며 晉 張華의 《博物志》(10)에 "諸遠方山郡幽僻處, 出蜜蠟, 人往往以桶聚蜂, 每年一取. 遠方諸山出蜜蠟處, 其處人家有養蜂者, 其法以木爲器, 中開小孔, 以蜜蠟涂器, 內外令遍. 春月, 蜂將生育時, 捕取三兩頭著器中, 數宿蜂飛去, 導將伴來, 經日漸益, 遂持器歸" 라 하였고, 《太平御覽》(950)에도 "遠方諸山出蜜蠟處, 其處人家有養蜂者, 其法以木爲器, 或十斛五斛開小孔, 令纔容蜂出入, 以蜜蜂塗器, 內外令遍. 安着簷前或庭下, 春月, 此蜂將作窠生育時, 來過人家圍垣者, 捕取得三兩頭便內着器中, 數宿出蜂飛去, 尋將伴來, 還或多或少, 經日漸溢, 不可復數, 遂停住. 往來器中, 所滋長甚衆. 至夏開器取蜜蠟, 所得多少, 隨歲中所宜豐儉. 又曰: 諸遠方山郡僻處出蜜蠟, 蜜蠟所着皆絶嚴石壁非攀緣所, 及唯於山頂, 以檻轝自懸掛, 下遂及得取採蜂, 遂去不還. 餘窠及蠟, 着石不盡居者, 有鳥形, 小於雀軰. 飛千數來啄之, 至春, 都盡其處. 皆如磨洗. 至春蜂, 皆還洗處, 結窠如故, 年年如此. 物無錯亂者, 人亦各各占其平處. 謂之蠟塞鳥, 謂之靈雀, 捕搏終不可得也"라 하였음.
【禾花蜜】 벼는 바람에 의해 受精하므로 실제 벼꽃의 꿀은 있을 수 없음.

【一臺如桃】복숭아 크기의 여왕벌 거처라 한 것은 맞지 않으며 이는《本草綱目》(39) 蜜蜂에 李時珍이 王元之의《蜂記》를 인용한 "蜂王無毒, 窠之始營必造一臺, 臺如桃李. 王居臺上生子於中, 王之子復爲王"의 내용을 근거한 것으로 보임.

【輪致以待】 '待'는 '侍'여야 맞음.

【數刻】 '刻'은 대략 15분 정도의 시간.

140(6-13)
양봉養蜂

양봉養蜂을 하는 집에서는 혹 벌통을 처마 끝에 매달든가, 또는 상자를 창 밑에 둔다.

모두 송곳으로 둥근 구멍 수십 개를 뚫어 그들이 들어오게 한다.

무릇 사람이 벌 한두 마리를 죽일 때는 아무런 탈이 없으나 세 마리 이상을 죽이면 벌떼가 몰려들어 쏘는데 이를 봉반蜂反이라 한다.

무릇 박쥐는 벌을 먹이로 삼기를 가장 좋아하며 틈 사이로 들어가 끝없이 벌을 잡아 삼킨다.

이 경우 한 마리 박쥐를 잡아 벌통 앞에 걸어 두면 다른 박쥐가 감히 더 달려들지 못하며 이를 속된 말로 효령梟令이라 한다.

무릇 집에서 키우는 벌이 동쪽 집의 것이 서쪽 집으로 분봉分蜂해 갈 때는 반드시 여왕벌의 아들이 떠나 데리고 간 벌떼의 왕벌이 되며 떠날 때는 마치 부채꼴 모습의 진을 치고 둘러싸 호위하면서 날아간다.

시골 사람들은 이 때 술 지게미의 향내를 뿌려 이 벌떼들을 불러들인다.

畜家蜂者, 或懸桶簷端, 或寘箱牖下.

皆錐圓孔眼數十, 俟其進入.

凡家人殺一蜂·二蜂皆無恙；殺之三蜂則群起螫之, 謂之蜂反.

凡蝙蝠最喜食蜂, 投隙入中, 呑噬無限.

殺一蝙蝠懸于蜂前, 則不敢食, 俗謂之「梟令」.

凡家畜蜂, 東隣分而之西舍, 必分王之子而去爲君, 去時如鋪扇擁衛.

鄕人有撒酒糟香而招之者.

【蝙蝠】박쥐. 이들은 벌을 먹이로 삼음.
【酒糟香】단술 지게미에 있는 당분을 따라 분봉하던 벌들이 모여들도록 하여 벌을 받음.

141(6-14)
벌집

무릇 벌이 꿀을 만들려면 벌집을 짓게 되며 그 모양은 말의 갈기와 같다.

꽃의 화심花心을 씹어 즙을 토해내어 쌓아서 이룬 것으로 이를 사람의 오줌에 적시면 달고 향기로운 맛이 함께 나며 이를 일러 "썩은 냄새 나는 것이 신기한 것을 만들어낸다"라는 것이다.

무릇 벌집을 베어내고 꿀을 취하면 벌 애벌레가 그 속에 많이 죽어 있으며 그 밑은 황랍黃蠟이다.

무릇 깊은 산 바위 절벽에 몇 년을 두고 취하지 않은 벌집이 있는데 그 꿀은 이미 익어 있으며 그곳 사람들이 긴 장대를 이용하여 이를 찌르면 꿀이 흘러내린다.

혹 한 해를 경과하지 아니 하고 나무를 타고 올라가 채취하기도 하며 그렇게 할 때는 집에서 양봉하여 꿀을 딸 때와 같은 방법으로 한다.

토혈에서 익은 꿀은 주로 북방에서 생산되며, 남방은 낮고 습하여 애밀崖蜜은 있으나 혈밀穴蜜은 없다.

무릇 벌꿀 집 한 근에 좋은 꿀 12냥을 얻을 수 있다.

서북 지역에서 나는 것이 천하의 반을 차지하며 대체로 사탕수수 원액에서 얻은 설탕보다 낫다고 한다.

凡蜂釀蜜, 造成蜜脾, 其形鬣鬣然.

咀嚼花心汁吐積而成, 潤以人小遺, 則甘芳並至, 所謂

「臭腐神奇」也.

　凡割脾取蜜, 蜂子多死其中, 其底則爲黃蠟.

　凡深山崖石上有經數載未割者, 其蜜已經時自熟, 土人以長竿刺取, 蜜卽流下.

　或未經年而扳緣可取者, 割鍊與家蜜同也.

　土穴所釀多出北方, 南方卑濕, 有崖蜜而無穴蜜.

　凡蜜脾一斤煉取十二兩.

　西北半天下, 盖如蔗漿分勝云.

【蜜脾】밀랍으로 지어진 정육각형의 벌집으로 꿀을 저장하고 있는 곳.

【臭腐(生)神奇】냄새나고 썩은 것이 도리어 신기한 것을 만들어냄.《莊子》知北遊에 "故萬物一也, 是其所美者爲神奇, 其所惡者爲臭腐; 臭腐復化爲神奇, 神奇復化爲臭腐"라 하여 만물은 서로 생겨나게 한다는 원리를 설명한 것임. 이를 두고《本草綱目》(39) 蟲部 蜂蜜에는 "蜂采無毒之花, 釀以大便而成蜜, 所謂 臭腐生神奇也"라 하여 벌이 대변과 혼합하여 꿀을 만들어낸다고 하였으나 이는 오류임. 벌이 오줌이나 대변에 모여드는 것은 수분이나 혹 염분을 취하기 위한 것이며 이와 혼합하여 꿀을 釀造하기 위한 것은 아님.

【煉】벌집 전체를 자루에 넣고 비틀어 꿀을 짜내는 방법.

【崖蜜】石蜜이라고도 하며 절벽에 있는 야생 벌집에서 꿀을 채취함.

【穴蜜】북방 들에 땅 속에 있는 벌집에서 꿀을 생산함. 혹 土蜜이라고도 함.

(8) 이탕飴餳

142(6-15)

엿飴餳

무릇 엿은 벼, 밀(보리), 기장, 조 등으로 모두 만들 수 있다.

〈홍범洪範〉에 "씨 뿌리고 거두어 그 곡식으로 단 것을 만들어낸다"(稼穡作甘)라 하였는데 이러한 방법에 이르러 그 원리를 궁구할 수 있다.

그 방법은 벼나 보리(밀) 종류를 물에 담가 싹이 나면 볕에 말린 다음 이를 달이고 조절하여 만들어내며 색은 흰 것을 최상으로 친다.

붉은 색일 때를 교이膠飴라 하여 한때는 궁중에서 높이 여기기도 하였고, 입에 넣으면 곧바로 녹으며 마치 호박琥珀처럼 생겼다.

남방에서 과자를 만드는 이는 이탕飴餳을 소탕小糖이라 부르기도 하는데 이는 사탕수수의 즙에 상대하여 이름을 붙인 것이다.

이탕은 사람이 온갖 방법으로 단맛을 공급하는 것으로 이를 일일이 설명할 수는 없다.

오직 상방尙房에서 사용하는 것으로 일와사一窩絲라는 것이 있었는데, 혹 그 방법이 후대에 전한 것인지는 알 수 없다.

凡飴餳, 稻·麥·黍·粟, 皆可爲之.

〈洪範〉云:「稼穡作甘.」及此乃窮其理.

其法用稻·麥之類浸濕, 生芽暴乾, 然後煎鍊調化而成, 色以白者爲上.

赤色者名曰膠飴, 一時宮中尚之, 含于口內卽溶化, 形如琥珀.

南方造餅餌者謂飴餳爲小糖, 盖對蔗漿而得名也.

飴餳人巧千方以供甘旨, 不可枚述.

惟尚方用者名「一窩絲」, 或流傳後代, 不可知也.

【飴餳】飴는 麥芽糖, 餳은 사탕의 액체, 즉 물엿, 조청을 가리킴. 맥아당은 보리에 싹이 날 때 녹말이 당분으로 변하는 과정을 이용한 것으로 조청, 엿, 감주 (식혜) 등 여러 식음료의 단맛을 내는 데 사용함.

【洪範】《尚書》의 편명. "五行, 一曰水, 二曰火, 三曰木, 四曰金, 五曰土. 水曰潤下, 火曰炎上, 木曰曲直, 金曰從革, 土爰稼穡. 潤下作鹹, 炎上作苦, 曲直作酸, 從革 作辛, 稼穡作甘"라 한 구절을 말함.

【尚房】궁중에서 음식을 담당하는 부서.

【一窩絲】飴餳에서 솜사탕, 실사탕을 뽑아낸 것.

卷中

7. 도선陶埏

　'陶埏'은 '도선'으로 읽으며, 흙을 반죽하고 이겨 빚어서 모양을 만든 다음 이를 불에 구워 필요한 그릇이나 기와, 벽돌 등을 만드는 작업을 뜻함. 즉 土器, 甕器, 陶器, 瓷器, 陶瓷器, 瓦器, 沙器 등을 만드는 일체의 작업을 가리킴. 이는《老子》"埏埴以爲器"와《荀子》性惡篇의 "問者曰:「人之性惡, 則禮義惡生?」應之曰: 凡禮義者, 是生於聖人之僞, 非故生於人之性也. 故陶人埏埴而爲器, 然則器生於陶人之僞, 非故生於人之性也. ……夫陶人埏埴而生瓦, 然則瓦埴豈陶人之性也哉? 工人斲木而生器, 然則器木豈工人之性也哉? 夫聖人之於禮義也, 辟則陶埏而生之也"에서 취한 말임.

(1) 전언前言

143(7-1)
전언

내 생각으로는 이렇다.

"물과 불이 서로 작용하여 흙을 굳게 결합시키니 만실萬室이나 되는 나라는 매일 한 사람이 부지런히 만들어도 수요에 부족하며 민간에서 사용하는 것 역시 엄청난 양이다! 대들보를 얹고 방을 꾸며 비바람을 피하고자 하는 가옥은 기와로 지붕을 덮고 있다. 왕공王公은 험한 요새要塞를 두어 나라를 지키되 성벽과 담, 치첩雉堞을 벽돌로 만들어 세우면 적이 와도 타고 오를 수가 없다.

진흙으로 만든 옹기는 굳고 단단하여 술을 깨끗하게 간직할 수 있으며, 와등瓦嶝은 깨끗하여 혜해醯醢를 담아 바칠 수 있다. 상商·주周 시대에는 조두俎豆를 나무로 만들었는데 이는 결코 질박함을 중시해서가 아니리라! 후세에 와서는 각지의 토질의 영험함을 따르고 사람의 공교함이 달리 나타나 도자기를 구워 예쁜 그릇을 만들어냈으니, 마치 흰 비단과 같은 살갗에다 옥골과 같은 모습을 갖추게 되었다. 이들을 탁자나 잔치 자리에 늘어놓아 서로 덮어주고 비춰주는 모습에서 전아함을 가히 손으로 받쳐들 수 있으니 어찌 그것이 고정된 한 가지 흙으로만 굳어 있어야 하겠는가!"

宋子曰:「水火旣濟而土合, 萬室之國, 日勤一人而不足, 民用亦繁矣哉! 上棟下室以避風雨, 而甄建焉. 王公設險

以守其國, 而城垣・雉堞, 寇來不可上矣. 泥甕堅而醴
酒欲清, 瓦登潔而醢醢以薦. 商周之際, 俎豆以木爲之,
毋亦質重之思耶! 後世方土效靈, 人工表異, 陶成雅器,
有素肌・玉骨之象焉. 掩映幾筵, 文明可掬. 豈終固哉!」

【水火旣濟】《周易》旣濟卦에 "水火旣濟. 旣濟; 亨, 小 利貞; 初吉終亂. 象曰:
「旣濟, 亨」, 小者亨也.「利貞」, 剛柔正而位當也.「初吉」, 柔得中也;「終止則亂」,
其道窮也. 象曰: 水在火上, 旣濟; 君子以思患而豫防之"라 함. 물과 불이 작용
하여 만물을 생성시키거나 새로운 사물이 만들어짐을 뜻함.

【萬室之國】《孟子》告子(下)에 "孟子曰:「子之道, 貉道也. 萬室之國, 一人陶,
則可乎?」曰:「不可, 器不足用也.」"라 한 말을 인용한 것.

【上棟下室】위에는 대들보를 얹고 아래에는 방을 꾸밈. 그리고 지붕에는 기와를
얹음. 가옥을 뜻함.《周易》繫辭傳(下)에 "上古穴居而野處, 後世聖人易之以宮室,
上棟下宇, 以待風雨, 蓋取諸大壯"라 함.

【瓴建】史記 高祖本紀에 "譬猶居高屋之上建瓴水也"라 하였으며 '瓴'은 기와를
뜻함.

【雉堞】城壁 위에 돌기된 부분으로 성을 지키는 자가 적의 화살 등을 피하기
위한 방어시설. 雙聲連綿語의 물명.

【瓦登】음식물을 담기 위한 그릇 중에 밑에 발이 있는 것.

【醢醢】젓갈류. 雙聲連綿語.

【幾宴】'幾'는 '几'의 오류. 几案. 탁자. '宴'은 잔치자리.

【豈終固哉】고유한 본래대로의 모습으로 있을 수 없음. 흙이 변하여 훌륭한
그릇이 됨을 뜻함.

(2) 와瓦

144(7-2)
기와

무릇 진흙을 이겨 기와를 만들 때는 땅을 2척쯤 파서 모래가 섞이지 않은 진흙을 골라서 얻은 흙으로 만들어야 한다.

사방 백리 안에는 반드시 쓰임에 합당한 흙이 있을 수 있어 집짓는 데 쓸 수 있다.

무릇 민가의 기와는 모두가 네 장을 한꺼번에 만들어 한 장씩 분리한다. 먼저 원통으로 틀을 만들어, 통 바깥에 네 줄의 분계선을 긋는다.(그림46) 진흙을 잘 밟아 이겨 두꺼운 장방형의 흙덩이를 높이 쌓아 올린다.

그런 연후에 철사로 시위를 맨 활을 만들어야 하며 이때 시위 위쪽에 3푼을 공간을 두고, 시위의 길이는 한 자의 길이로 한정한다.

활을 흙덩이에다 돈평敦平이 되게 마치 종이를 벗겨 내듯이 한 덩어리씩 떼어 내어 원통의 바깥벽에다 단단히 붙인다.

얼마쯤 마르기를 기다렸다가 틀에서 떼어 내면 저절로 넉 장의 기와로 갈라진다.(그림47)

무릇 기와의 크기에는 일정한 규격이 없으나, 큰 것은 가로세로가 8~9치, 작은 것은 그의 10분의 3으로 축소시키면 된다.

지붕에서 물이 모이는 물받이 기와는 반드시 가장 큰 기와를 써야 하며 이를 구와溝瓦라 하여 능히 큰비의 빗물을 받아낼 수 있을뿐더러 넘치거나 새지도 않아야 한다.

凡埏泥造瓦, 堀地二尺餘, 擇取無沙粘土而爲之.

百里之內必產合用土色, 供人居室之用.

凡民居瓦形皆四合分片.

先以圓桶爲模骨, 瓦畫四條界.

調踐熟泥, 疊成高長方條.

然後用鐵線弦弓, 線上空三分, 以尺限定, 向泥冘平夏一片, 似揭紙而起, 周包圓桶之上.

待其稍乾, 脫模而出, 自然裂爲四片.

凡瓦大小若無定式, 大者縱橫八·九寸; 小者縮十之三.

室宇合溝中, 則必需其最大者, 名曰溝瓦, 能承受淫雨而不溢漏也.

【冘平】'不'자처럼 된 글자는 '斀'과 같은 뜻임. 고른 두께에 수평으로 떼어냄을 뜻함.

【溝瓦】물받이 홈통 역할을 하는 기와.

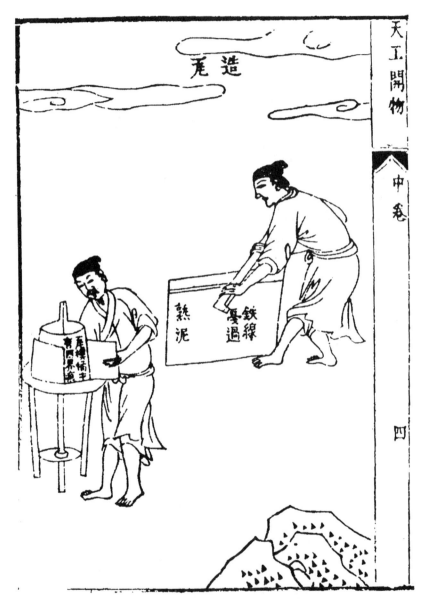

〈그림46〉 와배(瓦坯) 만들기

〈그림47〉 와배(瓦坯) 통 분리하기

145(7-3)
기와 굽기

무릇 아직 굽지 않은 기와가 완성되고 나면 이를 말린 후 가마 속에 쌓아놓고 땔감에 불을 지펴 땐다.

혹 하루 밤낮이나 혹 이틀 밤낮 정도의 시간이지만 가마 속에 넣은 기와의 다소에 따라 불을 살피면서 끄거나 계속 때는 시간은 다를 수 있다.

불을 끄고 나면 가마 위에 물을 부어 기와가 우(鋊,釉유 로 읽음)의 색깔을 띠도록 하는 것은 벽돌 만드는 방법과 동일하다.

처마 끝에 드리워진 기와를 적수滴水라 하고, 용마루 양쪽에 있는 것을 운와雲瓦라 하며, 용마루를 덮는 기와를 포동抱同이라 하고 용마루의 양쪽 끝을 누르고 있는 기와는 새나 짐승 등 여러 가지 형상으로 만든다.

이러한 기와는 모두 사람의 손으로 하나씩 차례로 만들어서 가마에 넣고 물과 불의 힘을 받아 기구로 만들어지는 원리는 하나처럼 같다.

凡坯旣成, 乾燥之後則堆積窯中, 燃薪擧火.

或一晝夜或二晝夜, 視陶中多少爲熄火久暫.

澆水轉銹(音右)與造磚同法.

其垂于簷端者有「滴水」, 下于脊沿者有「雲瓦」, 瓦掩覆脊者有「抱同」, 鎭脊兩頭者有鳥獸諸形象.

皆人工逐一做成, 載于窯內, 受水火而成器則一也.

【坯】 아직 굽지 않은 기와나 질그릇 상태를 이르는 말.

【視陶中多少】 陶는 窯(窯)의 오류임. 기와 가마를 가리킴.

【銹】 본서의 '銹'자는 모두 '釉'자임. 기와의 검은 색이나 잿빛이 나게 釉藥을 바르거나 잿물에 담갔다가 꺼내어 구워낸 다음 색깔이 나도록 하는 작업을 뜻함.

146(7-4)
궁궐용 기와

만약 황가의 궁전에 쓰이는 기와를 만들고자 하면 민가에 쓰는 기와 굽는 방법과 크게 다르다.

유리와琉璃瓦를 만들 때는 혹 판편板片으로 만들거나 혹 완통宛筒으로 만들며, 둥근 대나무와 목재를 다듬어 틀을 만들어 한 장씩 차례로 만들어나가야 한다.

그 흙은 반드시 태평부太平府에서 가져와서(배로 삼천 리를 운반해야 겨우 북경에 이르며 모래를 몰래 섞거나, 인부를 강제 동원하든지, 남의 배를 빼앗아 운송 하는 등 그 폐해는 끝이 없음. 承天皇陵을 조성하는 데에도 이 흙을 썼는데 누구도 이를 시정하도록 제의하지 않았음) 만들어야 하며 먼저 그 흙으로 빚은 기와를 유리가마에 쌓는데 기와 백 장을 굽는 데 땔감 5천 근이 필요하다.

구운 후 꺼내어 색깔을 내기 위해 무명이無名異와 종려모棕櫚毛를 달인 즙을 발라 녹색綠色 기와를 만들고, 대자색黛赭色, 송향松香, 포초蒲草 등을 발라 노란기와를 만든다.

이를 다시 다른 가마에 넣어 불을 줄여 낮은 온도에서 구우면 아름다운 유리 빛깔을 띠게 된다.

외성外省의 친왕親王 궁전이나 도교 사찰, 불교 사찰 등에도 간혹 역시 이런 기와를 쓰기도 하나 다만 염료의 색깔 배합이 각기 달라 그 채취 방법은 모두가 똑같지는 않다.

그러나 민가에서는 이런 기와를 쓰지 못하도록 금지되어 있다.

若皇家宮殿所用, 大異于是.

其制爲琉璃瓦者, 或爲板片, 或爲宛筒, 以圓竹與斲木爲模, 逐片成造.

其土必取于太平府(舟運三千里方達京師. 參沙之僞, 雇役·攎舡之擾, 害不可極. 卽承天皇陵, 亦取于此, 無人議正)造成, 先裝入琉璃窯內, 每柴五千斤燒瓦百片.

取出成色, 以無名異·棕櫚毛等煎汁塗染成綠, 黛赭石·松香·蒲草等塗染成黃.

再入別窯, 減殺薪火, 逼成琉璃寶色.

外省親王殿與仙佛宮觀間亦爲之, 但色料各有譬合, 採取不必盡同.

民居則有禁也.

【琉璃瓦】綠色, 藍色, 黃色 등의 釉料를 사용하여 빛깔을 낸 기와로 궁궐이나 사찰 등에 쓰임.

【太平府】지금의 安徽省 當塗縣. 그곳의 점토가 기와 만드는 재료로 가장 훌륭한 것으로 알려져 있으며 이를 太平土라 함.

【承天皇陵】明 憲宗의 넷째 아들 朱祐杬(?~1519)의 능묘. 지금의 湖北省 安陸縣에 있음. 《明史》(115) 참조.

【無名異】산화코발트와 이산화망간 등을 함유한 광물.

【棕櫚】나무 이름. 종려과 상록교목(Trchycarpus fortunei).

【黛赭石】홍갈색의 광물. 주요 성분은 함수알루미늄광과 산화철. 안료로 쓰임.

【蒲草】부들과에 딸린 여러해살이풀. 香蒲科 草本香蒲草(Typha japonica).

【譬合】'配合'의 오기.

(3) 磚

147(7-5)
벽돌

무릇 진흙을 이겨 벽돌을 만들 때면 역시 땅을 파서 흙의 빛깔을 감별하되, 혹시 남색藍色, 백색白色, 홍색紅色, 황색黃色인가를 살펴야 한다 (福建, 廣東에는 붉은 진흙이 많으며, 남색의 진흙을 善泥라 부르며 江蘇와 絶江에 많음).

이들은 모두가 찰기가 있으며 흩어지지 않고 가루로서 모래가 섞이지 않은 것이 가장 좋다.

물을 길어 흙을 적시고 나서 사람이 몇 마리의 소를 몰아 밟아 흙을 이긴다.

그런 다음에 이 진흙을 나무틀에다 가득 채우고 철사줄을 맨 활로 두드리며 표면을 반듯하게 깎아 벽돌의 원형을 만든다.(그림48)

凡埏泥造磚, 亦堀地驗辨土色, 或藍或白, 或紅或黃
(閩廣多紅泥, 藍者名善泥, 江浙居多).

皆以粘而不散, 粉而不沙者爲上.

汲水滋土, 人逐數牛錯趾, 踏成稠泥.

然後塡滿木框之中, 鐵線弓憂平其面, 而成坯形.

【磚】벽돌. 그러나 '磚'은 돌을 깎아 만든 벽돌이며, 흙으로 만들어 바로 사용하는 벽돌은 '墣', 다시 구워서 사용하는 벽돌은 '甄' 등으로 구분하기도 함.
【江浙】浙江의 오류. 지금의 江蘇省은 명대 應天府, 혹은 南直隷로 불렸으며 省을 설치하지 않았음.

泥造
磚坯

〈그림48〉 전배(磚坯) 만들기

148(7-6)
여러 종류의 벽돌

무릇 군읍의 성치城雉나 민가의 담을 쌓는 데에 사용하는 벽돌로는 면전眠磚과 측전側磚 두 종류가 있다.

면전은 장방형長方形이며, 성벽이나 민간인 중에 부유한 집안에서 담을 쌓을 때 공임을 아까워하지 아니하고 면전만을 곧바로 층층이 쌓을 때 쓴다.

다만 민간인으로서 비용을 계산해야 할 경우 면전 하나를 놓고 양쪽에 측전을 한 줄로 쌓고, 그 속을 흙과 자갈로 채워 넣는데 이는 비용을 아끼기 위한 것이다.

무릇 담에 쓰는 벽돌 외에 땅에 까는 벽돌을 일러 방만전方墁磚이라 한다.

그리고 지붕 가장자리의 서까래 위에다 올려 기와를 얹도록 하는 벽돌을 황판전楻板磚이라 한다.

원국형圓鞠形의 작은 다리나 규문圭門, 그리고 묘혈墓穴 등을 둥글게 쌓는 데 쓰는 벽돌을 도전刀磚, 또는 국전鞠磚이라 한다.

무릇 도전은 한 쪽 면을 좁게 깎아 서로 의지하여 밀착되도록 하여 그 위쪽이 둥글게 이어지도록 한 것이다.

이렇게 쌓은 다리는 거마가 밟고 지나가면서 눌러도 무너지지 않는다.

방만전을 만드는 방법은 진흙을 네모난 나무틀에 넣고, 평평한 판자를 그 위에 덮고 두 사람이 그 위를 발로 밟고 서서 끊임없이 돌아가면서 밟아 흙을 단단하게 다진 다음 구워내면 그 기능이 생긴다.

그리고 석공石工이 네 변을 갈고 깎은 연후에 땅에다 깐다.

도전의 값은 담을 쌓는 벽돌에 비해서 10분의 1쯤이고, 황판전 10개는 담을 쌓는 벽돌의 하나 값에 해당하며, 방만전 하나는 담을 쌓는 벽돌의 10개에 해당한다.

凡郡邑城雉·民居垣墻所用者, 有眠磚·側磚兩色.

眠磚方長條, 砌城郭與民人饒富家, 不惜工費, 直疊而上.

民居筭計者, 則一眠之上施側磚一路, 塡土礫其中以實之, 蓋省嗇之義也.

凡墻磚而外, 甃地者名曰方墁磚.

樣桷上用以承瓦者曰㮤板磚.

圓鞠小橋梁與圭門與竇窆墓穴者曰刀磚, 又曰鞠磚.

凡刀磚削狹一偏面, 相靠擠緊, 上砌成圓.

車馬踐壓不能損陷.

造方墁磚, 泥入方框中, 平板盖面, 兩人足立其上, 硏轉而堅固之, 燒成效用.

石工磨斷四沿, 然後甃地.

刀磚之直視墻磚稍溢一分, 㮤板磚則積十以當墻磚之一, 方墁磚則一以敵墻磚之十也.

【樣桷】 원전에는 '樣桶'으로 되어 있으나 '桶'은 '桷'의 오자임.
【圓鞠】 半圓形의 다리 교각이나 庭園의 圓筒形 작은 다리.
【刀磚】 圓鞠을 만들 때 사용하는, 方角形이 아닌 형태로 서로 엇물려 힘을 받게 되어 있음.

149(7-7)
벽돌 굽기

무릇 벽돌은 진흙으로 빚은 후 가마에 넣는데 백 균鈞 무게의 벽돌이라면 하루 밤낮 불을 때고, 2백 균이면 그 두 배 이상의 시간이 필요하다.

무릇 벽돌을 굽는 가마로는 땔나무를 쓰는 것과 석탄을 쓰는 것이 있다. 땔나무를 사용하여 구워내면 청흑색靑黑色의 벽돌이 되고, 석탄으로 구워내면 흰색을 띠게 된다.

땔나무 가마일 경우 꼭대기 곁에 3개의 구멍을 뚫어 연기를 뽑도록 해야 한다.

화력이 충분하면 땔나무 넣기를 그치고 진흙으로 그 구멍을 단단히 막은 연후에 물을 넣어 물로 하여금 유색釉色이 나도록 한다.(그림49)

무릇 화력이 10분의 1이 모자라도 벽돌이 광택이 나지 않는다.

또 10분의 3이 모자라면 눈화전嫩火轉이라 하여 원래의 흙빛깔이 뒤섞여 나타나며, 나중에 서리나 눈을 맞으면 곧바로 분해되어 원래의 흙으로 되돌아간다.

화력이 10분의 1 정도 세면 벽돌 표면이 터져 열문裂紋이 나타난다.

10분의 3 정도 세면 벽돌 모양이 쭈그러지고 터지며 굴곡이 생겨 제대로 펴지지 않는데, 이를 두드려 깨어보면 쇠를 부수는 것과 같아 쓰임에 적당하지 않게 된다.

그러나 이를 잘 이용할 줄 아는 사람은 이를 땅에 묻어 담의 받침돌로 쓰면 역시 벽돌로서 다른 구실을 하는 셈이 된다.

무릇 가마의 불을 살필 때, 가마 아궁이를 통해 안쪽을 보면 진흙이
불의 정기를 받아 불꽃 형태가 이글거리며 마치 쇠붙이가 녹는 모습의
극한 모습이 되며 노련한 도장陶長은 이를 변별해 낼 수 있다.

凡磚成坯之後, 裝入窯中, 所裝百鈞則火力一晝夜,
二百鈞則倍時而足.

凡燒磚有柴薪窯, 有煤炭窯.

用薪者出火成青黑色, 用煤者出化成白色.

凡柴薪窯巓上偏側鑿三孔以出烟.

火足止薪之候, 泥固塞其孔, 然後使水轉銹.

凡火候少一兩, 則銹色不光.

少三兩則名嫩火磚, 本色雜現, 他日經霜冒雪則立成
解散, 仍還土質.

火候多一兩則磚面有裂紋.

多三兩則磚形縮小析裂, 屈曲不伸, 擊之如碎鐵然, 不適
于用.

巧用者以之埋藏土內爲墻脚, 則亦有磚之用也.

凡觀火候, 從窯門透視內壁, 土受火精, 形神搖蕩, 若金
銀鎔化之極然, 陶長辨之.

〈그림49〉 전와(磚瓦)의 유약 입히기

150(7-8)
전유법轉釉法

무릇 전유법轉釉法은 가마의 꼭대기를 평평하게 만들고 그 네 둘레를 조금 높여 여기에다 물을 붓는다.

벽돌 백균이면 물 40섬이 필요하다.

물의 기운이 이 가마 벽의 토층土層으로 스며들어가 불기운과 서로 작용하여 이루어지는 것이다.

물과 불이 이미 서로 작용하여 그 질이 천 년을 두고 변하지 않는 것이 되는 것이다.

만약 석탄 가마라면 땔나무 가마보다 두 배 깊이로 하며, 그 위에는 원국형圓鞠形을 만들되 차츰 작아지도록 하며 이를 틀어막지는 않는다.

가마 속에는 석탄 가루로 지름 한 자 5치의 석탄 떡을 개어, 석탄 떡 한 층마다 벽돌 한 층씩 교대로 쌓아 올린 후 그 밑에 갈대나 땔나무를 깔아 불을 지핀다.(그림50)

만약 황실에서 사용하는 벽돌이라면 큰 것은 산동山東 임청臨淸에 있는 공장에서 만들고, 공부工部의 분사分司가 이를 관장한다.

처음 정한 규격으로는 부전副磚, 권전券磚, 평신전平身磚, 망판전望板磚, 부인전斧刃磚, 방전方磚 등이 있었으나 뒤에는 그 반을 폐지하였다.

이 공장에서 만든 벽돌을 북경으로 운반할 때는 조선漕船 한 척마다 40덩이를 실으며, 민간의 배로는 그 반을 싣는다.

또한 고운 재료로 만든 방전은 정전正殿에 사용하며 이는 소주蘇州에서 만들어 해결한다.

유리벽돌을 제조할 때 사용하는 유약은 이미 〈기와〉 항목에서 설명하였다.
이들은 대기창臺基廠에서 연료를 가져오고, 흑요黑窯에서 구워낸 것이다.

凡轉銹之法, 窯巔作一平田樣, 四圍稍弦起, 灌水其上.

磚瓦百鈞用水四十石.

水神透入土膜之下, 與火意相感而成.

水火旣濟, 其質千秋矣.

若煤炭窯視柴窯深欲倍之, 其上圓鞠漸小, 倂不封正.

其內以煤造成尺五徑潤餠, 每煤一層, 隔磚一層, 葦薪
墊地發火.

若皇家居所用磚, 其大者廠在臨淸, 工部分司主之.

初名色有副磚·券磚·平身磚·望板磚·斧刃磚·方磚
之類, 後革去半.

運至京師, 每漕舫搭四十塊, 民舟半之.

又細料方磚以甃正殿者, 則由蘇州造解.

其琉璃甋色料已載〈瓦〉款.

取薪臺基廠, 燒由黑窯云.

【轉銹之法】'銹'는 '釉'와 같으며 벽돌을 가마에 넣어 충분히 구운 다음 꼭대기
에서 물을 부어 물의 작용으로 벽돌이 더욱 견고해지며 동시에 광택이 나서
靑磚이나 靑瓦가 되도록 하는 방법.

【臺基廠】北京 崇文門 서쪽에 있던 연료 공급처.

【黑窯】北京 右安門 안에 있으며 明代에 전문적으로 궁궐용 벽돌과 기와를 구워
내던 官廠.

煤炭燒磚窯

〈그림50〉 석탄으로 기와 굽기

(4) 옹기그릇: 罌·甕

151(7-9)

옹기 만들기

옹기집에서 만드는 장군의 종류는 수백 수천이나 되며, 큰 것으로는 단지와 독이 있고, 중간 것으로 발우鉢盂가 있으며, 작은 것으로는 병과 항아리 등이 있으나 만들어내는 방법은 각 지방의 토질에 따라 달라 그 수를 다 헤아릴 수는 없다.

이를 만드는 방법은 모두가 둥글게 하며 모나게 만드는 경우는 없다.

흙은 시험하여 알맞은 진흙을 찾아낸 뒤 역시 도차陶車를 빙글빙글 돌리며 만들어낸다.

일에 정밀하고 숙련된 사람은 그릇의 크기에 따라 진흙덩이를 물레에 올리며 그 분량의 다소에 크게 벗어나지는 않는다.

두 사람이 힘을 합쳐 흙덩이를 물레에 올려놓고 물레를 돌리면서 한 번 눌러 만지면 곧 만들어진다.

조정에서 쓰는 용봉항(龍鳳缸)(가마는 하북 곡양현曲陽縣과 강소江蘇 의진현儀眞縣에 있다)과 남직예南直隷의 화항花缸은 흙덩이를 조금 두껍게 쌓아놓고, 조각을 새겨서 만들기 때문에 다른 지역에서 하는 제조 방법과는 같지 않다.

그 때문에 값도 혹 100배 또는 50배나 된다.

凡陶家爲缶屬, 其類百千, 大者缸甕, 中者鉢盂, 小者
瓶罐, 款制各從方土, 悉數之不能.

造此者必爲圓而不方之器.

試土尋泥之後, 仍制陶車旋盤.

工夫精熟者視器大小搯泥, 不甚增多少.

兩人扶泥旋轉, 一捏而就.

其朝廷所用龍鳳缸(窯在眞定曲陽與揚州儀眞)與南直花缸,
則厚積其泥, 以俟雕鏤, 作法全不相同.

故其直或百倍, 或伍十倍也.

【罌·甕】 罌은 입구는 좁고 배가 부른 陶瓷瓶이며, 甕은 물을 저장하는 큰 항아리.

【缶】 배는 불룩하고 입구는 작은 器皿類. 흔히 '장군'이라 부름.

【揚州】 지금의 江蘇省.

【南直隷】 明 成祖(朱棣)가 南京에서 北京으로 천도한 후부터 원래 南京에
직속되었던 江南의 여러 府나 州를 그대로 直隷(直轄)로 관할하였음. 지금의
江蘇省과 安徽省 일부 지역임.

152(7-10)
여러 종류의 옹기

무릇 병이나 장군은 손잡이와 입이 있는데 이는 모두 따로 만들어 접합한 것이며 유색을 칠하여 입혀야 한다.(그림51)

도기는 모두가 바닥이 있으나 바닥이 없는 것으로는 섬서陝西 지역 서쪽에서 밥을 찌는 시루가 있으며 이는 와기로 만든 것이며 나무로 만들지는 않는다.

무릇 여러 종류의 도기 중에 정교한 것은 국내외를 막론하고 모두가 유회釉灰를 입힌 것이며 거친 것은 혹 반만 유색을 입힌 것이다.

오직 사분沙盆이나 치발齒鉢 등은 유회를 입히지 않고 그 거친 대로 두어 음식물 등을 갈거나 부수기에 편리하도록 하고 있다.

그런가 하면 사과沙鍋나 사관沙礶 등도 유회를 입히지 않아 투화성透火性을 최대로 살려 음식물이 잘 익도록 하고 있다.

대체로 유색의 재료는 지방마다 나는 것이 있어, 강소江蘇, 절강浙江, 복건福建, 광동廣東에서는 궐람초蕨藍草라는 것을 사용한다.

이 풀은 그곳 주민들이 아궁이에 땔감으로 사용하는 것이며 길이는 석 자가 넘지 않고 가지와 잎은 삼목杉木과 비슷하며 잎맥이 있으나 손을 찌르지는 않는다(그 풀의 이름은 수십 가지나 되며, 각 지방마다 다름).

이 풀을 태운 재를 포대에 넣어 물로 걸러서 거친 것은 제거하고 지극히 고운 잿가루만 취한다.

이렇게 모은 재 두 공기에 붉은 진흙 물 한 공기 정도를 넣어 지극히 고르게 잘 저어 잿물을 만든 다음 이를 미리 만들어 놓은 그릇에 잘 발라 구워내면 훌륭한 광택이 난다.

북방에서는 어떤 재료로 잿물을 만드는지 알 수 없다.

소주蘇州의 황관黃礶에서 쓰는 잿물은 다른 원료가 있다.

다만 조정에서 쓰는 용봉기龍鳳器는 여전히 송향松香과 무명이無名異를 사용한다.

凡罌缶有耳嘴者皆另爲合上, 以銹水塗粘.

陶器皆有底, 無底者則陝西炊甑用瓦不用木也.

凡諸陶器精者中外皆過銹, 粗者或銹其半體.

惟沙盆·齒鉢之類, 其中不銹, 存其粗澁以受硏擂之功.

沙鍋·沙礶不銹, 利于透火性以熟烹也.

凡銹質料隨地而生, 江·浙·閩·廣用者蕨藍草一味.

其草乃居民供竈之薪, 長不過三尺, 枝葉似杉木, 勒而不辣人(其名數十, 各地不同).

布袋灌水澄濾, 去其粗者, 取其絶細.

每灰二碗參以紅土泥水一碗, 攪令極勻, 蘸塗坯上, 燒出自成光色.

北方未詳用何物.

蘇州黃礶銹亦別有料.

惟上用龍鳳器則仍用松香與無名異也.

【銹】'釉'와 같으며 釉色을 입힘. 즉 잿물을 받아 미리 만들어놓은 그릇(坯)에 입히거나 담갔다가 이를 말린 다음 구워냄.

【陝西】'陝以西'의 오류로 보임.

【沙盆】사기절구 등.

【齒鉢】뚝배기나 음식재료를 갈고 찧기에 편리하도록 만든 그릇.

【沙鍋】사발류로 만든 솥.

【沙礶】사발류로 만든 찜통.

【蕨藍草】고사리와 비슷한 草本植物. 밥풀고사리. 羊齒科 蕨屬의 鳳尾草(Pleris serrulata). 혹 鳳尾蕨이라고도 함. 景德鎭에서 釉灰의 원료로 일찍부터 사용하였다 함.

【黃礶】江蘇 蘇州에서 생산되는 노란 빛을 띠는 陶器.

【無名異】산화코발트와 이산화망간 등을 함유한 광물.

〈그림51〉 병만들기

153(7-11)
병요瓶窯와 항요缸窯

무릇 병요瓶窯에서는 작은 그릇을 굽고, 항요缸窯에서는 큰 그릇을 굽는다.

산서山西와 절강浙江 두 성에서는 각각 항요와 병요를 따로 두고 있으나, 다른 각 성에서는 하나의 가마에서 두 가지를 모두 구워낸다.

무릇 입구가 넓은 항아리를 만들 때는 물레를 돌려 윗부분과 아래쪽 부분을 각기 따로 만들어 접합시키며, 접합부는 나무망치로 안팎을 잘 두드려 다진다.(그림52)

입구가 좁은 단지나 독도 역시 위아래를 둘로 나누어 만들지만 접합한 후 속을 나무망치로 다지기가 어려우므로 미리 찰흙으로 둥근 테를 만들어 놓는데 그 형태는 마치 금강권金剛圈과 같으며 이를 속에 맞추어 대어 넣고 밖에서 나무망치로 두드려 다진다. 그렇게 되면 흙의 성질로 인해 저절로 접합된다.

凡瓶窯燒小器, 缸窯燒大器.

山西·浙江各分缸窯·瓶窯, 餘省則合一處爲之.

凡造敞口缸, 旋成兩截, 接合處以木椎內外打緊.

匝口壜·甕亦兩截, 接內不便用椎, 預于別窯燒成瓦圈, 如金剛圈形, 托印其內, 外以木椎打緊, 土性自合.

【金剛圈】 원형의 동그란 테.

〈그림52〉 항아리 만들기

154(7-12)
가마 설치

무릇 항요나 병요는 평지에 설치하지 않으며 산언덕의 비탈진 곳을 택하며 그 길이는 긴 것은 혹 20~30장, 짧은 것도 역시 10여 장이나 되며, 연접된 가마는 수십 개나 되고 모두가 한 단계씩 차례로 높아지게 된다.(그림53)

대체로 산의 형세에 의지하여 설치하면 물이나 습기의 걱정을 없앨 수 있고, 불기운도 그 경사도를 따라 한 층씩 올라가게 된다.

그 수십 개의 가마에서 구워낸 도자기는 그중 값이 비싼 것은 없다 해도 여러 사람의 힘을 합하고 자본을 모아 해내야 한다.

그들 가마는 무지개 모양으로 쌓은 후 꼭대기에는 지극히 고운 찰흙을 세 치 정도의 두께로 깐다.

가마끼리의 간격은 5자 정도로 하고 연기를 빼내는 창을 내고, 가마 입구 문의 양쪽에는 서로 마주 보도록 열어둔다.

미리 만든 그릇은 아주 작은 것은 가장 아래 가마에 쟁여 넣고 큰 항아리나 독은 가장 끝쪽의 높은 가마에 쟁인다.

불은 가장 아래에 있는 가마부터 때기 시작하며 두 사람이 마주 보면서 화력을 살핀다.

대체로 도기 130근에 땔감은 100근 든다.

불기운이 충분하다고 여기면 아궁이를 막고, 그다음에 두 번째 아궁이에 불을 지피며, 이렇게 차례대로 가마에 따라 불을 지펴 마지막 가마에 이르도록 한다.

凡缸窯・瓶窯不于平地, 必于斜阜山岡之上, 延長者或
二・三十丈, 短者亦十餘丈, 連接爲數十窯, 皆一窯高一級
　盖依傍山勢, 所以驅流水濕滋之患, 而火氣又循級透上.
　其數十方成陶者, 其中若無重値物, 合併衆力・衆資而
爲之也.
　其窯鞠成之後, 上鋪覆以絶細土, 厚三寸許.
　窯隔五尺許, 則透烟窗, 窯門兩邊相向而開.
　裝物以至小器, 裝載頭一低窯; 絶大缸甕裝在最末尾高窯.
　發火先從頭一低窯起, 兩人對面交看火色.
　大抵陶器一百三十斤費薪百斤.
　火候足時, 掩閉其門, 然後次發制二火, 以次結竟至尾云.

〈그림53〉 병요(瓶窯)와 연결한 항요(缸窯)

(5) 白瓷 附: 靑瓷

155(7-13)
가요기哥窯器

무릇 흰색의 흙을 악토堊土라 하며, 도가에서는 지극히 정미精美한 것을 만드는 데 이 흙을 쓴다.

중국에서 이러한 흙이 나는 곳은 5~6곳뿐으로, 북쪽에는 진정부眞定府의 정주定州, 평량平凉의 화정華亭, 태원太原의 평정平定, 그리고 개봉開封의 우주禹州 등지가 있고, 남쪽에는 천군泉郡 덕화德化(흙은 永定에서 나고, 가마는 덕화에 있음), 휘군徽郡의 무원婺源, 기문祁門이 있다(다른 지방의 백토는 그릇을 만들 때 잘 붙지 않아, 벽에 바르거나 땅을 까는 데 사용함).

덕화요德化窯에서는 오직 자선瓷仙이나 정교한 인물상, 완구 등을 구워 내기 때문에 실용적인 것은 없다.

진정과 개봉 등의 자요瓷窯에서 생산되는 것은 색이 혹 노란색을 띤 것으로 광택은 없다.

앞에 거론한 몇 개 지역의 산품은 강서江西 요군(饒郡, 景德鎭)의 산품에 상대되지 않는다.

절강浙江 처주處州의 여수麗水와 용천龍泉의 두 읍에서 구워낸 유약을 입힌 잔이나 공기는 청흑색이 마치 옻칠을 한 것 같으며 이를 처요處窯라 한다.

송宋, 원元대에 용천龍泉의 화류산華琉山 아래에 장씨章氏가 만든 가마가 있었는데 그곳에서 나온 작품을 아주 귀중한 것으로 여겼으며, 골동품 가게에서 말하는 이른바 가요기哥窯器라는 것이 바로 이것이다.

凡白土曰垩土, 爲陶家精美器用.

中國出惟五·六處, 北則眞定定州·平凉華亭·太原平定·開封禹州; 南則泉郡德化(土出永定, 窯在德化)·徽郡婺源·祁門(他處白土陶範不粘, 或以掃壁爲壏).

德化窯惟以燒造瓷仙·精巧人物·玩器, 不適實用.

眞·開等郡瓷窯所出, 色或黃滯無寶光.

合併數郡, 不敵江西饒郡産.

浙省處州麗水·龍泉兩邑燒造過銹杯碗, 靑黑如漆, 各曰處窯.

宋·元時龍泉華琉山下有章氏造窯, 出款貴重, 古董行所謂哥窯器者卽此.

【眞定定州】眞定府의 定州. 지금의 河北 定縣으로 白瓷의 주산지였음. 明代에는 행정상으로 北直隷에 속하였음.

【平凉華亭】甘肅(당시 平凉府였음)의 華亭縣.

【太原平定】山西(당시 太原府였음)의 平定縣.

【開封禹州】河南(당시 開封府였음)의 禹縣.

【泉郡德化】福建 泉州府의 德化縣.

【徽郡婺源·祁門】명대 南直隷에 속하였으며 지금의 江西 婺源縣 및 安徽 祁門縣.

【江西饒郡】지금의 江西 景德鎭을 가리킴. 도자기 산지로 가장 널리 알려진 곳임.

【華琉山】琉華山이어야 함. 지금의 浙江 龍泉.

【哥窯】宋代에 處州의 사람으로 章生一과 章生二 형제가 있어 龍泉縣에서 정교한 자기를 구워냈으며 두 가마를 哥窯, 弟窯라 불렀으며 뒤에 형의 가마라는 뜻으로 哥窯라 불렀다 함.

156(7-14)
경덕진景德鎮

　　무릇 중국 내에서 누구나 갖고 싶어 하는 것으로 그 이름이 널리 퍼진 것은 모두가 요군饒郡 부량현浮梁縣의 경덕진景德鎮에서 나온 것들이다.

　　이 경덕진은 옛날부터 도자기를 굽는 곳이었으나 백토가 나지 않았으며, 백토는 무원婺源과 기문祁門 두 현에 있는 산에서 난다.

　　한 곳은 고량산高梁山이라 하며, 메벼가 나는 흙으로 찰기가 없고 단단하며, 다른 한 곳은 개화산開化山이며, 찰벼가 나며 그 성질은 찰기가 있고 연하다.

　　이 두 가지 백토를 혼합해야 비로소 자기를 만들어낼 수 있다.

　　그러한 이런 흙을 네모 덩어리로 만들어 작은 배로 경덕진까지 운반해 온다.

　　자기를 만드는 사람은 이 두 흙을 같은 양으로 절구에 넣어 하루 동안 빻은 연후에 항아리에다 넣고 물을 부어 맑게 될 때까지 둔다.

　　그중 물 위에 뜬 것이 고운 재료이며, 이를 다른 항아리에다 부어 담는다. 그 아래 바닥에 가라앉은 것은 거친 재료이다.

　　고운 재료가 담겨 있는 항아리에서 다시 위에 뜬 것을 취하여 이를 기울여 채취한 것이 최상의 고운 재료이며 그 바닥에 가라앉은 것이 중간 재료이다.

　　이를 물로 맑게 한 다음, 가려서 가마 곁에 벽돌로 쌓은 장방형의 못에다 넣어 가마 곁 불기운 가까이에 놓고 그 불의 힘을 빌려 기울여 채취한 진흙을 말린 연후에 이를 다시 맑은 물로 개어 그릇을 만든다.

若夫中華四裔馳名獵取者, 皆饒郡浮梁景德鎭之産也.

此鎭從古及今爲燒器地, 然不産白土, 土出婺源·祁門兩山.

一名高梁山, 出粳米土, 其性堅硬; 一名開化山, 出糯米土, 其性粢軟.

兩土和合, 瓷器方成.

其土作成方塊, 小舟運至鎭.

造器者將兩土等分入臼春一日, 然後入缸水澄.

其上浮者爲細料, 傾跌過一缸.

其下沉底者爲粗料.

細料缸中再取上浮者, 傾過爲最細料, 沉底者爲中料.

旣澄之後, 以磚砌長方塘, 逼靠火窯, 以借火力.

傾所澄之泥于中吸乾, 然後重用淸水調和造坯.

【高梁山】高嶺. 高嶺土가 나오는 산으로 매우 硬質의 백토임.
【開化山】지금의 安徽 祁門에 있는 지명으로 軟質의 粘土임.

157(7-15)
자배瓷坯

무릇 자기의 형태를 만드는 방법은 두 가지가 있다.

하나는 인기印器라 하여, 방원方圓이 각기 다른 병, 독, 화로, 합盒 등으로써 어기御器로 쓰는 자병풍瓷屛風이나 촛대 등이 이러한 것이다.

이는 먼저 황니黃泥를 이겨 모형의 틀을 만드는데 혹 둘로 좌우로 가르거나 상하로 자르기도 하며 혹 전체를 하나의 모형으로 만들기도 한다. 그런 연후에 흰 진흙을 반죽하여 찍어 낸 다음 유약을 그 빈틈에 바르고 구워내면 저절로 둥그런 모양에 틈도 없는 작품이 된다.

다른 하나는 원기圓器라 부르며, 대체로 대소 크기에 따라 수만 가지의 잔이나 소반 등으로써 이는 사람의 일상생활에 필요한 물건들을 만들어내는 방법이다.

원기로 만들어내는 것이 10분의 9를 차지하며, 인기로 만들어내는 것은 10분의 1 정도에 불과하다.

이러한 원기로 원 그릇을 만들어낼 때는 먼저 도차陶車를 사용해야 한다.(그림54)

그 도차는 수직으로 막대를 하나 세우고 이를 바닥 3자 정도의 땅에 묻어 안정감이 있도록 해야 한다.

그리고 2자쯤 되는 높이에 상하로 둥근 원판을 설치하고 원반 둘레에 가는 대나무 막대로 이를 회전시키며, 원반의 꼭대기 정 중앙에 박달나무를 깎아 만든 회두모盔頭帽를 만들어 올려놓는다.

凡造瓷坯有兩種:

一曰印器, 如方圓不等瓶·甕·爐·合之類, 御器則有瓷屏風, 燭臺之類.

先以黃泥塑成模印, 或兩破或兩截, 亦或圖圍, 然後埏白泥印成, 以銹水塗合其縫, 燒出時自圓成無隙.

一曰圓器, 凡大小億萬杯·槃之類, 乃生人日用必需.

造者居十九, 而印器則十一.

造此器坯先製陶車.

車竪直木一根, 埋三尺入土內, 使之安穩.

上高二尺許, 上下列圓盤, 盤沿以短竹棍撥運旋轉, 盤頂正中用檀木刻成盔頭冒其上.

【陶車】 회전용 물레.
【盔頭冒】 盔頭帽. 盔帽라고도 하며 투구 모양의 틀이며 갠 흙을 씌워 받치고 돌릴 수 있는 것. '冒'는 '帽'의 오자.

〈그림54〉 원형 자기를 만드는 도거(陶車)와 다듬기

158(7-16)
잔과 소반 만들기

무릇 잔이나 소반을 만드는 데는 일정한 틀이 있는 것은 아니며 두 손으로 흙덩이를 회모盔帽 위에 받쳐놓고 선반이 돌아가도록 하면서 만들어낸다.

엄지손가락은 손톱을 깎아야 하며 이로써 흙덩이 밑을 안정되게 큰 손가락으로 얇게 돌리면서 올라가면 곧바로 잔이나 공기 모형이 이루어 지며(처음 배우는 자는 임의대로 하다가 잘못했을 경우 부수어서 다시 진흙에 넣어 만들면 됨), 경험이 많아지고 익숙해지면 수만 개를 마치 하나의 틀에서 뽑아내듯이 해낼 수 있다.

무릇 회모에서 만들어내는 작은 그릇은 흙을 더 보태어 줄 필요가 없으나 중간 크기의 소반이나 큰 공기의 경우 흙을 더 보태어 머리 쪽을 크게 하되 아래쪽이 마르도록 하고 나서 작업을 이어가야 한다.

손가락으로 돌리면서 그릇을 만든 다음에는 뒤엎어서 회모에 씌워 한 번 눌러 바로 잡은 다음 약하게 말리되 물기가 약간 남아있도록 한 다음 손으로 한 번 눌러 말리는데 잘 말리고 나면 지극한 백색이 된다.

이를 물에 담갔다가(그림55) 젖은 채로 회모 위에서 물을 흘리면서 예리한 칼로 두 차례 손질을 한다(그림54)(칼로 손질할 때 손이 조금이라도 떨리면 구워낸 다음 틈이 생김).

이렇게 한 다음 부서진 부분이나 결점이 있는 부분을 잘 때워 고치고 물레 위에 올려놓고 돌리면서 둥근 테를 만든다.

둥근 테두리를 만든 다음에 혹 그림이나 글자를 새겨 넣고 그림을 그린 다음에는 입으로 몇 차례 물을 뿜어 준 연후에 유약을 입힌다.

凡造杯·槃無有定形模式, 以兩手捧泥盔冒之上, 旋盤使轉.

拇指剪去甲, 按定泥底, 就大指薄旋而上, 即成一杯碗之形(初學者, 任從作費, 破坯取泥再造), 功多業熟, 即千萬如出一範.

凡盔冒上造小坯者, 不必加泥, 造中盤·大碗則增泥大其冒, 使乾燥而後受功.

凡手指旋成坯後, 覆轉用盔冒一印, 微晒留滋潤, 又一印, 晒成極白乾.

入水一汶, 漉上盔冒, 過利刀二次(過刀時, 手脈微振, 燒出即成雀口).

然後補整碎缺, 就車上旋轉打圈.

圈後, 或畫或書字, 畫後噴水數口, 然後過銹.

【盔帽】원문에는 '盔冒'로 잘못 되어 있음.
【作費】作廢와 같음. 오류를 저지름. 잘못 만들어 못쓰게 됨.

水沙器瓷

〈그림55〉 자배(瓷坯)에 물칠하기

159(7-17)
쇄기, 천종속, 갈색배

무릇 쇄기碎器나 천종속千鍾粟, 그리고 갈색배褐色杯 등을 만들 때는 청색의 유약을 입히지 않는다.

쇄기를 만들고자 하면 날카로운 칼로 그릇을 잘 깎은 뒤 햇볕에 강하게 말려 맑은 물에 넣자마자 곧바로 꺼내어 구우면 저절로 터진 무늬裂文가 생긴다.

천종속의 무늬는 유약을 신속하게 입혀야 하며, 갈색배는 묵은 찻잎을 달인 물로 한 번 칠하면 된다(오래된 쇄기는 일본에서는 극히 귀중히 여기며, 진품일 경우 천금을 아끼지 않음. 옛 香爐 쇄기는 만들어진 시대는 알 수 없으며, 그 바닥에는 쇠못이 있고, 쇠못은 빛을 발하며 녹이 슬지 않음).

凡爲碎器與千鍾粟與褐色杯等, 不用靑料.

欲爲碎器, 利刀過後, 日晒極熱, 入淸水一蘸而起, 燒出自成裂文.

千鍾粟則銹漿捷點, 褐色則老茶葉煎水一扶也(古碎器, 日本國極珍重, 眞者不惜千金. 古香爐碎器, 不知何代造, 底有鐵釘, 其釘掩光色不鏽).

【碎器】 표면에 잔금이 많은 자기. '碎瓷', '裂紋瓷', '碎紋瓷'라고도 하며, 宋代의 가요(哥窯)에서 만들기 시작하였음. 釉藥의 膨脹과 收縮 정도가 달라 구울 때 이러한 무늬가 나타남.

【千鍾粟】 좁쌀과 같은 점무늬가 있는 자기.

【鐵釘】 瓷器의 밑바닥에 남아 있는 鐵分의 印迹을 뜻함.

160(7-18)
경덕진의 백자

무릇 요진饒鎭, 景德鎭에서 만드는 백자의 유약은 소항취小港嘴에서 나는 이장泥漿에 도죽挑竹의 잎을 태운 재를 섞어서 마치 맑은 쌀뜨물과 같으며 (泉郡 德化窯에서 만드는 仙人像의 자기는 솔잎의 재와 이장을 섞은 것이며, 處郡 麗水와 龍泉의 青瓷에 쓰는 유약은 자세히 알 수 없음), 이를 항아리 안에 담아 둔다.

무릇 여러 그릇에 유약을 입힐 때는 먼저 그 잿물 속에 넣어 흔든 다음 바깥 테두리는 다시 손가락으로 잡고 잿물을 입히면 저절로 고루 적셔지게 된다.(그림56)

사발에 그림을 그려 넣을 때의 청색 유약은 모두가 한결같이 무명이無名異 만 쓴다(그림57)(漆匠은 기름을 달여 쓰며 역시 이를 넣어 착색함).

이 무명이는 깊은 땅속에서 나는 것이 아니며 지면에 떠 있다.

깊은 곳이라 해도 3자 정도 파 내려가면 있으며 어느 성省이나 직예直隸의 땅에도 다 있다.

역시 상중하의 등급을 변별해야 하며 사용할 때는 미리 숯불로 태워 빨갛게 단련하는 과정을 거쳐야 한다.

상급은 불에서 꺼낸 후엔 취모색翠毛色을 띠며, 중급은 약한 청색이고, 하급은 토갈색土褐色에 가깝다.

상급은 무명이 한 근을 단련하여 단지 7냥兩 정도를 얻을 수 있으며, 중하급으로 갈수록 얻을 수 있는 양이 그만큼 줄어든다.

상품의 좋은 작품이나 어기御器로 쓰는 용봉기龍鳳器 등을 만들 때는 모두가 상급 재료로 그림을 그려야 한다.

그 때문에 상급의 무명이는 한 섬마다 그 값이 은銀 24냥이나 되며, 중급은 그의 반이며, 하급은 10분의 3이다.

凡饒鎭白瓷鏽, 用小港嘴泥漿和桃竹葉灰調成, 似淸泔汁(泉郡瓷仙用松毛水調泥漿. 處郡靑瓷鏽未詳所出)盛于缸內.

凡諸器過鏽, 先蕩其內, 外邊用指一蘸塗弦, 自然流遍.

凡畫碗靑料總一味無名異(漆匠煎油, 亦用以收火色).

此物不生深土, 浮生地面.

深者堀下三尺卽止, 各省直皆有之.

亦辨認上料·中料·下料, 用時先將炭火叢紅煅過.

上者出火成翠毛色, 中者微靑, 下者近土褐.

上者每斤煅出只得七兩, 中·下者以次縮減.

如上品細料器及御器龍鳳等, 皆以上料畫成.

故其價每石値銀貳拾肆兩, 中者半之, 下者則十之三而已.

【小港嘴】지명. 景德鎭 부근에 있음.
【泥漿】진흙을 물에 풀어 여기에 桃竹葉을 태운 재를 넣어 유약으로 사용함.
【桃竹】楊桃 넝쿨. 獼猴桃의 넝쿨처럼 생긴 藤本 植物(Actindia chinesis).
【松毛】솔잎. 松葉.
【無名異】산화코발트와 이산화망간 등을 함유한 광물.
【翠毛色】비취(파랑새)의 깃털과 같은 색깔. 코발트 색.

〈그림56〉 자기(瓷器)에 유약 입히기

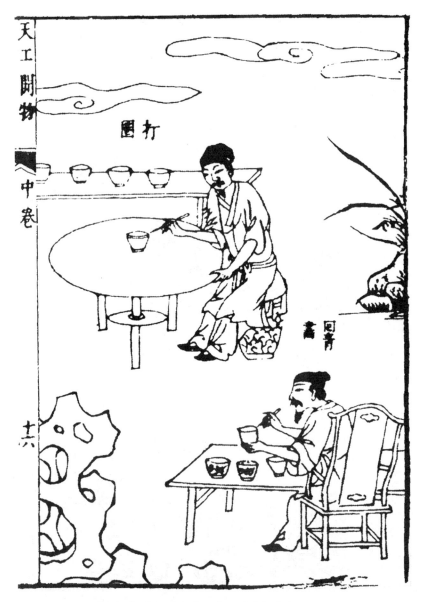

〈그림57〉 각종 배(坯)에 그림 그리기와 회청(回靑)

161(7-19)
선홍기宣紅器

무릇 요진(饒鎭, 景德鎭)에서 쓰는 무명이無名異는 구현衢縣과 신현信縣에서
나는 것을 상급 재료로 여기며 이를 절료浙料라 부른다.

상고현上高縣 등에서 나는 것이 중급이며, 풍성현豊城縣 등 그 밖의 여러
지역에서 나는 것을 하급으로 친다.

무릇 그 재료를 단련한 다음에는 유발乳鉢로 아주 미세하게 갈아야
하며(유발은 바닥이 거칠게 되어 있음), 그다음에 그림 그릴 물을 섞는다.

이를 잘 갈 때는 그 색깔이 검지만 가마에 넣어 불을 만나면 청벽색
靑碧色이 되는 것이다.

무릇 쇄기碎器로써 자하색紫霞色의 잔을 만들 때는 연지석臙脂石을 갈아
물에 적신 다음 철사로 만든 그물 포대에 쇄기를 넣었다가 숯불로 가열
하고 나서 적신 연지석 가루를 한 번 발라주면 완성된다.

선홍宣紅의 자기는 구워서 불을 끈 다음 다시 공교하게 작업을 하여
약한 불에 구워 만든 것으로 세상에는 이처럼 주사硃砂의 성분이면서 능히
불 속에서 그대로 붉은 성질을 지니는 것은 없다(선홍은 元末에 이미 제조법이 실전되었으나 正德 연간에 시험을 거쳐 다시 복원하여 만들 수 있게 되었음).

凡饒鎭所用, 以衢·信兩郡山中者爲上料, 各曰浙料.
上高諸邑者爲中, 豊城諸處者爲下也

凡使料煅過之後, 以乳鉢極研(其鉢底留粗, 不轉銹), 然後調畫水.

調研時色如皂, 入火則成靑碧色.

凡將碎器爲紫霞色杯者, 用臙脂打濕, 將鐵線紐一兜絡, 盛碎器其中, 炭火炙熱, 然後以濕臙脂一抹卽成.

凡宣紅器乃燒成之後出火, 另施工巧微炙而成者, 非世上硃砂能留紅質于火內也(宣紅, 元末已失傳, 正德中歷試復造出).

【正德】明 武宗의 연호. 서기 1506~1521년 사이.

162(7-20)
갑발匣鉢

무릇 옹기는 그림을 그리고 유약을 입힌 다음에는 이를 갑발匣鉢에 들여 놓는다(들여놓을 때는 손으로 조심해야 함. 나중에 구워내어 꺼낼 때). (움폭 들어간 흔적이 남게 되면 다시 모양을 바로잡을 수 없음).

갑발은 거친 진흙으로 만들며, 그 속에 이병泥餅 한 덩어리에 그릇 하나를 얹고 그 바닥의 빈 공간은 모래로 채운다.

큰 그릇은 갑발 하나에 넣을 수 있으며 작은 그릇은 10여 개를 하나의 갑발에 넣을 수 있다.

좋은 갑발은 10여 차례 그릇을 넣어 구워낼 수 있지만, 좋지 않은 것은 한두 번 사용하면 부서져 못쓰게 된다.

무릇 갑발에 그릇을 넣은 다음 가마에 넣고 불을 지핀다.

그 가마 위에는 둥글게 12개의 구멍을 내며, 이를 천창天窓이라 부른다.
(그림58)

불은 24시간을 때면 충분하다.

우선 가마 아궁이에 불을 지펴 20시간 때면 불기가 밑으로부터 위로 올라간다.

그런 연후에 천창을 통해 가마에다 장작을 던져 넣고 4시간 때면 이번에는 불기가 위에서 아래로 내려간다.

자기는 불 속에서는 부드럽기가 마치 솜처럼 된다.

쇠집게로 그릇 하나를 꺼내어 불기가 충분한가를 살펴보고, 충분하다고 인정되면 장작 넣기를 그치고 불을 끈다.

잔 하나를 만드는데 모두 72가지의 과정을 거쳐야 겨우 완성되며, 그 중간의 극히 세세한 과정에 대해서는 모두 갖추어 다 설명할 수 없다.

凡甕器經畫過鏽之後, 裝入匣鉢(裝時手拿微重, 後日燒出卽成坳口, 不復周正).

鉢以粗泥造, 其中一泥餅托一器, 底空處以沙實之.

大器一匣裝一個, 小器十餘共一匣鉢.

鉢佳者裝燒十餘度, 劣者一·二次卽壞.

凡匣鉢裝器入窰, 然後擧火.

其窰上空十二圓眼, 名曰天窓.

火以十二時辰爲足.

先發門火十個時, 火力從下攻上.

然後天窓擲柴燒兩時, 火力從上透下.

器在火中, 其軟如棉絮.

以鐵叉取一以驗火候之足, 辨認眞足, 然後絶薪止火.

共計一杯工力, 過手七十二方克成器, 其中微細節目尚不能盡也.

【匣鉢】 옹기를 구울 때 밑에 받치는 받침대. 여러 개의 날 그릇을 포개어 놓으며 층층이 밑에 모래를 깔아 겹쳐 놓음.

〈그림58〉 자기요(瓷器窯)

163(7-21)
요변窯變과 회청回靑

(附) 요변窯變·회청回靑

정덕正德 연간에 궁에서는 특사를 보내어 궁중에서 쓰는 자기의 제조를 감독하도록 하였다.

당시에는 선홍宣紅 자기의 제조법이 실전되어 만들어낼 수가 없어, 도장陶匠들은 집과 재산을 다 잃게 되었다.

그중의 한 사람이 참다못해 스스로 가마 속으로 뛰어들어 자살하고 말았는데, 다른 사람의 꿈에 그가 나타나 만들어낼 수 있었다. 이에 다투어 요변법窯變法이 전해지게 되었으며, 호사가들에게 터무니없는 말이 전해져 이 방법으로 사슴이나 코끼리 등 여러 가지 기이한 물건들을 만들어내게 된 것이다.

또 회청回靑이라는 것이 있는데 이는 서역西域에서 나는 대청大靑으로서 그 질이 우수한 것을 불두청佛頭靑이라 부른다.

중국에서 상급의 무명이無名異를 유약으로 사용하여 구워낸 빛깔이 대청과 비슷하지만, 대청은 고온을 거치면 원래의 색깔을 그대로 보존하지는 못한다.

附: 窯變·回靑:

正德中, 內使監造御器.

時宣紅失傳不成, 身家俱喪.

一人躍入自焚, 托夢他人造出, 競傳窯變, 好異者遂妄
傳燒出鹿·象諸異物也.

又回靑乃西域大靑, 美者亦名佛頭靑.

上料無名異出火似之, 非大靑能入洪炉存本色也.

【窯變】 금속이나 광물 유약을 썼을 때 구워낸 다음 그 색깔이 변하는 것을
예측할 수 없는 뜻밖의 변화를 말함. 어떤 재료를 썼는가에 따라 전혀 다른
색이 나타나므로 많은 실험 대상이었음.

【回靑】 回는 回族을 뜻하며 그들이 사용하는 청색으로 西域大靑이라고도 함.
광석의 일종으로 元明시대 宮中 御器를 만들 때 많이 사용하였음.

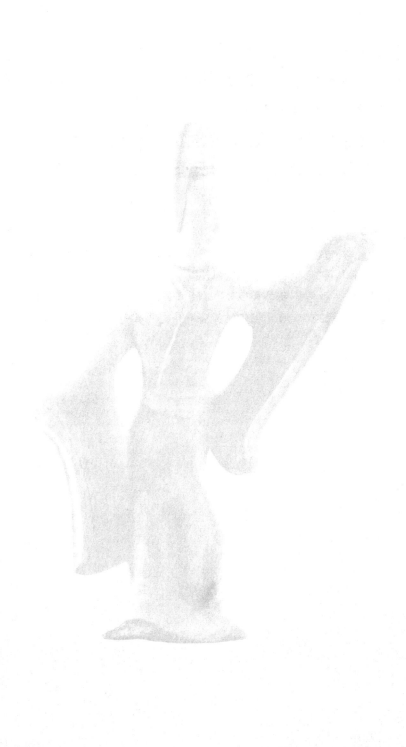

8. 야주冶鑄

야주冶鑄는 야금冶金과 주물鑄物을 뜻함. 고대 석기시대를 거쳐 철을 발견하여 이를 야금하고 주물하는 방법으로 각종 도구를 생산하였음. 이에 대한 방법과 기술 등을 기록한 것임.

(1) 전언前言

164(8-1)
전언

내 생각으로는 이렇다.

"수산首山에서의 채광採礦은 일찍이 황제黃帝 헌원씨軒轅氏때부터 비롯되었으니 그 원류는 아득하도다! 구주九州에서 목牧들이 쇠붙이를 공물貢物로 바쳐 우왕禹王이 정鼎을 만들 수 있도록 하였었다. 이로부터 쇠붙이를 불에 녹이는 기술이 날로달로 새로워졌다. 무릇 쇠붙이는 생겨나면서 흙을 어머니로 하고, 드디어 형태를 갖추어 세상에 효용 닿게 된 것이며, 어머니 격인 흙이 거푸집이 되고, 자식인 쇠붙이는 그 거푸집의 모양대로 나오는 것은 역시 이처럼 같은 것이다. 정밀한 것, 조악한 것, 큰 것 세밀한 것이 각각 다르니, 거칠고 둔탁하게 보이는 것은 절구로 쓰이고, 날카로운 것은 땅을 일구는 농구의 일을 맡으며, 얇은 그릇은 물을 담거나 음식을 불로 익히는 기구가 되어 백성들이 널리 쓰고 있다. 그 배가 비어 있는 것은 보이지 않는 영혼을 뒤흔들어, 여덟 가지의 소리를 내는 악기가 되고, 소원을 비는 자를 위해서는 선불仙佛의 모습을 만들어 티끌 세상의 지극한 형상이 되기도 한다. 정교한 주물공鑄物工은 하늘에 뜬 밝은 달의 모습을 본떠 세상 어디서나 두루 유통되는 화폐를 만들어 내기도 한다. 이러한 것들은 손가락을 굽혀 세어보거나 산가지로 수를 세어보더라도 그 수를 모두 다 헤아릴 수 없으니 요컨대 사람의 힘으로만은 이런 단계에 이르지 못할 것이다."

宋子曰:「首山之採, 肇自軒轅, 源流遠矣哉! 九牧貢金, 用襄禹鼎. 從此火金功用日異而月新矣. 夫金之生也, 以土爲母, 及其成形而效用于世也, 母模子肖, 亦猶是焉. 精粗巨細之間, 但見鈍刺司春, 利者司墾, 薄其身以媒合水火而百姓繁. 虛其腹以振盪空靈而八音起, 愿者肖仙梵之身, 而塵凡有指象, 巧者奪上清之魄, 而海寓遍流泉. 卽屈指唱籌, 豈能悉數, 要之人力不至于此.」

【首山】지금의 山西 永濟縣, 혹은 河南 襄城縣에 있는 산 이름.《史記》孝武本紀에 "黃帝采首山銅, 鑄鼎於荊山下"라 하여 黃帝가 이 산에서 銅鑛을 채광하였다 하였음.

【軒轅】黃帝. 중국 상고시대의 帝王. 中原 각 부족의 共同 先祖. 公孫氏이며 姬水가에 살아 姬姓으로도 부름. 軒轅의 언덕을 근거지로 발전하여 軒轅氏로도 불리며, 나라를 有熊이라 하여 有熊氏로도 부름. 姜姓의 炎帝(神農氏)와 九黎族의 受領 蚩尤를 물리치고 각 마을의 聯盟 首領이 되었으며 土德으로 왕이되었다 하여 黃帝로 칭함. 道家의 시조로 여겨 黃老術의 원조가 되기도 함.

【九牧貢金】夏禹 때 九州의 쇠붙이를 공물로 바치도록 하여 이로써 나라를 상징하는 九鼎을 주조했다 함. 九州는 冀州, 豫州, 雍州, 揚州, 兗州, 徐州, 梁州, 青州, 荊州를 가리키며 禹가 천하통치를 위해 나누었던 지역. 한편《左傳》宣公3年에 "昔夏之方有德也, 遠方圖物, 貢金九牧, 鑄鼎象物, 萬物而爲之備"라 함.

【禹】中國 최초의 왕조 夏나라의 시조. 夏后氏 마을의 領袖였으며 姒姓. 大禹, 夏禹 등으로도 불리며 이름은 文命. 鯀의 아들. 鯀이 물을 막는 방법으로治水에 실패하여 죽임을 당한 뒤 禹는 물을 소통시키는 방법으로 성공을 거둔다음 舜임금으로부터 천하를 물려받아 夏王朝를 세움. 뒤에 천하를 순시하다가會稽에서 생을 마침. 그는 益에게 천하를 물려주려 하였으나 아들 啓의 무리가난을 일으켜 益을 죽이고 世襲王朝를 시작함. 이로부터 禪讓(公天下)의 제도가마감되고 世襲(家天下)의 역사가 시작됨. 이를 "傳子而不傳賢"이라 함.《史記》에서는 五帝本紀 다음 첫 왕조로 夏本紀가 시작됨.《十八史略》(1)에 "夏后氏禹:

姒姓, 或曰名文命, 鯀之子, 顓頊孫也. 鯀湮洪水, 舜擧禹代鯀, 勞身焦思, 居外十三年, 過家門不入"이라 함.

【禹鼎】《史記》孝武本紀에 "黃帝作寶鼎三, 象天地人也. 禹收九牧之金, 鑄九鼎, 皆嘗鬺烹上帝鬼神. 遭聖則興, 遷于夏商. 周德衰, 宋之社亡, 鼎乃淪伏而不見"라 함.

【司春】방아를 담당함. '春'은 방아.

【振盪空靈】정신 세계를 흔듦. 음악의 효능을 뜻함.

【八音】고대 악기의 통칭. 음악을 뜻하는 말로도 쓰임. 그 재료나 재질에 따라 金, 石, 土, 革, 絲, 木, 匏, 竹 등으로 나눈 것.

【仙梵】仙敎(道敎)와 佛敎. 仙像이나 佛像을 만듦.

【上淸】道家에서 말하는 玉淸·上淸·太淸의 하나.《雲笈七籤》에 "上淸之天在絶霞之外"라 함.

【泉】貨幣를 뜻함. 구리나 철로 만든 銅錢이나 鐵錢.

(2) 솥鼎

165(8-2)
구정九鼎

　무릇 정鼎을 주조한 것에 대해 요堯·순舜 이전은 고증할 수 없으며, 다만 우왕禹王이 구정九鼎을 만들었다 하였으니 그렇다면 이는 구주九州의 땅에서 바쳐야 할 공부貢賦를 근거로 한 것이며 각 지방에서 해마다 바쳐야 할 전지田地의 부세조례賦稅條例가 이미 정해졌으며, 하도河道도 이미 준설되고 소통되어 〈우공禹貢〉이라는 책도 이루어졌을 때였다.

　그러나 이후의 임금들은 부세負稅를 늘여서 백성의 재산을 빼앗기도 하고, 후대의 제후諸侯가 엉터리 물건을 공물로 바치기도 하였으며, 또는 뒷날 치수를 담당한 사람들이 그 길을 제대로 통하게 하지 못하여 그 때문에 그 내용을 정에 주각鑄刻해 두었다. 이렇게 함으로써 서적書籍처럼 쉽게 없어지지 않고, 후세의 사람들로 하여금 이를 준수하고 마구 바꿀 수 없도록 한 것이니 이것이 구정을 주조하게 된 이유이다.

　凡鑄鼎, 唐虞以前不可考, 唯禹鑄九鼎, 則因九州貢賦壞則已成, 入貢方物歲例已定, 疏濬河道已通, 〈禹貢〉業已成書.

　恐後世人君增賦重斂, 後代侯國冒貢奇淫, 後日治水之人不由其道, 故鑄之于鼎.

不如書籍之易去, 使有所遵守·不可移易, 此九鼎所爲
鑄也.

【鼎】九鼎. 三足兩耳의 모습으로 만든 아홉 개의 솥. 夏禹가 九州의 구리를 모아
주조하였으며 원래 종묘의 제사 기구로 쓰였으나 뒤에는 천자와 국가의 천명을
뜻하는 상징물로 쓰임. 夏, 殷, 周 삼대를 거쳐 天子國에 전수되었으며 이때는
주나라 왕실에 안치되어 있었음.《史記》周本紀에 "楚莊王伐陸渾之戎, 次洛,
使人問九鼎"이라 하였고, 戰國時代에도《戰國策》첫 장에도 秦나라가 이
九鼎을 취하고자 그 무게를 물어본 사건이 실려 있음.《左傳》宣公 3년 등을
참조할 것.
【唐虞】唐은 唐堯, 즉 堯임금. 陶唐氏의 우두머리였음. 虞는 有虞氏의 우두머리
였던 舜. 고대 五帝의 하나.
【禹】중국 최초 왕조였던 夏나라의 시조.
【九鼎】禹가 九州의 금속을 모아 만든 아홉 개의 솥으로 왕권을 상징하는 것
이었으며 그 뒤 왕조나 帝業을 상징하는 뜻으로 쓰였음. 宋應星은 入貢 條例를
명확히 적기 위해 九鼎을 주조하였다고 하였으나 이는 사실에 맞지 않음.
【入貢方物歲例已定】九州의 方物과 供物에 대한 규정을 정함.《尙書》禹貢에
"禹別九州, 隨山濬川, 任土作貢"이라 함.
【禹貢】이는《尙書》의 편명으로 이는 戰國時代의 기록으로 판명되어 저자의
논리에 오류가 있음.

166(8-3)
고대의 정鼎

그러나 연대가 아주 오래되었고, 말학末學의 무식한 이들은, 이를테면 빈주蠙珠, 기어蟸魚, 호리狐狸, 직피織皮 등 모든 것들이 그 정에 새겨지고 그림으로 그려진 것이 혹 마멸되고 형태가 바뀐 것을 두고 이를 알아보지 못한 채 비루한 이들은 드디어 괴물을 그려 넣은 것이라 여기게 되었다.

그 때문에 《춘추전春秋左傳》에서는 우정禹鼎은 백성이 괴귀怪鬼를 식별하여 그들의 상해傷害를 피할 수 있도록 하기 위한 것이라는 설까지 생겨났다. 이 정은 진秦나라에 들어서면서 잃어버렸고, 춘추시대에 이르러 고郜의 대정大鼎, 거莒의 두 방정方鼎이 있었으나 이들은 모두 제후국에서 주조한 것이며, 이곳에 그림이 새겨져 있다고 하지만 〈우공禹貢〉 본래의 의도는 사라지고 말았다.

이는 단지 고물古物로만 이름이 남았을 뿐이며, 후세에는 도적圖籍이 옛날보다 백 배나 많아져 더는 정을 주조할 필요가 없어졌음을 여기에서 특별히 기록해둔다.

年代久遠, 未學寡聞, 如蠙珠·蟸魚·狐狸·織皮之類, 皆其刻畫于鼎上者, 或漫滅改形亦未可知, 陋者遂以爲怪物.

故《春秋傳》有使知神姦·不逢魑魅之說也.

此鼎入秦始亡, 而春秋時郜大鼎・莒二方鼎, 皆其列國
自造, 即有刻畫, 必失〈禹貢〉初旨.

此但存名爲古物, 後世圖籍繁多, 百倍上古, 亦不復鑄鼎,
特幷志之.

【蠙珠・曁魚・狐狸】九鼎에 그려진 그림들. 蠙珠는 眞珠, 기어는 물고기 이름.
이것은 모두 靑州의 공물들이었음.《尙書》禹貢에 "厥貢惟土五色. 羽畎夏翟,
嶧陽孤桐. 泗濱浮磬. 淮夷蠙珠曁魚. 厥篚玄纖縞"라 함.

【織皮】織物과 獸皮. 역시 각 州의 공물.

【使知神姦・不逢魑魅】《左傳》宣公 3년에 "楚子問鼎之大小・輕重焉. 對曰：「在德
不在鼎. 昔夏之方有德也, 遠方圖物, 貢金九牧, 鑄鼎象物, 百物而爲之備, 使民知
神姦. 故民入川澤・山林, 不逢不若. 螭魅罔兩, 莫能逢之. 用能協于上下, 以承天休.
桀有昏德, 鼎遷于商, 載祀六百. 商紂暴虐, 鼎遷于周. 德之休明, 雖小, 重也. 其姦
回昏亂, 雖大, 輕也. 天祚明德, 有所底止. 成王定鼎于郟鄏, 卜世三十, 卜年七百,
天所命也. 周德雖衰, 天命未改. 鼎之輕重, 未可問也.」"라 한 것을 두고 말한 것임.

【鼎入秦始亡】秦나라가 들어서면서 九鼎이 사라지고 말았음.《水經注》泗水에
周 顯王 42년 九鼎을 泗水에 빠뜨렸는데 뒤에 秦始皇 때 이 구정이 드러나자
수천 명을 파견하여 철삿줄로 이를 묶어 끌어올리자 교룡이 나타나 그 줄을
끊어버려 다시 가라앉았다는 고사가 있으며, 韓愈의 〈石鼓歌〉에 "金繩鐵索
鎖鈕壯, 古鼎躍水龍騰梭"라 함.

【郜鼎】춘추시대 郜國의 鼎. 郜는 지금의 山東 祁縣 서쪽에 있던 제후국으로
周 文王의 庶子가 봉해졌던 나라이며 宋나라에게 망하였음.《左傳》桓公 2年에
"四月, 取郜大鼎于宋, 戊申, 納于大廟"라 함.

【莒鼎】《左傳》昭公 7년에 "鄭子産聘于晉. 晉侯有疾, 韓宣子逆客, 私焉, 曰：
「寡君寢疾, 於今三月矣, 並走羣望, 有加而無瘳. 今夢黃熊入于寢門, 其何厲鬼也?」
對曰：「以君之明, 子爲大政, 其何厲之有? 昔堯殛鯀于羽山, 其神化爲黃熊, 以入
于羽淵, 實爲夏郊, 三代祀之. 晉爲盟主, 其或者未之祀也乎!」韓子祀夏郊. 晉侯
有間, 賜子産莒之二方鼎"이라 하여 晉 平公이 莒(지금의 山東 莒縣)나라에서
헌납했던 方鼎 2개를 鄭나라 公孫僑(子産)에게 증정함. 일반 둥근 모양의
鼎(圓鼎)은 三足兩耳의 형태이며 方鼎의 경우 四足兩耳의 형태임. 孔穎達 疏에
"鼎三足則圓, 四足則方"이라 함.

(3) 종鍾

167(8-4)

조종朝鐘

무릇 종은 금속 악기의 으뜸이며, 그 소리는 한번 울리면 큰 것은 10리, 작은 것이라 해도 1여 리에 미친다.

그 때문에 임금이 조정朝廷에서 정무를 보거나, 관리가 등청할 때는 반드시 종을 울려서 신하나 사람을 모았으며, 향음주례鄉飲酒禮에도 반드시 종으로 노래에 조화를 이루었다.

사찰이나 선전仙殿에서도 반드시 이로써 참배자의 성심誠心을 밝혀 내도록 하며 귀신에 대한 경건함을 불러일으키기도 한다.

무릇 종을 주조할 때 좋은 것은 구리를 사용하고, 품질이 낮은 것은 쇠를 사용한다.

지금 궁궐 북극각北極閣의 조종朝鐘은 순질의 향동響銅을 사용하였는데, 종 하나마다 구리 4만 7천 근, 주석 4천 근, 금 5십 냥, 은 백 2십 냥이 들었다.

만들어진 종의 무게는 2만 근, 높이는 1장 1척 5촌이며, 종 위쪽 쌍룡雙龍의 포뢰蒲牢는 높이가 2척 7촌, 구경口徑이 8척이니, 이것이 지금의 조종을 만드는 규격이다.

凡鍾爲金樂之首, 其聲一宣, 大者聞十里, 小者亦及里之餘.

故君視朝·官出署, 必用以集衆; 而鄉飲酒禮, 必用以和歌.

梵宮仙殿, 必用以明挕謁者之誠, 幽起鬼神之敬.

凡鑄鍾高者銅質, 下者鐵質.

今北極朝鍾則純用響銅, 每口共費銅四萬七千斤·錫四千斤·金五十兩·銀一百二十兩于內.

成器亦重二萬斤, 身高一丈一尺五寸, 雙龍蒲牢高二尺七寸, 口徑八尺, 則今朝鍾之制也.

【鄕飮酒禮】 고대 鄕學의 生徒가 졸업하게 되면 賢能한 자를 조정에 추천하면서 鄕大夫들이 잔치를 열어 送行하는 예식. 뒤에는 지방의 관리들이 過去에 응시하는 선비들을 모아 잔치를 열어주는 행사로 바뀜.《儀禮》鄕飮酒禮의 鄭玄 注에 "諸侯之鄕大夫, 三年大比, 獻賢者能者於其君, 以禮賓之, 與之飮酒"라 함.

【北極朝鍾】 明代 궁궐 내의 北極殿에 설치해 두었던 朝鍾.

【響銅】 樂器를 만들기 위한 純質의 구리.

【蒲牢】 고대 전설의 큰 소리를 내는 海獸 이름. 그 형상을 만들어 종 위에 만들어 소리 장식함. 漢書 班固傳에 "凡鍾欲令其聲大者, 故作蒲牢於其上"이라 함.

168(8-5)
종정鐘鼎의 주조법

무릇 만 근 이상의 종과 정鼎의 주조법은 같다.

깊이 한 길 몇 척의 구덩이를 파고 그 안을 건조하게 한 다음 이를 방처럼 꾸민 다음, 질흙을 다져 모형의 뼈대를 만든다.

그리고 그 모형의 뼈대는 석회와 삼화토三和土로 만들되 털끝만큼의 틈이나 갈라진 부분이 없도록 한다.

잘 건조하게 한 다음 쇠기름과 황랍黃蠟을 섞어 그 표면에 몇 촌이 되도록 바른다.

기름과 황랍의 비율은 기름이 10분의 8, 황랍이 10분의 2이다.

그 위에 높이 막을 쳐서 햇빛이나 비가 새어들지 않도록 하며(여름철에는 기름을 사용할 수 없음 굳지 않기 때문임), 기름과 황랍을 섞은 것을 잘 바른 다음, 그 위에 여러 가지 글씨, 문자, 물상 등을 조각해 넣되 실낱처럼 섬세하게 만들어 넣는다.(그림59)

그런 연후에 흙과 숯가루를 빻아 채로 곱게 쳐서 이를 반죽한 것을 바르되 점차 두께가 여러 촌寸이 되도록 한다.

그리고 그 속과 밖을 모두 잘 말려 굳어지도록 한 다음, 밖에서 불을 지펴 그 속에 든 기름과 황랍이 녹아 거푸집 밑의 구멍을 통해 모두 흘러 아주 말끔히 빠져나오도록 하며, 이렇게 하면 기름과 황랍이 빠져나간 공간은 종이나 정이 될 형체가 되는 것이다.

凡造萬鈞鍾, 與鑄鼎法同.

堀坑深丈幾尺, 燥築其中如房舍, 埏泥作模骨.

其模骨用石灰·三和土築, 不使有絲毫隙柝.

乾燥之後以牛油·黃蠟附其上數寸.

油蠟分兩, 油居什八, 蠟居什二.

其上高蔽抵晴雨(夏月不可爲油, 不凍結), 油蠟墁定, 然後
雕鏤書文·物象, 絲髮成就.

然後舂篩絶細土與炭末爲泥, 塗墁以漸而加厚至數寸.

使其內外透體乾堅, 外施火力炙化其中油蠟, 從口上
孔隙鎔流淨盡, 則其中空處卽鍾鼎托體之區也.

【模骨】모형의 뼈대.
【三和土】석회, 진흙, 모래를 섞어 배합한 것. 굳은 다음 시멘트처럼 되어 고대
　　건축용으로 널리 활용되었음.
【牛脂】쇠기름. 소의 內臟을 삶아 추출한 지방. 굳기름.
【黃蠟】벌집을 녹여 얻은 蜜蠟.

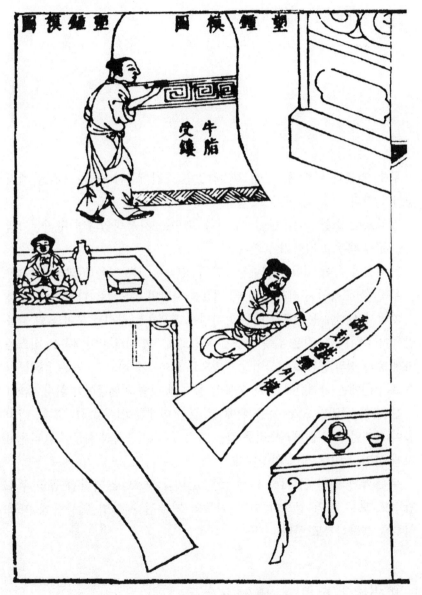

〈그림59〉 종의 주물 틀 만들기

169(8-6)
거푸집 제작법

무릇 기름과 황랍 한 근이 차지하였던 공간에는 10근의 구리를 채워 넣어야 한다.

그러므로 소형塑型을 만들 때 기름 10근을 사용하였다면 구리는 1백 근을 준비해두고 기다려야 한다.

거푸집의 속이 비어 깨끗해졌으면 구리를 녹이는 일을 논의해야 한다.

무릇 불에 녹인 구리가 만 근에 이르면 사람의 손으로는 다룰 수가 없다.

따라서 사면에 용광로를 만들고 사면에 진흙으로 구리를 부어 흘릴 길을 만들어야 하며 그 길은 위쪽 입구는 용광로에 접합시키고 아래쪽은 비스듬하게 종과 정의 공간으로 들어갈 구멍으로 이어지게 하고 그 녹은 용해물이 흐르는 길에는 한꺼번에 세찬 숯불을 둘레에 계속 피워주어야 한다.(그림60)

센 불에 구리가 모두 녹을 때에 그 길의 마개를 열어(미리 진흙으로 마개를 만들어 막아 두어야 함) 마치 물이 한꺼번에 마구 흘러내리듯 길을 따라 용해된 구리의 쇳물이 흘러들어 가게 하면 종이나 정이 완성된다.

무릇 무게가 만 근 이상 되는 철종鐵鐘이나 향로香爐, 가마솥 등의 주조 방법도 모두 이와 같으나 다만 이들의 거푸집 제작법은 사람에 따라 일부를 생략하기도 한다.

凡油蠟一斤虛位, 塡銅十斤.

塑油時盡有十斤, 則備銅百斤以俟之.

中旣空淨, 則議鎔銅.

凡火銅至萬鈞, 非手足所能驅使.

四面築爐, 四面泥作槽道, 其道上口承接爐中, 下口斜低以就鍾鼎入銅孔, 槽傍一齊洪炭熾圍.

洪爐鎔化時, 決開槽梗(先泥土爲梗塞住), 一齊如水橫流, 從槽道中梘注而下, 鍾鼎成矣.

凡萬鈞鐵鍾如爐·釜, 其法皆同, 而塑法則由人省嗇也.

【槽梗】 용해된 구리의 쇳물이 흘러내리도록 하되 입구는 미리 막아두었다가 한꺼번에 내려가도록 한 마개.
【省嗇】 工程의 일부를 줄이고 생략함.

〈그림60〉 종(鐘)과 정(鼎)의 주물(鑄物)

170(8-7) 쇳물 녹이기

천 근 이내의 주물을 주조하는 경우라면 이러한 인력과 비용이 필요하지는 않으며 그저 10여 개 작은 노를 만들면 된다.(그림61)

이런 노의 형태는 키처럼 볼록하게 하고 철근으로 노의 골격을 만들고 진흙을 발라 만들면 된다.

노의 아래 양쪽에 원통형圓筒形의 쇠막대를 꽂아 넣을 수 있도록 구멍 두 개를 뚫어 거기에 이를 꽂아 들어 올릴 수 있도록 해 두면 된다.

이렇게 만든 노를 흙으로 쌓은 단 위에 설치하고 노마다 일제히 풀무질하여 구리를 녹인 다음, 모두 녹으면 두 막대를 그 아래에 끼운다.

가벼운 노는 두 사람이, 무거운 노는 여러 사람이 함께 들어 올려 쇳물을 거푸집의 주입구 구멍에 기울여 부어 넣는다.

갑甲의 노를 다 주입하면 재빨리 을乙의 노를, 그리고 병丙의 노를 계속해서 주입하면 거푸집 속의 쇳물은 아래로부터 저절로 녹아 합쳐진다.

만약 이어 붓기가 너무 지체되면 먼저 주입한 것이 굳어져 뒤에 주입한 것과 합쳐지지 않아 틈의 흔적이 이 때문에 생기게 되는 것이다.

若千斤以內者, 則不須湏如此勞費, 但多揑十數鍋爐.

爐形如箕, 鐵條作骨, 附泥做就.

其下先以鐵片圈筒直透作兩孔, 以受杠穿.

其爐墊于土墩之上, 各爐一齊鼓鞴鎔化, 化後以兩杠穿爐下.

　輕者兩人, 重者數人抬起, 傾注模底孔中.

　甲爐旣傾, 乙爐疾繼之, 丙爐又疾繼之, 其中自然粘合.

　若相承迂緩, 則先入之質欲凍, 後者不粘, 釁所由生也.

【箕】키처럼 형태를 만들어 옆으로 기울여 붓기 편하도록 하기 위한 것임.

【鐵片圈筒】속이 빈 둥그런 쇠막대. 이를 끼워 넣어 들기에 편하도록 하기 위한
것임.

【釁】鑄物 이음매의 흔적이나 틈.

〈그림61〉 천근종(千斤鐘)과 선불상(仙佛像)

171(8-8)

철종鐵鐘

　무릇 철종鐵鐘의 거푸집에는 기름과 황랍을 그다지 중요시하지 않고, 먼저 흙을 다져 외형外型을 만들어 이를 세로로 잘라 두 개의 반형半型으로 만들거나, 또는 상하 둘로 잘라, 자른 부위를 서로 맞춘 후 그 밖에다가 글씨나 문자 등을 새겨 넣는다.

　내형은 외형보다 얼마간 몇 촌 정도 작게 만들어 그 속에 공간이 생기도록 하되 이는 정밀하게 계산하여야 한다.

　외형의 안쪽에다 문자나 무늬를 새긴 후, 쇠기름을 발라 매끄럽게 하여 나중에 그릇이 될 때 쇳물이 거푸집과 붙지 않도록 한다.

　그런 연후에 뚜껑을 덮고, 그 이은 부분을 메워 넣은 다음 쇳물을 주입한다.

　거반巨磐이나 운판雲板 등은 모두 이와 같은 방법으로 만든다.

　凡鐵鍾模不重費油蠟者, 先埏土作外模, 剖破兩邊形或爲兩截, 以子口串合, 翻刻書文于其上.

　內模縮小分寸, 空其中體, 精筭而就.

　外模刻文後, 以牛油滑之, 使他日器無粘攬.

然後盖上, 混合其縫而受鑄焉.

巨磬·雲板, 法皆倣此.

【巨磬】打樂器의 일종. 절이나 사당에서 사용함.

【雲板】梵鐘, 木魚, 法鼓와 더불어 佛家四物의 하나. 구름 모양을 새긴 것으로
절에서 사용하며 날아다니는 一切 生命體를 濟度함을 상징함.

(4) 솥釜

172(8-9)
가마솥 만들기

　무릇 가마솥은 물을 담고 밑에 불을 때는 것으로 일상생활에 긴요하게 매인 물건이다.

　주조할 때 원료는 생철生鐵이나 이미 썼던 폐철을 사용한다.

　솥의 크기에는 일정한 규격이 없으나 통상 쓰는 것은 지름이 약 2척, 두께는 약 2푼을 비율로 한다.

　작은 것은 지름이 약 1척이며, 그렇다고 두께를 감하지는 않는다.

　솥의 거푸집은 내형과 외형으로 만들며, 먼저 내형을 장시간 건조하게 한 다음, 솥의 모형을 그 두께에 맞추어 그 외형을 만들며 그런 연후에 뚜껑의 모형을 만들어 덮는다.

　이 외형을 만들 때에는 아주 정밀해야 하며, 털끝만큼이라도 어긋나면 쓸모가 없어진다.

凡釜儲水受火, 日用司命繫焉.

鑄用生鐵或廢鑄鐵器爲質.

大小無定式, 常用者徑口二尺爲率, 厚約二分.

小者徑口半之, 厚薄不減.

其模內外爲兩層, 先塑其內, 俟久日乾燥, 合釜形分寸
于上, 然後塑外層盖模.
此塑匠最精, 差之毫釐則無用.

【廢鑄鐵】이미 주물을 만들었다가 못쓰게 된 폐철.
【盖模】솥뚜껑의 모형.

173(8-10)
쇳물 옮겨붓기

거푸집이 완성되면 이를 잘 건조하게 한 다음 진흙으로 노를 만들되, 그 속은 솥처럼 만들어 그 속에 생철을 넣는다.

노의 뒤쪽에는 바람을 불어넣을 통풍구를 만들고 노의 앞쪽에는 쇳물이 나오는 입구를 만들어둔다.

하나의 노에는 대략 10개에서 20개의 솥을 주조할 수 있는 양의 쇳물을 녹인다.

철이 녹아 물처럼 되면 자루가 달린 질흙을 바른 쇠바가지 국자로 입구에서 쇳물을 받는다.(그림62)

한 바가지의 쇳물로 한 개의 솥을 만들 수 있는 양으로 하며, 거푸집 구멍으로 쇳물을 기울여 붓고, 쇳물이 완전히 식기 전에 뚜껑 모형을 들어 올려 틈이 생기거나 터진 곳, 미처 두루 쇳물이 닿지 않은 곳이 있는지를 살핀다.

이때는 솥이 아직도 붉은 색깔이며 검어지지 않아 쇳물이 닿지 않은 곳이 있으면 약간의 쇳물을 그곳에다 부어 보완하고 물에 적신 짚으로 그 위를 눌러주면 흔적이 남지 않는다.

模旣成就乾燥, 然後泥捏冶爐, 其中如釜, 受生鐵于中. 其爐背透管通風, 爐面捏嘴出鐵.

一爐所化約十釜·二十釜之料.

鐵化如水, 以泥固純鐵柄杓從嘴受注.

一杓約一釜之料, 傾注模底孔內, 不俟冷定卽揭開盖模, 看視鑵綻未周之處.

此時釜身尚通紅未黑, 有不到處卽澆少許于上補完, 打濕草片按平, 若無痕迹.

【柄杓】자루가 달린 국자형의 바가지. 이로써 쇳물을 받아 가마솥 틀에 부어 넣음.
【通紅未黑】솥의 형태는 갖추어졌으나 쇠가 아직 식지 않아 붉은색 그대로이며 검어지지 않음.

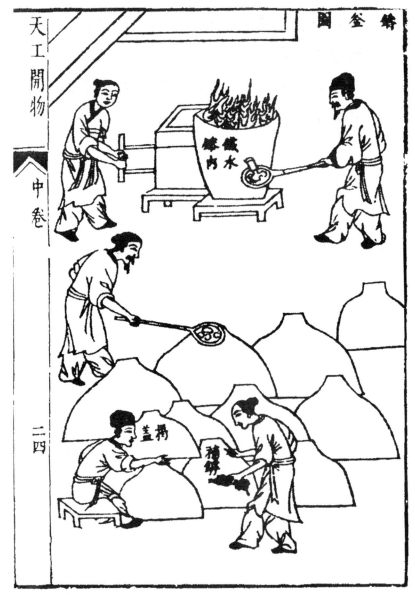

〈그림62〉 가마솥 만들기

174(8-11)

조선朝鮮 솥

무릇 생철로 가마솥을 주조하면 보수해야 할 경우가 매우 많으나, 폐물이 된 깨진 가마솥을 녹여서 주조하면 새는 틈이 없어진다(朝鮮의 풍속으로는 깨진 솥은 반드시 산속에 버리고 다시 녹여서 사용하지 않음).

대체로 가마솥이 완성된 뒤 이를 시험할 때는 가벼운 나무 막대로 두드려 보는 방법을 쓴다.

울리는 소리가 나무소리가 나면 잘 된 것이며, 소리가 차이가 있으면 쇠의 질이 제대로 녹지 않은 때문이며 나중에 파손되기가 쉽다.

해내의 큰절에는 천승과千僧鍋라는 큰 가마솥을 만들어 2섬의 쌀로 죽을 끓일 수 있는데 이는 참으로 바보스러운 짓이라 할 수 있다.

凡生鐵初鑄釜, 補綻者甚多, 唯廢破釜鐵鎔鑄, 則無復隙漏(朝鮮國俗破釜必棄之山中, 不以還爐).

凡釜旣成後, 試法以輕杖敲之.

響聲如木者佳, 聲有差響, 則鐵質未熟之故, 他日易爲損壞

海內叢林大處, 鑄有千僧鍋者, 煮糜受米二石, 此直癡物云.

【叢林】 큰 절. 많은 스님과 신도가 모이는 대규모의 사찰.
【千僧鍋】 천 명의 승려가 한꺼번에 식사할 수 있는 양을 조리할 수 있는 큰 솥이라는 뜻.

(5) 동상, 화포, 거울像·炮(砲)·鏡

175(8-12)
동상像

무릇 선불仙佛의 동상을 주조하는 방법은 조종朝鐘을 만들 때와 같다.

다만 종과 정은 각 부분을 분리하여 만들었다가 접합할 수 없으나, 동상은 몇 개의 부품을 주조하여 접합하여 만들 수는 있기 때문에 부품의 거푸집에 쇳물을 주입하는 데는 그다지 힘이 들지 않는다.

그러나 부품을 접합할 때는 분촌이라도 아주 지극히 정밀하게 해야 한다고 한다.

凡鑄仙佛銅像, 塑法與朝鍾同.

但鍾鼎不可接, 而像則數接爲之, 故寫時爲力甚易.

但接模之法, 分寸最精云.

【仙佛銅像】仙敎(道敎)나 佛敎에서 쓰는 동상. 佛像, 仙像 따위.

【寫】'瀉'와 같음. 부어 넣음.

176(8-13)
포砲

무릇 대포를 주조할 때는 서양포西洋砲, 홍이포紅夷砲, 불랑기포佛郎機砲 등은 숙동熟銅을 사용하고, 신포信砲, 단제총短提銃 등은 생동生銅과 숙동을 반반씩 섞어 만든다.

양양襄陽, 잔구盞口, 대장군大將軍, 이장군二將軍 등의 포는 철로 만든다.

凡鑄砲西羊(洋)紅夷·佛郎機等用熟銅造, 信砲·短提
銃等用生·熟銅兼半造.

襄陽·盞口·大將軍·二將軍等用鐵造.

【西羊砲·紅夷砲·佛郎機砲】'羊'은 '洋'의 오기. 모두 유럽에서 전래된 세 종류의
포. 紅夷는 당시 네덜란드(和蘭) 사람을 지칭하는 말이었으며 佛郎機는 포르
투갈 사람을 지칭하는 말이었음.

【熟銅】鍛造가 가능한 구리 또는 구리합금.

【信砲】신호용 포.

【短提銃】短筒銃. 手槍(拳銃)의 일종.

【襄陽·盞口·大將軍·二將軍】明代 중국에서 제조했던 대포 이름. 盞口砲는
砲口는 크고 砲身은 짧은 것이며, 將軍砲는 虎蹲砲라고도 함. 襄陽砲는 元代
이미 있었으나 명대에는 널리 사용하지는 않았다 함. 이상《武備志》(112. 122)를
볼 것.

177(8-14)
거울鏡

무릇 거울의 거푸집에는 재에다 모래를 섞어 사용하며, 구리에 주석을 합금한다(아연을 쓰지 않음).

《주례周禮》 고공기考工記에도 역시 "구리와 주석을 각각 반반씩 섞어서 사용하며 이를 일러 거울과 오목거울의 재료라 한다"라 하였다.

거울이 빛을 반사할 수 있는 것은 수은水銀을 그 자체에 입혔기 때문이며, 구리가 그처럼 빛을 반사하는 것이 아니다.

당唐 개원開元 연간에 궁중에서 사용하던 거울은 모두가 백은과 구리를 같은 양으로 섞어 주조한 것이며, 거울마다 값이 은 몇 량이나 되었던 것은 이 까닭이다.

거울에 주사朱砂와 같은 붉은 반점이 나타나는 것은 그 속에 금과 은의 정화精華가 드러나 보이는 것으로(옛날의 노에 금을 넣은 것도 있음), 지금 명대明代의 선로宣爐에도 역시 이러한 이유로 어느 창고에서 화재가 발생하여 금과 은이 구리, 주석과 함께 녹아 한 덩어리로 된 것이 있어 관에서 이것으로 향로를 주조하도록 한 것이다(진품 표면에는 금색의 반점이 반짝임).

당경唐鏡과 선로宣爐는 모두 왕조가 번성했을 때의 산품이다.

凡鑄鏡模用灰沙, 銅用錫和(不用倭鉛).

〈考工記〉亦云:「金錫相半, 謂之鑒·燧之劑.」

開面成光, 則水銀附體而成, 非銅有光明如許也.

唐開元宮中鏡, 盡以白銀與銅等分鑄成, 每口値銀數
兩者以此故.

硃砂斑點, 乃金銀精華發現(古爐有入金于內者), 我朝宣爐亦
緣某庫偶災, 金銀雜銅錫化作一團, 命以鑄爐(眞者錯現金色).

唐鏡·宣爐皆朝廷盛世物也.

【倭鉛】亞鉛을 가리킴.
【考工記】《三禮》중《周禮》의 편명으로 원래 '冬官'이었으나 이것이 사라져
〈考工記〉로 대체되어 있으며 각종 물건을 만드는 工程, 工作 과정 등을 기록한
것. 〈考工記〉築氏에 "金有六齊: 六分其金而錫居一, 謂之鍾鼎之齊; 五分其金
而錫居一, 謂之斧斤之齊; 四分其金而錫居一, 謂之戈戟之齊; 參分其金而錫居一,
謂之大刃之齊; 五分其金而錫居二, 謂之削殺矢之齊; 金錫半謂之鑒燧之齊"라 함.
【鑑】물건을 비춰 보는 거울.
【燧】오목 거울로 햇볕을 모아 불을 일으키도록 하는 기능을 함. 崔豹《古今注》
에 "陽燧以銅爲之, 形如鏡, 向日則火生, 以艾承之, 則得火也"라 함.
【開元】당 현종의 연호. 713~741년까지 29년간이었음.
【宣爐】宣德爐라고도 하며 明 宣德 연간(1426~1435)에 주조된 향로. 구리를
정련하고 금은을 첨가하여 그 빛깔이나 광택이 아름다워 명대의 저명한 미술
공예품으로 알려짐.

(6) 동전錢 附: 鐵錢

178(8-15)
동전과 철전

　구리로 동전을 주조하여 백성이 사용하기에 편리하도록 하고 있다. 동전의 한 면에는 국호國號인 '□□통보通寶'라는 네 글자가 넣으며 이 일은 공부工部의 분사分司가 주관한다.

　무릇 동전으로 유통되는 것으로써 10문文이 은 1푼의 가치가 있다.

　대전大錢 한 개는 통용되는 동전의 5개나 10개에 해당하며, 그 폐단은 동전을 사사롭게 위조하기가 쉬워 백성에게 해가 된다는 점이며, 이 때문에 중앙이나 지방에서 한 번 발행하더라도 곧 유통이 중단되고 만다.

　10근의 동전을 주조할 경우 순동純銅 6~7근과 왜연倭鉛(北京에서는 水錫이라 부름) 3~4근이 들며, 이것이 대략의 등분이다.

　왜연은 녹일 때마다 반드시 4분의 1이 소모되어 없어진다.

　명조明朝에서 통용되던 동전 가운데 가장 귀한 것은 오직 북경 보원국 寶源局의 황전黃錢과 광동廣東 고주高州에서 주조한 청전靑錢이며(高州錢은 福建의 漳泉路 일대에서 통용됨), 이러한 동전 1문은 남경南京 조강국操江局과 절강성浙江省 주전국鑄錢局에서 주조한 2문과 맞먹는다.

　황전은 다시 두 가지로 구분되며, 사화동四火銅으로 주성한 것을 금배전 金背錢이라 하며, 이화동二火銅으로 한 것은 화칠전火漆錢이라 부른다.

　凡鑄銅爲錢以利民用, 一面刊國號通寶四字, 工部分司主之.

凡錢通利者, 以十文抵銀一分値.

其大錢當五·當十, 其弊便于私鑄, 反以害民, 故中外行而輒不行也.

凡鑄錢每十斤, 紅銅居六·七, 倭鉛(京中名水錫)居四·三, 此等分大略.

倭鉛每見烈火, 必耗四分之一.

我朝行用錢高色者, 唯北京寶源局黃錢與廣東高州炉青錢(高州錢行盛漳泉路), 其價一文敵南直·江淛等二文.

黃錢又分二等, 四火銅所鑄曰金背錢, 二火銅所鑄曰火漆錢.

【分司】工部에 소속된 鑄幣廠으로 北京 寶源局에서는 黃錢을, 廣東 高州府의 寶泉局에서는 靑錢을 만들었음.
【黃錢】구리 60%, 아연 40%의 황동으로 주조한 것. 누런빛이 남.
【靑錢】구리 50%, 아연 41.5%, 납 6.5%, 주석 2%를 넣어 주조한 것. 푸른빛이 남.
【漳泉路】지금의 福建 漳州와 泉州 일대
【南直】南直隷. 즉 지금의 南京. 남쪽 直轄市라는 뜻. 南京에 操江局을 두어 동전을 주조하였음.
【江淛】浙江의 다른 이름. '淛'는 浙江의 옛 표기였음. 그곳에 鑄錢局을 두어 역시 화폐를 주조하였음.

179(8-16)
구리 녹이기

무릇 동전을 주전할 때에는 구리를 녹이는 도가니를 사용하며, 고운 진흙 가루(마른 흙벽돌 가루가 가장 좋음)와 숯가루를 섞어서 만든다(북경에서는 노에 소의 발굽 甲質을 사용하는데 이것이 무슨 작용을 하는지 알 수 없음).

도가니의 재료는 10냥마다 진흙 가루 7냥, 숯가루 3냥을 넣으며, 숯가루는 열의 손실을 막고, 보온의 성질을 가지고 있어 흙가루의 성질을 도와 구리를 쉽게 녹인다.

도가니는 높이가 8치, 구경口徑이 2치 5푼이다.

하나의 도가니에 약 10근의 구리와 납을 넣되 구리가 먼저 녹은 연후에 납을 넣고, 발갛게 달궈진 노에 바람을 불어넣어 녹인 다음 거푸집에다 주입한다.

凡鑄錢鎔銅之礶, 以絶細土末(打碎乾土磚砂)和炭末爲之
(京炉用牛蹄甲, 未詳何作用).

礶料十兩, 土居七而炭居三, 以炭灰性煖, 佐土使易化物也.

礶長八寸, 口徑二寸五分.

一礶約載銅·鉛十斤, 銅先入化, 然後投鉛, 洪爐扇合,
傾入模內.

【礶】 '罐'으로도 표기하며 구리를 녹이는 도가니.

180(8-17)
거푸집 만들기

무릇 동전의 거푸집을 만들 때는 나무 막대 4개로 테를 만든다(^{막대의 길이}_{는 1척 2촌,} _{폭은 1치}_{2푼임}).(그림63)

고운 진흙과 숯가루를 섞어 체로 친 다음 세밀하게 테의 안을 채워 다진다.

그리고 삼杉나무를 태운 잿가루나 혹은 버드나무 숯의 재를 그 위에다 약간 뿌리거나 혹은 송진이나 채소의 씨기름을 태워서 그 연기로 그을린다.

그런 연후에 동전의 모형模型인 모전母錢 100개(^{주석 덩어리에}_{새겨서 만듦})를 문자가 있는 정면이나 문자가 없는 뒷면을 그 위에다 늘어놓는다.

다시 다른 나무 테를 앞서와 같은 방법으로 만들어 그 위에 엎어서 덮는다.

이렇게 합한 다음에는 이미 한쪽 면과 뒷면이 완성된 것이며 이를 손으로 흔들어 돌리면 모전이 모두 뒤쪽의 테에 떨어지게 된다.

다시 하나의 테에 가득 채운 다음 위아래의 테를 합치며 이처럼 반복하면서 10개 남짓의 테를 합한 연후에 끈으로 단단히 묶어 고정한다.

나무 테의 둘레에 구리의 쇳물을 부어 넣을 주입구를 미리 마련해 두어야 하며 주물공이 매부리 모양의 집게로 녹은 구리가 든 도가니를 꺼낸다.

이때 다른 한 사람은 쇠집게로 도가니 밑을 받쳐 주어 서로 도우면서 차례로 거푸집 구멍으로 쇳물을 붓는다.

식은 다음에 끈을 풀고 거푸집을 열면 동전 100개가 마치 꽃이나 과일이 가지에 주렁주렁 촘촘하게 매달려 있는 것처럼 된다.

거푸집에 미리 만들어 둔 홈을 따라 구리가 녹은 쇳물이 흐르다가 굳어져 나뭇가지처럼 구리의 가닥이 달려 있게 되는 것으로 집어 하나씩 따내어 줄로 쓸어 다듬어주면 동전이 완성된다.

　무릇 먼저 동전의 테두리를 줄로 쓸고 대나무 막대에다 수백 개를 꿰어서 다시 한꺼번에 줄로 쓸어주며, 그 뒤 평면이 되도록 하나씩 차례로 줄로 쓰는 작업을 해 주면 된다.(그림64)

凡鑄錢模以木四條爲空匡(木長一尺二寸, 潤一寸二分).

土炭末篩令極細塡實匡中.

微洒杉木炭灰或柳木炭灰于其面上, 或熏模則用松香與淸油.

然後以母錢百文(用錫雕成), 或字或背布置其上.

又用一匡如前法塡實合盖之.

旣合之後, 已成面·背兩匡, 隨手覆轉, 則母錢盡落後匡之上.

又用一匡塡實, 合上後匡, 如是轉覆, 只合十餘匡, 然後以繩綑定.

其木匡上弦原留入銅眼孔, 鑄工用鷹嘴鉗, 洪爐提出鎔礶.

一人以別鉗扶抬礶底相助, 逐一傾入孔中.

冷定解繩開匡, 則磊落百文如花果附枝.

模中原印空梗, 走銅如樹枝樣, 挾出逐一摘斷, 以待磨鎈(銼)成錢.

凡錢先錯(鑢)邊沿, 以竹木條直貫數百文受鑢(鑢), 後鑢(鑢)平面, 則逐一爲之.

【母錢】 미리 동전의 표준 형태를 만들어 놓은 것.
【鑢】 줄. 쇠나 구리를 문질러 고르게 하는 도구. 원전에는 '鑢'로 되어 있음.

〈그림63〉 동전(銅錢), 철전(鐵錢) 만들기

〈그림64〉 동철전(銅鐵錢) 줄로 다듬기

181(8-18)
아연의 함량

무릇 동전은 질의 고하高下는 아연 함량의 다소에 따라 구분되며, 그 후중厚重함과 박삭薄削함은 쉽게 알아볼 수 있다.

아연은 값싸고 구리는 비싸므로 동전을 위조하는 자는 심한 경우 이를 반반씩 섞어 만든다.

이러한 동전은 섬돌에 던져 보면 그 소리가 마치 나무나 돌이 땅에 떨어질 때와 같으며 이는 저질 동전이다.

만약 질이 좋은 동전이라면 구리 9에 아연 1을 섞어 만들며 이를 땅에 던져보면 쇳소리가 난다.

무릇 이미 사용했던 구리로 동전을 만들었을 경우 한 번 녹일 때마다 10분의 1씩 소모된다.

대개 그 속에 들어있던 아연의 성질이 먼저 사라지고 구리의 색깔이 놓이기 때문에 새 구리로 만든 것보다 질이 좋다.

유구琉球 일대의 나라에서 주조한 은전銀錢은 그 거푸집이 쇠집게 끝에 새겨져 있다.

은이 녹으면 집게 끝으로 도가니 속의 은의 쇳물을 퍼내어 냉수에다 담그면 한 개의 은전이 그 속에 떨어진다. 그림은 왼쪽을 보라.(그림65)

凡錢高低以鉛多寡分, 其厚重與薄削則昭然易見.

鉛賤銅貴, 私鑄者至對半爲之.

以之擲堦石上, 聲如木石者, 此低錢也.

若高錢銅九鉛一, 則擲地作金聲矣.

凡將成器廢銅鑄錢者, 每火十耗其一.

盖鉛質先走, 其銅色漸高, 勝于新銅初化者.

若琉球諸國銀錢, 其模卽鑿鍥鐵鉗頭上.

銀化之時入鍋夾取, 淬于冷水之中, 卽落一錢其內, 圖幷
具左.

【薄削】 얇게 깎이어 중량이나 질감이 저하되어 있음.
【琉球】 지금의 오키나와. 당시 독립된 왕국이었음.

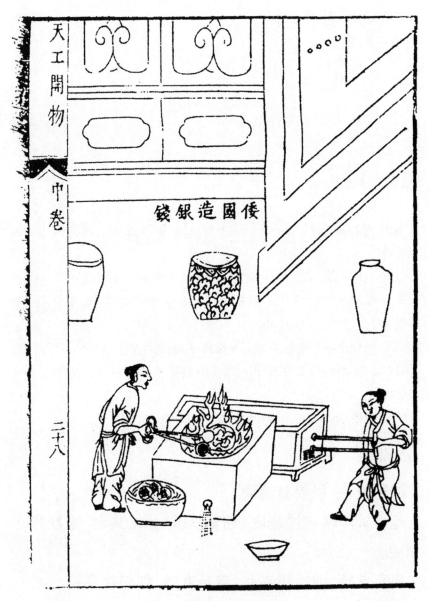

〈그림65〉 일본의 은전(銀錢) 제조법

182(8-19)
부: 철전鐵錢

(부) 철전鐵錢

철의 질은 대단히 낮아서 예로부터 전錢을 주조하는 데는 사용하지 않았다.

그러다가 당대唐代의 번진藩鎭인 위박魏博 지역에서 시작되었는데 구리를 얻을 수가 없어 처음 철을 녹여 만들기 시작한 것이니 대체로 잠시 사용할 계책이었을 것으로 여겨진다.

당시 황실이 흥성했을 때는 은銀으로 콩의 크기처럼 만들어 놀잇거리로 즐겼으나 잡백雜伯들로 인해 쇠미해졌을 때는 철로 주조하여 철전을 사용하였다.

이에 박물자博物者의 감개感慨를 함께 기록해 둔다.

鐵質賤甚, 從古無鑄錢.

起于唐藩鎭魏博諸地, 銅貨不通, 始冶爲之, 盖斯須之計也.

皇家盛時, 則冶銀爲豆, 雜伯衰時, 則鑄鐵爲錢.

倂志博物者感慨.

【藩鎭】 당나라는 처음 도독부를 설치하여 지역을 관할하였으나 뒤에 절도사를
두어 조세권과 병권 일부를 一任함으로써 뒤에 이들이 세력을 키워 발호하였
으며 이를 藩鎭이라 불렀음.

【魏博】 번진 이름으로 魏는 河南일대. 博은 山東일대를 뜻하며 지금의 山東,
河北, 河南 일부를 근거로 하던 번진 세력을 가리킴. 원래 廣德 元年(763)
安史의 난을 수습하기 위하여 설치한 것이었음.

【鐵錢】 鐵錢은 漢末 公孫述때 처음 제조한 기록이 있으며 그 뒤 남조 梁 武帝
普通 4년(523)에 만들어 사용하였으나 물가 앙등을 초래하여 많은 폐단을
조성하였음.

【冶銀爲豆】 唐나라 때 銀作局을 두어 은을 콩알 크기로 만들어 궁내에서 마당에
이를 뿌리며 궁녀와 환관들로 하여금 서로 다투어 줍도록 하는 놀이를 즐겼다
함. 劉若愚의《酌中志》內部衙門職掌 참조.

【雜伯】 '伯'은 '霸'와 같음. 당말 번진으로 인한 혼란한 틈에 서로가 패자를 자칭
하여 오대의 혼란기를 맞이하였음을 말함.

【博物者】 雜駁한 學問에 관심이 많은 자. 여기서는 宋應星 자신을 가리킴.

임동석(茁浦 林東錫)

慶北 榮州 上茁에서 출생. 忠北 丹陽 德尙골에서 성장. 丹陽初中 졸업. 京東高 서울
敎大 國際大 建國大 대학원 졸업. 雨田 辛鎬烈 선생에게 漢學 배움. 臺灣 國立臺灣師範
大學 國文硏究所(大學院) 博士班 졸업. 中華民國 國家文學博士(1983). 建國大學校
敎授. 文科大學長 역임. 成均館大 延世大 高麗大 外國語大 서울대 등 大學院 강의.
韓國中國言語學會 中國語文學硏究會 韓國中語中文學會 會長 역임. 저서에《朝鮮
譯學考》(中文)《中國學術槪論》《中韓對比語文論》. 편역서에《수레를 밀기 위해 내린
사람들》《栗谷先生詩文選》. 역서에《漢語音韻學講義》《廣開土王碑硏究》《東北
民族源流》《龍鳳文化源流》《論語心得》〈漢語雙聲疊韻硏究〉등 학술 논문 50여 편.

임동석중국사상100

천공개물 天工開物

宋應星 著 / 林東錫 譯註
1판 1쇄 발행/2015년 1월 2일
발행인 고정일
발행처 동서문화사
창업 1956. 12. 12. 등록 16-3799
서울강남구도산대로163(신사동,1층) ☎546-0331~6 (FAX)545-0331
www.dongsuhbook.com
잘못 만들어진 책은 바꾸어 드립니다.

*

*

사업자등록번호 211-87-75330
ISBN 978-89-497-0901-7 04080
ISBN 978-89-497-0542-2 (세트)